우리 민족 최고의 역사고전

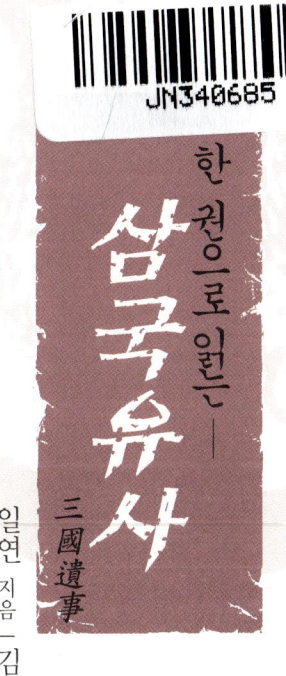

한 권으로 읽는 —
삼국유사
三國遺事

일연 지음 ― 김길형 옮김

아이템북스

책머리에

　　반만년 유구한 역사를 가진 우리 민족은 헤아리기 어려울 만큼 빈번한 외세의 침입에도 불구하고 꿋꿋한 민족의 기상을 살려 그때마다 외침을 물리치고 오늘날까지 찬란한 역사를 면면히 이어오고 있다.

　세계 어느 나라나 그 나라의 역사가 있기 마련인데 우리 나라는 고려 인종 23년1145에 김부식金富軾이 쓴 『삼국사기三國史記』, 그리고 고려 충렬왕 11년1285에 일연一然이 쓴 『삼국유사三國遺事』가 오늘날까지 전해 내려오고 있다.

　김부식이 쓴 『삼국사기』는 기전체紀傳體의 역사서로 유교의 도덕적인 사관史觀에 사대주의事大主義 시각에서 저술된 것인 반면 『삼국유사』는 민족 자주적인 입장에서 우리 나라의 위상位相을 중국에 버금가는 역사 민족임을 표현한 것으로 『삼국사기』에서 빠진 부분을 많이 보충하였고, 유교적인 가치관에서 벗어나 인간 평등이라는 불교적인 가치관을 근본으로 삼아 민중에 대한 자각을 배경으로 저술하였다.

　『삼국유사』는 역사서이자, 불교 문화사이고, 설화·신화·전설·향가 등이 수록되어 있는 다양한 역사서이며 우리들이 후손에게 물려줄 영원한 문화유산이다.

　이러한 『삼국유사』가 유교를 건국이념으로 삼은 조선 왕조가 불교를 꺼려 불교 문화사라 하여 그 가치를 폄하하여 한동안 비판적으로 평가되었으며, 일부 학자들에 의해 삼국 이전의 역사를 연구하고 집필하는 데 참고 자료로 사용되었을 뿐 오랫동안 묻혀 있었다.

그러나 근대에 와서 일본은 『삼국유사』에 지대한 관심을 가지고 연구를 거듭하였으며, 1907년 토쿄대학에서 활자본을 간행하였고, 그 뒤를 이어 우리 나라는 조선사학회에서 1928년 비로소 활자본을 간행하기에 이르렀다.

그 동안 빛을 발하지 못했던 『삼국유사』는 국보 제306~2호2003. 4. 14로 지정되었는데, 서울대 규장각에 소장된 『삼국유사』, 고려대와 범어사에 소장된 『삼국유사』가 각기 보물로 지정되어 새롭게 우리들의 주의를 불러일으켰다.

『삼국유사』를 지은 일연에 대해 알아보자.

일연은 고려 희종 2년 때인 1206년 경상도 경산에서 태어났으며, 속세의 성은 김金 씨이며, 이름은 견명見明이었다. 그가 처음 승려가 되었을 때는 회연晦然이라는 이름을 썼으나 만년에 일연一然으로 바꾸었다.

그는 9세 때 아버지를 여의고 광주의 무등산에 있는 무량사에 들어갔고, 14세 때 승려가 되기 위해 강원도 양양의 진전사에 들어갔다.

20세에 승과에 합격하였으나 이때 나라의 사정이 혼돈을 거듭하던 때이어서 그는 20년 동안 산 속에 은둔하면서 수도에 온 힘을 쏟았다.

44세 때 정림사의 주지가 되었으며, 이때 왕명으로 불교의 주요한 일들을 맡아서 활동하였다.

55세 때 왕의 부름을 받고 강화도에 갔으며 3년 후 영일의 오어사에 머물다가 인흥사로 옮겨 수행과 불법을 포교하는 데 온 힘을 기울였다.

그 후 72세 때 운문사로 옮겼으며 몽골의 침입으로 경주에 와 있던 충렬왕을 모셨고, 이때 국사로 책봉되었다. 그리고 그는 연로한 어머니를 모시기 위해 인각사로 내려갔으며, 그곳에서 『삼국유사』를 완성하고 1289년 84세에 세상을 떠났다.

그가 남긴 저서가 많다고 하는데 오늘날까지 전해 내려온 저서는 오직 『삼국유사』 뿐이다.

오늘날 전해지는 가장 오래된 판본은 조선 중종 때인 1512년에 간행된 정덕본으로 5권 3책 9편으로 구성되어 있다.

그 내용으로는 권 1은 왕력王曆 제1과 기이紀異 제1, 권 2는 권 1 기이紀異 제2, 권 3은 흥법興法 제3과 탑상塔像 제4, 권 4는 의해義解 제5, 권 5는 신주神呪 제6, 감통感通 제7, 피은避隱 제8, 효선孝善 제9

으로 구성되었다.

왕력은 연표로써 다섯으로 나누어 신라·고구려·백제·가락국·후고구려·후백제 순으로 중국의 연표와 함께 수록하였고, 〈기이〉편은 신라 문무왕 이전과 이후의 신라를 50여 개 항목에 걸쳐 수록하였는데, 〈기이 1〉편은 고조선을 비롯하여 삼한·부여·고구려와 신라 등을 기록하였으며, 〈기이 2〉편에는 신라 문무왕 이후부터 마지막 경순왕까지 백제·후백제·후고구려 등을 수록하였다.

〈흥법〉편은 신라를 중심으로 한 불교를 받아들이는 과정과 발전 및 고승들의 행적을 실었고, 〈탑상〉편은 각 절의 사기寺記와 탑과 불상의 유래를, 〈의해〉편은 고승 원광을 비롯한 고승들의 이야기를, 〈신주〉편은 밀교의 이적과 이승들의 내용을, 〈감통〉편은 신앙의 감흥과 영험을, 〈피은〉편은 산 속에 숨어서 사는 승려들의 행적을, 〈효선〉편은 부모에 대한 효도의 미담들이 수록되었다.

권4, 권5의 내용은 중요한 항목들을 발췌하여 옮겼는데 독자들의 이해를 바란다.

『삼국유사』는 빼어난 문학성으로 쓰여 있어 문학을 공부하는 문학도는 물론 역사를 공부하는 사람, 그리고 현대인들의 교양서적이어서 반드시 읽어야 할 역사서이다.

책머리에 _ 2

제一권

기이紀異 제一 _ 13

고조선古朝鮮 _ 14
위만조선魏〔衛〕滿朝鮮 _ 16
마한馬韓 _ 19
두 외부二府 _ 21
72국七十二國 _ 22
낙랑국樂浪國 _ 22
북대방北帶方 _ 23
남대방南帶方 _ 24
말갈靺鞨과 발해渤海 _ 24
이서국伊西國 _ 26
5가야五伽倻 _ 26
북부여北扶餘 _ 27
동부여東扶餘 _ 28
고구려高句麗 _ 29
변한卞韓과 백제百濟 _ 32
진한辰韓 _ 33
계절에 따라 노니는 별장四節遊宅 _ 34
신라 시조 혁거세왕赫居世王 _ 35
제2대 남해왕南海王 _ 39
제3대 노례왕弩禮王 _ 41
제4대 탈해왕脫解王 _ 42
김알지金閼智 탈해왕 대 _ 45
연오랑延烏郎과 세오녀細烏女 _ 46
미추왕과 죽엽군 _ 47
내물왕과 김제상金堤上 _ 50
제18대 실성왕實聖王 _ 56

거문고 갑을 쏘다 _ 56
지철로왕智哲老王 _ 58
진흥왕眞興王 _ 59
도화녀桃花女와 비형랑鼻荊郞 _ 60
하늘이 내려준 옥대 _ 63
선덕여왕善德女王이 미리 알아낸 세 가지 일 _ 64
진덕여왕眞德女王 _ 66
김유신金庾信 _ 69
태종太宗 춘추 공春秋公 _ 72
장춘랑長春郞과 파랑罷郞 _ 87

제 二권

기이紀異 제 二 _ 91

문무왕 법민文武王 法敏 _ 91
만파식적萬波息笛 _ 98
효소왕孝昭王 대의 죽지랑竹旨郞 _ 101
성덕왕聖德王 _ 104
수로 부인水路夫人 _ 105
효성왕孝成王 _ 107
경덕왕景德王·충담사忠談師·표훈대덕表訓大德 _ 107
혜공왕惠恭王 _ 111
원성대왕元聖大王 _ 113
때 이른 눈 _ 118
흥덕왕興德王과 앵무새 _ 118
신무대왕神武大王·염장閻長·궁파弓巴 _ 119
제48대 경문대왕景文大王 _ 120
처용랑處容郞과 망해사望海寺 _ 124
진성여대왕眞聖女大王과 거타지居陀知 _ 126
효공왕孝恭王 _ 130
경명왕景明王 _ 130

경애왕景哀王 _ 131

김부대왕金傅大王 _ 131

남부여南扶餘・전백제前百濟・북부여北扶餘 _ 138

무왕武王 _ 142

후백제後百濟의 견훤甄萱 _ 145

가락국기駕洛國記 _ 161

거등왕居登王 _ 177

마품왕麻品王 _ 178

거즐미왕居叱彌王 _ 178

이시품왕伊尸品王 _ 178

좌지왕坐知王 _ 179

취희왕吹希王 _ 179

질지왕 _ 180

겸지왕鉗知王 _ 180

구형왕仇衡王 _ 181

제 三권

흥법興法 제三 _ 185

순도順道가 불교를 고구려에 처음 전하다 _ 185

마라난타摩羅難陀가 백제의 불교를 열다 _ 186

아도阿道가 신라 불교의 초석을 닦다 _ 187

염촉厭觸, 아차돈이 몸을 바치다 _ 195

법왕法王이 살생을 금하다 _ 203

보장왕寶藏王이 도교를 받들고 보덕 화상普德和尙이 암자를 옮기다 _ 204

탑상塔像 제四 _ 209

동경東京 흥륜사 금당金堂의 10성聖 _ 209

가섭불迦葉佛의 연좌석宴坐石 _ 209

요동성의 육왕탑育王塔 _ 212

금관성의 파사석탑婆娑石塔 _ 215

고구려의 영탑사靈塔寺 _ 216
황룡사皇龍寺의 장륙존상丈六尊像 _ 217
황룡사의 9층탑 _ 220
황룡사의 종, 분황사의 약사여래불상, 봉덕사의 종 _ 224
영묘사靈妙寺의 장륙존상 _ 225
사불산四佛山·굴불산掘佛寺·만불산萬佛寺 _ 225
생의사生義寺의 석미륵石彌勒 _ 228
흥륜사興輪寺의 보현보살普賢菩薩 _ 229
삼소관음觀音과 중생사衆生寺 _ 230
백률사栢栗寺 _ 234
민장사敏藏寺 _ 237
앞뒤에서 가지고 온 사리舍利 _ 238
미륵 선화彌勒仙花 미시랑未尸郎과 진자사眞慈師 _ 249
남백월산南白月山의 두 성인, 노힐부득과 달달박박 _ 253
분황사 천수대비가 눈먼 아이의 눈을 뜨게 하다 _ 261
낙산의 두 보살 관음, 정취와 조신 _ 262

제四권

의해義解 제五 _ 273

원광이 서쪽으로 유학 가다 _ 273
양지良志가 석장錫杖을 부리다 _ 285
천축天竺으로 간 법사들 _ 286
자장慈藏이 계율戒律을 정하다 _ 288
원효는 얽매이지 않는다 _ 295
의상義湘이 화엄종을 전하다 _ 299
사복蛇福이 말을 못 하다 _ 303

제 五권

신주神呪 제六 _ 309
밀본密本이 요사한 귀신을 물리치다 _ 309

감통感通 제七 _ 313
선도 성모가 불교 일을 좋아하다 _ 313
계집종 욱면이 염불하여 극락에 올라가다 _ 316
광덕廣德과 엄장嚴莊 _ 319
월명사月明師의 도솔가 _ 321
융천사融天師의 혜성가 _ 324

피은避隱 제八 _ 326
낭지朗智의 구름타기와 보현보살 나무 _ 326
연회緣會가 이름을 피하다, 문수점文殊岾 _ 330
혜현惠現이 고요함을 구하다 _ 332

효선孝善 제九 _ 334
대성大城이 두 세상의 부모에게 효도하다 _ 334
향득 사지向得舍知가 살을 베어 부모를 봉양하다 _ 337
손순孫順이 아이를 묻다 _ 337
가난한 딸이 어머니를 봉양하다 _ 339

발문 _ 341

부록
왕력王曆 _ 343

제一권

기이紀異 제 一

첫 머리에 말한다.

대체로 옛날 성인들은 예악禮樂으로 나라를 일으키고, 인의仁義로 가르침을 베풀었는데 이때 괴상한 일이나 난잡한 귀신에 대해서는 말하지 아니하였다. 그러나 장차 제왕帝王이 일어나려고 할 때는 부명符命, 하늘이 내려 준 명과 도록圖籙, 길흉화복을 예언하는 예언서을 받는 등 반드시 보통 사람과 다른 일이 있었다. 그 후에야 능히 큰 변화를 쥐고 제왕의 지위를 얻거나 큰 일을 이룰 수 있었다.

그러므로 하수河水에서 그림팔괘이 나오고, 낙수落水에서 글落書, 거북 등에 새겨져 있다는 글씨이 나옴으로써 성인이 태어났던 것이다. 무지개가 신모神母를 둘러싸 복희伏羲, 중국 고대의 전설상의 제왕를 낳았고, 용이 여등女登과 교감交感하여 염제炎帝, 중국 고대의 제왕 신농씨를 낳았으며, 황아皇娥가 궁상窮桑의 들에서 놀 때, 자신을 백제白帝의 아들이라 칭하는 신동神童과 사귀어 소호少昊를 낳았고, 간적簡狄, 제곡의 둘째 부인은 알을 삼킨 후 설契, 상나라의 시조을 낳았으며, 강원姜嫄, 유태씨의 딸 제곡의 정비은 거인의 발자국을 밟아 기棄, 주나라의 시조 후직를 낳았고, 요의 어머니는 잉태한 지 14개월 만에 요堯를 낳았으며 패공의 어머니는 용과 큰 못에서 교접하여 한나라 고조 패공沛公,

유방을 낳았다.

그 이후에도 많은 일이 일어났으나 어찌 다 기록할 수 있겠는가? 그런즉 삼국三國의 시조가 모두 신비스러운 데서 탄생했다고 해도 무엇 하나 이상할 것이 없다. 이 책의 첫 머리에 〈기이편紀異篇〉을 싣는 뜻이 바로 여기에 있다.

고조선古朝鮮

『위서魏書』에 이렇게 말하였다.

2천 년 전에 단군檀君 왕검王儉이 아사달阿斯達, 『경經』에는 무엽산(無葉山)이라 했고, 또는 백악(白岳)이라고도 했는데 백주白州에 있다. 혹은 개성(開城) 동쪽에 있다고도 하는데, 지금의 백악궁(白岳宮)이 바로 이곳이다에 도읍을 정하고 나라를 세워 조선이라 불렀는데 중국의 요堯 임금과 같은 시기였다.

『고기古記』에는 이런 기록이 있다.

옛날에 환인桓因의 서자 환웅桓雄이 있었는데 항상, 인간 세상을 탐내어 다스리기를 원했다. 아버지는 아들의 뜻을 알고, 삼위 태백산三危太白山을 내려다보니, 인간 세계를 널리 이롭게 할 만하여 이에 천부인天符印, 신의 위력과 영검한 힘을 보여 주는 신성한 물건 세 개를 주어, 내려가서 세상 사람을 다스리게 했다. 환웅桓雄은 무리 3천 명을 거느리고 태백산太白山, 지금의 묘향산 꼭대기의 신단수神檀樹 아래에 내려와서 이곳을 신시神市라 불렀다. 이분을 환웅 천왕桓雄天王이라 한다. 그는 풍백風伯·우사雨師 등을 거느리고 곡식·수명·질병·형벌·선악 등 인간의 3백60여 가지의 일을 주관하여 인간 세계를 다스려 교화시켰다.

이때 곰 한 마리와 호랑이 한 마리가 같은 굴에서 살았는데, 늘 환웅에게 사람 되기를 간절히 빌었다. 이에 환웅은 신령한 쑥 한 다발과 마늘 스무 개를 주면서 다음과 같이 말했다.

"너희들이 쑥과 마늘을 먹고 백 일 동안 햇빛을 보지 않는다면 사람이 될 것이다."

곰과 호랑이는 이것을 받아서 먹었다. 금기를 지키기 시작한 지 삼칠일三七日, 21일 만에 금기를 잘 지킨 곰은 마침내 여자로 변했으나, 호랑이는 이 금기를 지키지 못해 사람이 되지 못했다. 웅녀熊女는 혼인할 상대가 없었으므로 매일같이 단수壇樹 아래에서 아이를 잉태하기를 축원했다. 환웅桓雄은 이에 잠시 사람으로 변하여 웅녀와 결혼하였는데, 웅녀는 마침내 아들을 낳았다. 이가 곧 단군 왕검이다.

왕검은 당고唐高가 왕위에 오른 지 50년이 되는 경인년당요의 즉위 원년은 무진이니 50년은 정사이지 경인은 아니다. 아마 사실이 아닌 것 같다에 평양성平壤城, 지금의 서경西京에 도읍을 정하고 비로소 국호를 조선朝鮮이라 불렀다. 이후 도읍을 백악산 아사달에 옮겼다. 그곳을 궁홀산弓忽山, 궁자(弓字)가 혹은 방자(方字)로도 되어 있다 또는 금미달今彌達이라 부르기도 한다. 그는 여기서 1천5백 년 동안 나라를 다스렸다.

주나라 무왕武王이 왕위에 오른 기묘년에 무왕이 기자箕子를 조선에 봉封하니, 이에 단군은 장당경藏唐京, 구월산 기슭으로 옮겨 갔다가, 그 후에 돌아와 아사달에 숨어 살면서 산신山神이 되었는데, 이때 나이가 1천9백8세였다.

당나라의 『배구전裵矩傳, 당나라 고조 때의 사람』에 이런 말이 있다.

고구려는 본디 고죽국孤竹國, 지금의 해주海州이었는데 주周나라에서 기자箕子에게 봉하면서 조선이라 부르게 되었다. 한漢나라가 이를 삼군三郡으로 나누어 다스렸는데, 이 삼군은 현도玄菟·낙랑樂浪·대방帶方, 北帶方이다.

『통전通典, 당나라 때 두우(杜佑)가 쓴 정치 제도에 관한 책』에는 또 이런 이야기가 있다.

『한서漢書』에는 진번眞番·임둔臨屯·낙랑樂浪·현도玄菟의 사군四郡으로 되어 있는데, 여기에서는 삼군으로 되어 있고 이름도 같지 않으니 무슨 이유인가?

| 위만조선魏[衛]滿朝鮮 |

『전한서前漢書, 전한의 역사로 반고가 썼고 당나라 안사고가 주를 달았다』 〈조선전朝鮮傳〉에 이렇게 말하였다.

처음 연燕나라 때부터 진번眞番조선안사고(顔師古)는 전국 시대에 연나라가 처음으로 이 땅을 침략해서 차지했다고 했다을 침략해 이를 차지하여, 관리를 두고 지키며 변방에 요새를 쌓았다. 진秦나라는 연나라를 멸망시키고 진번조선을 요동의 변방에 예속시켰다. 한漢나라가 일어나자, 멀어서 지키기 어렵다 하여 다시 요동에 옛 변방의 요새를 고쳐 짓고, 패수浿水, 청천강(淸川江)를 경계로 삼아안사고는 패수는 낙랑군에 있다고 했다. 진번조선을 연나라에 예속시켰다.

연나라 왕 노관盧綰이 반란을 일으켜, 흉노의 나라로 들어가자 연나라 사람 위만魏滿은 망명하면서 무리 천여 명을 이끌고 동쪽의 요새를 떠나, 패수를 건너, 진나라의 옛 빈터인 상하장上下鄣의 변방요새에 자리 잡았다. 그는 차츰 진번조선의 오랑캐와 옛 연나라, 제齊나라에서 망명한 사람을 받아들여 왕이 되어, 도읍을 왕검王儉, 이기(李寄)는 땅 이름이라고 했고, 신찬(臣瓚)은 '왕검성은 낙랑군 패수의 동쪽에 있다'고 했다.에 도읍을 정했다.

위만은 군사의 위엄으로, 그 이웃에 있는 작은 읍들을 침략하여 항복시켰다. 또한 진번眞番과 임둔臨屯이 모두 굴복하고 종속되었으므로, 그가 차지한 땅이 수천 리가 되었다.

위만은 아들에게 왕위를 물려주었고 이는 손자 우거右渠, 안사고는 우거가 손자의 이름이라 했다.에 이르렀다.

당시 진번과 진국辰國이 글을 올려 천자를 알현하려고 했으나, 우거가 길을 가로막고 통과하지 못하게 했다안사고는 진(辰)은 진한(辰韓)을 말한 것이라 했다.

원봉元封 2년B.C. 109에 한나라에서 섭하涉何를 사신으로 보내 우거를 달래었으나, 그는 끝내 말을 듣지 않았다. 섭하는 돌아가려고 국경인 패수에 다다랐는데 바로 그때 수레를 몰던 사람을 시켜 그를 호송하던 조선의 비왕裨王, 장수(將帥)장(長), 안사고는 장은 섭하를 호송하던 사람의 이름이라고 했다을 죽였다. 그리고 그는 곧 패수를 건너 변방요새로 들어가 자기 나라로 돌아가서 보고했다.

천자는 섭하를 요동의 동부도위東部都尉에 임명하였다. 그러나 조선은 섭하를 원망하여, 불시에 습격하여 그를 죽였다. 천자는 누선 장군樓船將軍 양복楊僕을 보내 제나라의 병선을 이끌고 발해渤海, 황해를 지나 공격하게 하니, 이때 군사가 5만 명이었다. 또 좌장군 순체는 요동 쪽에서 우거를 공격하였다. 우거는 군사를 출동시켜 그들을 막았다.

누선 장군은 제나라 병사 7천 명을 거느리고 먼저 왕검성王儉城에 도착하였다. 우거는 성을 지키다가 누선의 군사가 적은 것을 알고는, 곧 성 밖으로 나와 누선을 공격하자 누선의 군사는 패해서 도망쳤다. 양복은 군사는 잃었으나, 산 속으로 도망하여 겨우 죽음은 면했다. 좌장군 순체는 조선의 패수에 있는 서군西軍을 공격하였으나 무너뜨리지 못했다. 천자는 두 장수가 싸움에 이기지 못하자, 위산衛山을 시켜 군사들의 위력으로써 우거를 달래게 했다. 그러자 우거는 항복하겠다고 하면서 태자를 보내어 말을 바치겠다고 하였다. 태자가 거느린 군사 만여 명이 막 패수를 건너려고 할 때, 사신 위산과 좌장군 순체는 그들이 혹시 반란을 일으키지나 않을까 의심하여 태자에게 말했다.

"태자는 이미 항복했으니 무기를 가질 수 없다."

태자는 사신이 자기를 속이는가 의심하여 패수를 건너지 않고, 군사들을 이끌고 다시 되돌아갔다. 위산이 이를 천자에게 보고하자 천자는 위산의 목을 베었다. 좌장군이 패수 상류의 조선군을 깨뜨리고 계속 전진하여 왕검성 아래에 이르러 그 서북쪽을 포위하자 누선 장군은 군사를 성 남쪽에 주둔시켰다.

그러나 우거가 성을 굳게 지켜 여러 달이 지나도록 항복시키지 못했다.

천자는 전쟁이 오래도록 끝나지 않자, 옛날의 제남 태수 공손수公孫遂로 하여금 정벌하게 하면서 모든 일을 편의에 따라 일을 처리하도록 했다. 공손수가 조선에 이르러 누선 장군을 붙잡아 보내고 그 군사를 합쳐서 좌장군과 함께 급히 조선을 공격했다. 조선의 상相 노인路人과 상 한도韓陶와 이계尼谿, 안사고는 이계는 지명이라 했다.의 재상 삼參과 장군 왕겹王唊, 안사고는 이계는 땅 이름이니 모두 네 사람이라 했다. 이 서로 모의하여 항복하고자 했으나, 왕이 이를 허락하지 않았다. 한도·왕겹·노인은 모두 달아나 한나라에 항복했는데, 노인만 도중에서 죽었다.

원봉 3년B.C 108 여름에 이계의 재상 삼이 사람을 시켜 조선 왕 우거를 죽이고 와서 항복했다. 그러나 왕검성은 함락되지 않았으므로 우거의 대신 성기成己가 또 반란을 일으켰다. 좌장군이 우거의 아들 長과 노인의 아들 최最로 하여금 그들 백성들을 달래고 성기를 죽이게 했다. 그리하여 마침내 조선을 평정하고 이 땅을 나누어 진번·임둔·낙랑·현도의 네 군을 두었다.

| 마한馬韓 |

『위지魏志, 진나라 진수가 편찬한 위·촉·오 삼국지의 부분으로 위서(魏書)』에 이런 기록이 있다.

"위만魏滿이 조선을 공격하자 조선 왕 준準은 궁중 사람들과 자신의 가까운 신하를 거느리고 바다를 건너 남쪽으로 가서 한韓의 땅에 이르러 나라를 세우고 마한馬韓이라 했다."

견훤甄萱이 고려 태조에게 올린 글에는

"옛날에 마한이 먼저 일어나고, 그 다음에 혁거세赫居世가 일어나니, 이에 백제는 금마산金馬山에서 나라를 세웠다."
고 했다.

최치원崔致遠은

"마한은 고구려이고 진한은 신라이다."

라고 했다『삼국사기』 본기(本紀)에 의거하면 신라가 갑자년에 먼저 일어났고, 그 뒤 고구려가 갑신년에 일어났다고 했는데, 여기에서는 조선 왕 준準을 말함이다. 이로써 동명왕東明王이 일어났을 때 벌써 마한을 차지하고 있었음을 알 수 있다. 그러므로 고구려를 일컬어 마한이라 부른 것인데, 지금 사람들이 혹시 금마산金馬山을 마한으로 알고 백제라고 한다면 그것은 잘못된 것이다. 고구려 땅에 본래 마읍산馬邑山이 있었기에 마한이라 이름지은 것이다.

사이四夷, 동이(東夷)·서융(西戎)·남만(南蠻)·북적北狄·구이九夷, 견이(畎夷)·어이(於夷)·방이(方夷)·황이(黃夷)·백이(白夷)·적이(赤夷)·현이(玄夷)·풍이(風夷)·양이(陽夷)·구한九韓·예맥穢貊이 있는데,『주례周禮, 주공단周公旦이 지은 책』에서 '직방씨職方氏, 주나라의 관직 이름가 사이와 구맥九貊을 관장했다'고 한 것은 동이東夷족이니, 곧 구이九夷를 이른 말이다.

또『삼국사三國史』에 기록된 것을 보면,

"명주溟洲, 지금의 강릉 방면는 옛날 예국穢國으로 농부가 밭을 갈다가 예왕穢王의 도장을 얻어서 바쳤다고 했다. 또 춘주春州, 지금의 춘천 방면는 옛날의 우수주牛首州로, 옛날의 맥국貊國이라 했다."

『회남자淮南子, 전한 회남왕 유안(劉安)이 지음』의 주註에는 이렇게 말하였다.

"동이는 아홉 종류나 된다."

했으며,『논어정의論語正義』에는

"구이란 첫째 현도玄菟, 둘째 낙랑樂浪, 셋째 고려高麗, 넷째 만식滿飾, 다섯째 부유鳧臾, 부여(夫餘), 여섯째 소가素家, 일곱째 동도東屠, 여덟째 왜인倭人, 아홉째 천비天鄙를 말한다."

했다.

『해동안홍기海東安弘記』에는 이렇게 말하였다.

"구한九韓이란 첫째 일본, 둘째 중화中華, 셋째 오월吳越, 넷째 탁라탐리耽羅, 다섯째 응유鷹遊, 여섯째 말갈靺鞨, 일곱째 단국丹國, 여덟째 여진女眞, 아홉째 예맥穢貊이라"

했다.

두 외부二府

『전한서前漢書』에 이런 기록이 있다.

"소제昭帝 시원始元 5년 기해년B.C. 82에 두 외부外府를 두었다."

했다.

조선의 옛 땅인 평나平那와 현도군 등을 평주도독부平州都督府로 삼고, 임둔·낙랑 등 두 군의 땅에 동부도위부東部都尉府를 둔 것을 말한다 내 생각으로는 『조선전』에는 진번·현도·임둔·낙랑 등의 네 군인데, 이 글에는 평나가 있고 진번은 없으니, 대개 한 지방을 두 이름으로 불렀던 것 같다.

72국七十二國

『통전』에서 이렇게 말하였다.

"조선에 남아 있는 백성들은 모두 70여 나라로 나누어져 있는데, 이들은 각 나라 모두가 사방 백 리였다"

고 했다. 『후한서, 남송의 범엽이 지은 역사책』에는 이런 기록이 있다.

"서한西漢, 전한(前漢)이 조선의 옛 땅에 네 군을 두었다가 뒤에 두 부府를 두었는데, 법령이 점차 번거로워지자 78나라로 나누게 되었고 나라가 각각 만 호였다마한은 서쪽에 위치하고 있어 54개의 작은 읍이었는데 모두 나라라 불렀고, 진한은 동쪽에 있어 12개의 작은 읍이 있어 각 읍을 나라라 불렀으며, 변한은 남쪽에 있어 12개의 작은 읍이 있었는데 각각 나라라 불렀다."

고 했다.

낙랑국樂浪國

전한 때에 처음으로 낙랑군을 두었는데, 응소應邵, 후한의 원소 밑에서 벼슬했다는 이것을 고조선국이라 하였다.

『신당서新唐書, 송나라 구양수와 송기 등이 편찬한 역사서』의 주註에는

"평양성을 옛 한나라의 낙랑군이라"

했다. 『국사國史』에 이렇게 말하였다.

"신라 혁거세왕 30년에 낙랑인들이 신라에 찾아와서 항복했다. 또 제3대 노례왕弩禮王 4년에 고구려 제3대 무휼왕無恤王, 대무신왕大武

神王이 낙랑을 정벌하여 멸망시키니 그 나라 사람들이 대방帶方, 북대방 사람과 더불어 신라에 찾아와서 항복했다. 또 무휼왕 27년에 후한의 광무제光武帝가 사신을 보내 낙랑을 쳐서 그 땅을 빼앗아 군현郡縣을 삼으니, 살수薩水, 지금의 청천강 이남이 한나라에 속하게 되었다 위에 쓴 여러 글에 의거하면 낙랑을 곧 평양으로 보는 것이 마땅하다. 어떤 사람들은 낙랑을 중두산(中頭山) 아래 말갈(靺鞨)과의 경계선에 있다고 하고, 살수는 지금의 대동강이라 말했는데, 어느 말이 옳은지 알 수 없다."

고 했다. 또 백제 온조왕溫祚王의 말에 의하면

"동쪽에 낙랑이 있고, 북쪽에 말갈이 있다."

고 했는데, 이 말은 아마 옛날 한나라 때, 낙랑군 속현屬縣의 땅이었음을 나타내는 듯하다.

신라인들 또한 스스로 낙랑이라 일컬었으므로, 지금 고려에서도 또한 이로 말미암아 낙랑군 부인樂浪郡 夫人이라 불렀다. 또 고려 태조가 김부金傅, 신라의 56대 경순왕에게 딸을 시집보내면서 역시 낙랑공주라 하였다.

북대방北帶方

북대방은 본디 죽담성竹覃城이었다. 신라 노례왕 4년B.C. 27에 대방 사람과 낙랑인들이 함께 신라에 항복했다이는 모두 전한에서 설치한 두 군의 이름인데, 그 후에 나라라고 일컫다가 지금에 와서 항복했다.

| 남대방南帶方 |

　조위曹魏의 위나라 때에 처음으로 남대방군(지금의 남원부(南原府))을 두었기 때문에 남대방南帶方이라 하였다. 대방의 남쪽은 바닷물이 천 리이므로 거기를 한해瀚海 대마도 남쪽라 했다. 후한의 건안(후한 건제 유협의 연호) 때에 마한 남쪽의 황무지를 대방군으로 삼으니 왜(倭)와 한(韓)이 이에 예속되었다는 일이 바로 이것이다.

| 말갈靺鞨과 발해渤海 |

　『통전』에서 이렇게 말하였다. 발해는 본디 속말말갈粟末靺鞨으로 그 추장 조영祚榮이 나라를 세우고 스스로 진단震旦이라 불렀고, 선천先天, 당 현종(玄宗)의 임자년 무렵에 비로소 말갈이란 이름을 버리고 발해라 하였다. 개원開元 7년 기미년719에 조영祚榮이 죽자, 시호諡號를 고왕高王이라 했다.
　세자가 뒤를 이어 왕이 되자, 명황明皇, 당 현종(玄宗)은 그를 책봉하여 왕위를 잇게 하였다. 그 후 사사로이 연호를 인안仁安으로 고쳐 드디어 해동성국으로 발전하였다. 그 나라에는 5경京 · 15부府 · 62주州가 있었다. 그 후 당나라 천성天成 초에 거란契丹의 공격을 받아 그 후에는 거란의 지배를 받았다. 『삼국사』에 이런 말이 있다.
　"의봉儀鳳 3년 당 고종 무인년678에 고구려의 남은 무리들이 모여 북쪽 태백산 아래에 웅거하여 국호를 발해라 했다. 개원開元 20년경에 명황이 장수를 보내 발해를 토벌했다. 또 신라 성덕왕聖德王 32년, 현종玄宗 갑술년에 발해와 말갈이 바다를 건너 당의 등주登州를 침범하니 당 현종이 토벌했다."

또 신라 『고기古記』에

"고구려의 옛 장수 조영祚榮의 성은 대씨大氏인데 고구려의 남은 군사들을 모아 태백산 남쪽에 나라를 세우고 나라의 이름을 발해라 했다." 위에 적은 여러 글을 살펴보면, 발해는 말갈의 다른 종족으로 다만 갈라지고 합함이 같지 않았을 뿐이다. 『지장도指掌圖, 송나라 소식이 지은 책』를 살펴보면 발해는 장성長城 동북쪽 밖에 있었다. 가탐賈耽의 『군국지郡國志』에

"발해국의 압록鴨綠·남해南海·부여·추성, 네 부府는 모두 고구려의 옛 땅인데, 신라의 천정군泉井郡, 『지리지(地理志)』에는 삭주(朔州)의 영현(領縣)에 천정군이 있다고 했는데, 지금의 용주(湧州)이다에서 추성부에 이르기까지 39역驛이다"

라고 했다. 또 『삼국사三國史』에는 이런 기록이 있다.

"백제 말년에 발해·말갈·신라가 백제의 땅을 나누어 차지했다고 한다이에 의하면 말갈과 발해가 다시 나누어져서 두 나라가 된 것이다. 신라인들은 북쪽에는 말갈이 있고, 남쪽에는 왜인倭人이 있고, 서쪽에는 백제가 있으니 이것이 나라에 폐해가 된다고 했고, 또 말갈의 땅이 아슬라주阿瑟羅州와 닿아 있다"

고 했다. 또 『동명기東明記』에는

"졸본성卒本城은 땅이 말갈혹은 지금의 동진(東眞)과 맞닿아 있는데, 신라 제6대 지마왕祗摩王 14년을축년에 말갈의 군사가 북쪽 경계에 쳐들어와서 대령大嶺의 성책城柵을 공격하고 이하泥河를 건너갔다."

했다.

『후위서後魏書』에는 말갈을 물길勿吉이라 쓰고 있고, 『지장도指掌圖』에는 읍루挹屢와 물길은 모두 숙신肅愼이라 하였다.

흑수黑水와 옥저沃沮는 동파東坡의 『지장도』를 살펴보면, 진한辰韓의 북쪽에 남북의 흑수黑水가 있다.

『지장도』를 살펴보면, 동명제東明帝는 즉위한 지 10년 만에 북옥저北沃沮를 멸망시켰고, 온조왕溫祚王 42년에 남옥저의 20여 호가 백제에 항복했고, 또 혁거세왕 52년에 동옥저가 신라에 와서 좋은 말을 바쳤다고 했으니 동옥저도 있었던 것을 알 수 있다. 『지장도』에는 흑수黑水는 장성長城, 만리장성(萬里長城) 북쪽에 위치해 있고, 옥저는 장성 남쪽에 있다고 하였다.

| 이서국伊西國 |

노례왕弩禮王 14년에 이서국 사람이 금성金城, 신라의 서울을 공격하였다. 예로부터 운문사雲門寺에 전해 온 『제사납전기諸寺納田記』에서 이렇게 말하였다.

"정관貞觀 6년 임진년631년에 이서군伊西郡의 금오촌 영미사零味寺가 밭을 바쳤다."

했는데, 금오촌은 지금의 청도淸道이니 곧 청도는 옛날의 이서군이다.

5가야五伽倻

『가락국기駕洛國記』의 찬贊에 보면, 자주색 끈 한 가닥이 하늘에서 내려와 여섯 개의 둥근 알을 내렸는데, 다섯 개는 각 읍으로 돌아가고, 한 개는 성에 있었다. 이 성에 있던 한개가 수로왕首露王이 되고 나머지 다섯 개가 저마다 다섯 가야의 군주가 되었으니, 금관국金官國이 다섯의 숫자에 들어가지 않은 것은 당연하다.

그런데 『본조사략本朝史略, 高麗史略』에는 금관까지 그 숫자에 넣고 창녕昌寧을 더 기록했으니 이는 잘못된 것이다. 아라阿羅, 라(羅)는 야(耶)라고도 씀가야伽倻, 지금의 함안, 고령가야古寧伽倻, 지금의 창녕, 대가야大伽倻, 지금의 고령, 성산가야星山伽倻, 지금의 경산인데, 혹은 벽진(碧珍)이라고도 한다, 소가야小伽倻, 지금의 고성이다.

또 고려의 『사략』에는 태조 천복天福 23년 경자년940년에 다섯 가야의 이름을 고쳤는데 첫째 금관金官, 김해부(金海府)가 됨, 둘째 고령古寧, 가리현(加利縣)이 됨, 셋째 비화非火, 지금의 창녕(昌寧)으로, 아마 고령(高靈)의 잘못인 것 같다, 나머지 둘은 아라阿羅와 성산星山, 앞의 주와 같다. 성산(星山)은 벽진가야(碧珍伽倻)라고도 한다.이라고 했다.

북부여北扶餘

『고기古記』에 이렇게 말하였다.

"『전한서前漢書』에 선제宣帝 신작神爵 3년 임술년B.C. 58년 4월 8일

천제天帝가 흘승골성訖升骨城, 대요(大遼) 의주(醫州) 경계에 있다.에 오룡거五龍車를 타고 내려왔다. 그곳에 도읍을 정하여 왕이라 일컫고 나라의 이름을 북부여라 하고, 이름을 해모수解慕漱라 하고, 아들을 낳아 이름을 부루夫婁라 하고 해解를 성씨로 삼았다. 왕해부루은 후에 상제上帝의 명령에 따라 동부여로 도읍을 옮겼다. 동명제東明帝는 북부여를 이어 졸본주卒本州에 도읍을 정하고 졸본부여卒本扶라 했으니, 이가 곧 고구려의 시조이다."

동부여東扶餘

북부여의 왕 해부루解夫婁의 재상인 아란불阿蘭弗의 꿈에 천제天帝가 내려와서 이렇게 말했다.

"장차 내 자손으로 하여금 이곳에 나라를 세우려고 하니 너는 다른 곳으로 가거라동명왕이 장차 일어날 조짐을 말한 것이다. 동해에 가섭원迦葉原이란 곳이 있는데 땅이 기름지니 왕도를 삼을 만한 곳이다."

아란불은 왕에게 권고하여 그곳으로 도읍을 옮기고 국호를 동부여東扶餘라 했다.

해부루는 늙도록 아들이 없으므로 어느 날 산천에 제사를 지내어 대를 이을 아들을 간절히 빌었다.

이때 그가 타고 있던 말이 큰 못백두산 천지에 이르러 큰 돌을 보고 마주 보고는 눈물을 흘렸다.

왕이 괴이하게 여겨 사람을 시켜 그 돌을 옮기자 거기에 금빛 개구리 모양의 어린애가 있었다. 왕은 매우 기뻐하며 말했다.

"이것은 바로 하늘이 나에게 아들을 내려 주신 것이로다."

곧 아이를 거두어 기르며 이름을 금와金蛙라고 했다. 그가 성장하자 태자로 삼았으며, 부루夫婁가 세상을 떠나자 금와는 대를 이어 왕이 되었다. 다음에 왕위를 태자 대소帶素에게 전했다.

그러나 지황地皇 3년 임오년22년에 이르러 고구려의 왕 무휼이 동부여를 정벌하여 동부여의 왕 대소를 죽이니 나라가 망하였다.

| 고구려高句麗 |

고구려는 곧 졸본부여이다. 어떤 사람은 지금의 화주和州, 또는 성천成川이라 하나 모두 잘못된 것이다. 졸본주는 요동 지역에 있었다.

『국사』〈고려본기高麗本紀〉에 있는 기록을 보면, 시조 동명성제東明聖帝의 성은 고高씨요, 이름은 주몽朱蒙이다. 이보다 전에 북부여의 왕 해부루가 이미 동부여로 피해 갔으며, 뒤에 해부루가 죽자 금와가 왕위를 이어받았다.

이때에 금와가 태백산 남쪽 우발수優渤水에서 한 여자를 만났는데 그녀가 금와에게 말하기를,

"저는 하백河伯의 딸 유화柳花라고 합니다. 어느 날 동생들과 나와 놀고 있을 때, 한 남자가 나타나 자기는 천제天帝의 아들 해모수解慕漱라 하면서 저를 웅신산熊神山 아래 압록강 가에 있는 집으로 유인하여 정을 통하고 떠나서는 되돌아오지 않았습니다."『단군기(壇君記)』에

는 "단군이 서하(西河) 하백의 딸과 관계하여 아들을 낳아 이름을 부루(夫婁)라 하였다"고 했다. 그런데 지금 이 기록을 보면 해모수가 하백의 딸과 정을 통하여 주몽을 낳았다 한다. 그러면 부루와 주몽은 이복 형제이다. 부모는 내가 중매도 없이 혼인한 것을 꾸짖어, 이곳으로 귀양 보냈습니다."

금와는 그녀를 이상히 여겨 방 안에 가두었는데, 햇빛이 방 안에 있는 그녀를 비추었다. 그녀가 몸을 피하니 햇빛이 또 따라와 비추었다. 그 후로 태기가 있어 알 하나를 낳았는데 크기가 다섯 되쯤 되었다. 왕은 알을 개와 대지에게 던져 주었으나 모두 먹지 않았다. 또 길에 버렸으나 소와 말이 피해 가고, 들판에 버렸으나 새와 짐승이 오히려 덮어 주었다. 왕이 깨뜨리려고 했으나 깨어지지도 않았으므로 결국 알을 유화에게 돌려주었다.

유화가 부드러운 천으로 알을 감싸서 따뜻한 곳에 두자 마침내 아이가 껍질을 깨뜨리고 나왔다. 골격과 겉모습이 영특하고 기이했다.

나이 겨우 일곱 살에 용모가 준수하고 재략이 뛰어났다. 스스로 활과 살을 만들어 백 번 쏘아 백 번 다 맞추었다. 나라의 풍속에 활을 잘 쏘는 사람을 주몽이라 하였으므로 이름을 주몽이라고 지었다.

이때 금와에게는 아들이 일곱 명이나 있었는데, 언제나 주몽과 함께 놀았다. 그러나 그 일곱 명 모두가 주몽의 재주에 미치지 못했다. 맏아들 대소가 금와왕에게 말했다.

"주몽은 사람에게서 태어난 것이 아니니, 일찍 없애지 않으면 반드시 후환이 있을 것입니다."

왕은 대소의 말을 듣지 않고 주몽에게 말을 기르도록 하였다. 주몽은 좋은 말을 구별할 줄 알아 일부러 적게 먹여서 여위게 하고, 나쁜 말은 잘 먹여서 살찌게 했다. 왕은 살찐 말은 자신이 타고 여윈 말은 주몽에게 주었다.

왕의 아들들과 여러 신하들이 주몽을 죽이려고 하자, 주몽의 어머니는 그 사실을 주몽에게 말했다.

"나라 사람들이 너를 죽이려고 하니, 네 재능과 지략이면 어디를 간들 살지 못하겠느냐? 빨리 이곳을 떠나거라."

그리하여 주몽은 오이烏伊 등 세 사람과 함께 떠났다. 마침 엄수淹水, 지금의 어느 곳인지 자세히 알 수 없다.에 이르러 물水에게 말했다.

"나는 천제의 아들이며 하백의 외손자外孫子다. 내가 도망을 가는데 뒤쫓는 자들이 가까이 오고 있으니 내가 어찌해야 좋겠느냐?"

그러자 고기와 자라가 다리를 만들어 그와 일행을 건너게 한 다음 곧 흩어지니 뒤쫓는 기병은 건널 수 없었다.

주몽은 졸본주현도군의 지경에 이르러 마침내 도읍을 정했다. 미처 궁궐은 짓지 못해, 비류수沸流水 가에 초가집을 짓고 살면서, 나라의 이름을 고구려라 했다. 이러한 이유로 인하여 고高를 성으로 삼았다 본성은 해(解)였으나 지금 자기가 천제의 아들로서 햇빛을 받아 태어났다는 까닭으로 스스로 고로써 성을 삼았다. 이때 그의 나이 12세였는데 한나라 효원제孝元帝 건소建昭 2년 갑신년B.C. 38년에 즉위하여 왕이라 일컬었다. 전성하던 때는 21만5백8 호였다.

『주림전珠琳傳, 당나라 도세(道世)가 지은 불교책』 21권에 다음과 같은 기록이 있다.

옛날 영품리왕寧稟離王의 여자종이 임신했는데 관상쟁이가 점을 쳐보더니 왕에게 말했다.

"장차 귀하게 되어 왕이 될 것입니다."

라고 말하였다.

"내 아들이 아니니 마땅히 죽여야 되겠다."

라고 왕이 말하였다. 그러자 여자종이 말하였다.

"기운이 하늘로부터 내려와서 제가 임신한 것입니다."

그녀가 마침내 아들을 낳자 상서롭지 못하다 하여 돼지우리에 버렸더니 돼지가 입김을 불어 주고, 마구간에 버리니 말이 젖을 먹여서 죽지 않았다. 마침내 그 아이가 자라서 부여의 왕이 되었다이는 곧 동명제가 졸본부여의 왕이 된 것을 말하는 것이다. 이 졸본부여는 또한 북부여의 다른 도읍이기 때문에 부여 왕이라 하는 것이다. 영품이란 부루왕의 다른 이름이다.

변한卞韓과 백제百濟

신라 시조 혁거세赫居世가 왕위에 오른 지 19년 임오년에 변한卞韓 사람이 나라를 바치며 항복하였다.

『신당서新唐書』와 『구당서舊唐書』에는

"변한의 후손들은 낙랑 땅에 있었다."

하고, 『후한서後漢書』에는

"변한은 남쪽에 있고, 마한馬韓은 서쪽에 있고, 진한辰韓은 동쪽에 있었다"고 했으며, 최치원은

"변한은 곧 백제이다."

라고 말했다.

『백제본기百濟本紀』에 의하면, 온조왕이 나라를 세운 것은 홍가鴻嘉 4년 갑진년B.C. 17년이었으니, 혁거세왕과 동명왕의 시대보다 40

년이나 뒤의 일이다. 그러나 『당서唐書』에

"변한의 후손들이 낙랑 땅에 있었다."

한 기록은 온조왕의 계통이 동명왕에게서 나왔기 때문에 그렇게 말했을 뿐이다. 간혹 어떤 사람이 낙랑에서 나와 변한에 나라를 세우고 마한 등과 서로 대치한 적이 있었다고 한 것은 온조왕 이전에 있었던 것 같다. 그러나 도읍을 정한 곳이 낙랑 북쪽에 있었다는 것은 아니다.

어떤 이는 구룡산九龍山을 변나산卞那山이라 불렀다는 그 이유로 고구려를 변한이라 하는데, 그것은 잘못된 것이다. 마땅히 옛날 현인賢人, 최치원의 생각을 따라야 할 것이다. 백제 땅에 변산卞山이 있었기 때문에 변한이라 하는 것이다. 백제는 전성기에 15만2천3백 호였다.

| 진한辰韓 |

『후한서』에 이런 기록이 있다.

진한의 늙은이가 말하기를, 진秦나라에서 망명한 사람들이 한국韓國에 오자 마한이 동쪽의 땅을 떼어서 그들에게 주었다. 그리고 서로 불러 무리를 이루었는데 진나라 말과 유사해서 혹은 진한秦韓이라고 하기도 하였다. 12개의 작은 나라가 있었는데 모두 1만 호씩이고 각기 나라라 일컬었다.

또 최치원은 이렇게 말했다.

"진한은 본디 연나라 사람들이 피난해 왔던 곳이므로 탁수涿水의 이름을 따서 그들이 사는 읍과 마을을 일컬어 사탁沙涿·점탁漸涿 등으로 불렀다 신라 사람의 방언에 탁의 음을 도(道)라고도 발음했기 때문에 지금도 혹 사량(沙梁)이라고 쓰고 양(梁) 역시 도(道)로 읽는다."

  신라의 전성기에 서울에 17만8천7백36 호, 1360방坊, 55리里, 35개의 금입택金入宅, 부유한 큰 집을 말함.이 있었다. 이는 남택南宅·북택北宅·우비소택亏比所宅·본피택本彼宅·양택梁宅·지상택地上宅, 본피부(本彼部)·재매정택財買井宅, 김유신의 조상·북유택北維宅·남유택南維宅, 반향사(反香寺) 하방(下坊)·대택隊宅·빈지택賓支宅, 반향사(反香寺) 북쪽·장사택長沙宅·상앵택上櫻宅·하앵택下櫻宅·수망택水望宅·천택泉宅·양상택揚上宅, 양부(梁部)의 남쪽·한기택漢岐宅, 법류사(法流寺) 남쪽·비혈택鼻穴宅·판적택板積宅, 분황사(芬皇寺) 위쪽·별교택別敎宅, 개천 북쪽·아남택衙南宅·금양종택金楊宗宅, 양관사(梁官寺) 남쪽·곡수택曲水宅, 개천 북쪽·유야택柳也宅·사하택寺下宅·사량택沙梁宅·정상택井上宅·이남택里南宅, 우소택(亏所宅)·사내곡택思內曲宅·지택池宅·사상택寺上宅, 대숙택(大宿宅)·임상택林上宅, 청룡사(青龍寺)의 동쪽으로 못이 있다·교남택矯南宅·항질택巷叱宅, 본피·누상택纓上宅·이상택里上宅·명남택椧南宅·정하택井下宅 등이다.

| 계절에 따라 노니는 별장四節遊宅 |

  봄에는 동야택東野宅, 여름에는 곡량택谷良宅, 가을에는 구지택仇知宅, 겨울에는 가이택加伊宅이다.

신라 제49대 헌강왕憲康王 때에는 성 안에 초가집은 한 채도 없고 집은 이웃의 처마와 담이 붙어 있었으며, 노랫소리와 피리 부는 소리가 길거리에 가득하였으며 밤낮으로 끊이지 않았다.

| 신라 시조 혁거세왕赫居世王 |

진한 땅에 예로부터 여섯 마을이 있었다.

첫째는 알천閼川 양산촌梁山村으로, 남쪽은 지금의 담엄사曇嚴寺이며, 촌장村長은 알평謁平이다. 하늘에서 처음 표암봉瓢嵒峯에 내려왔는데, 이 사람이 급량부及梁部 이李씨의 조상이 되었다 노례왕 9년에 부(部)를 설치하고 급량부(及梁部)라 했는데, 고려 태조 23년 천복 5년 경자년에 중흥부(中興部)로 고쳤다. 피잠(波潛)·동산(東山)·피상(彼上)·동촌(東村)이 이에 속한다.

둘째는 돌산突山 고허촌高墟村으로, 촌장은 소벌도리蘇伐都利이다. 처음에 형산兄山에 내려왔으니, 이 사람이 사량부沙梁部, 양(梁)은 도(道)라고 읽고, 혹은 탁(涿)이라고도 쓰나 역시 도(道)이다 정鄭씨의 조상이 되었다. 지금은 남산부南山部라 하며, 구량벌仇良伐·마등오麻等烏·도북道北·회덕廻德 등 남촌南村이 이에 속한다 지금이라고 한 것은 고려 태조 때에 설치한 것이니, 아래의 예도 이와 같다.

셋째는 무산茂山 대수산大樹山으로, 촌장은 구례마俱禮馬, 혹은 구(仇)라고도 쓴다 이다. 처음 이산伊山, 혹은 개비산(皆比山)이라 한다.에 내려왔으니, 이 사람이 점량부漸梁部, 양(梁)은 혹은 탁(涿)이라고도 쓴다 또는 모량부牟梁部 손孫씨의 조상이 되었다. 지금은 장복부長福部라 하며, 박곡촌朴谷村 등 서촌西村 등이 이에 속한다.

넷째는 자산觜山 진지촌珍支村, 혹은 빈지(賓之), 또는 빈자(賓子), 빙지(冰之)라고도 쓴다으로, 촌장은 지백호智伯虎이다. 처음 화산花山에 내려왔으니, 이 사람이 본피부本彼部 최崔씨의 조상이 되었다. 지금은 통선부通仙部라 하며, 시파柴巴 등 동남촌東南村이 이에 속한다. 최치원은 이 본피부本彼部 사람이다. 지금의 황룡사皇龍寺 남쪽과 미탄사味呑寺 남쪽에 옛 터가 남아 있다고 하는데, 이곳이 최치원의 옛 집이 분명하다.

다섯째는 금산金山 가리촌加利村, 지금의 경주 북쪽의 금강산으로 백률사(栢栗寺)의 북쪽 산으로, 촌장은 기타祇沱, 혹은 지타(只他)라고도 쓴다.이다. 처음 명활산明活山에 내려왔는데, 이 사람이 한기부漢岐部의 배裵씨의 조상이 되었다. 지금은 가덕부加德部라 하는데, 상서지上西知 · 하서지下西知 · 내아乃兒 등 동촌東村이 이에 속한다.

여섯째는 명활산明活山 고야촌高耶村으로, 촌장村長은 호진虎珍이다. 처음 금강산金剛山, 경주 북쪽의 산으로 내려왔는데, 이 사람이 습비부習比部 설薛씨의 조상이 되었다. 지금은 임천부臨川部로, 물이촌勿伊村 · 잉구미촌 · 궐곡闕谷, 혹은 갈곡(葛谷)이라고도 한다. 등 동북촌東北村이 이에 속한다.

위의 글을 살펴보면 이 여섯 부의 조상들은 모두 하늘에서 내려온 듯하다. 노례왕弩禮王, 유리왕(儒理王) 9년132에 비로소 처음으로 여섯 부의 이름을 고치고 또 그들에게 여섯 성姓을 주었다. 지금 풍속에 중흥부中興部를 어머니라 하고, 장흥부長興部를 아버지라 하고, 임천부臨川部를 아들이라 하고, 가덕부加德部를 딸이라 하는데, 그 실상은 자세히 알 수 없다.

　전한前漢 **지절**地節 서한 선제의 연호 원년인 임자년B.C. 69년. 고본(古本)에는 건호(建虎) 원년이라고도 했고, 또 건원(建元) 3년이라고도 했는데, 모두 잘 된 것이다 3월 초하루에 여섯 부의 조상들은 각기 자제들을 거느리고 알천의 남쪽 언덕 위에 모여서 의논했다.

　"우리들은 지금까지 위로 임금을 모시지 않고 백성들을 다스렸기 때문에 백성들이 모두 방자하여 자기 마음대로 하고 있소. 그러니 덕이 있는 사람을 찾아 임금을 삼아 나라를 세우고 도읍을 정하는 것이 어떻소?"

　그리고 높은 곳에 올라 남쪽을 바라보니 양산楊山 아래 나정蘿井 곁에 번갯불처럼 이상한 기운이 땅에 드리워졌는데 백마 한 마리가 꿇어앉아 절하는 모습이 보였다. 그들이 그곳을 찾아가 살펴보니 붉은 알 한 개혹은 푸른 큰 알이라고도 한다가 있었다. 말은 사람들을 보더니 길게 울고는 하늘로 올라가 버렸다. 그 알을 깨뜨려 사내아이를 얻었는데 모양이 단정하고 아름다웠다. 사람들은 놀라고 이상히 여겨 그 아이를 동천東泉, 동천사(東泉寺)는 사뇌야(詞腦野) 북쪽에 있다.에서 목욕을 시켰더니, 몸에서 광채가 나고 새와 짐승이 따라 춤추며 천지가 진동하고 해와 달이 청명해졌다. 그리하여 그를 혁거세왕아마 우리 말일 것이다. 혹은 불구내왕(弗矩內王)이라고도 하는데 밝은 빛으로 세상을 다스린다는 뜻이다. 해설가들의 말에 의하면 "이는 서술성모(西述聖母)를 찬양하는 말에 현인을 낳아 나라를 세웠다는 말이 그것이다." 그러니 계룡(鷄龍)이 상서(祥瑞)를 나타내어 알영(閼英)을 낳았다는 이야기 또한 서술성모의 현신(現身)을 말한 것이 아니겠는가?이라 이름하고, 위호位號는 거슬한居瑟邯, 혹은 거서간(居西干)이라고도 한다. 이것은 그가 처음 입을 열어 스스로 "알지거서간(閼智

居西干)이 한 번 일어났다"고 말했으므로 그 말 때문에 그렇게 부른 것인데 이후부터 왕자의 존칭이 되었다.이라고 했다. 그 당시 사람들은 서로 다투어 치하하였다.

"이제 천자天子가 하늘에서 내려왔으니 마땅히 덕이 있는 왕후를 찾아 배필을 삼아야 할 것이다."

그 날 사량리沙梁里 알영정閼英井, 혹은 아리영정(峨利英井)이라고도 한다. 가에 계룡鷄龍이 나타나 왼쪽 옆구리에서 여자아이를 낳았는데혹은 용이 나타나서 죽었는데 그 배를 갈라서 여자아이를 얻었다고도 한다. 모습과 얼굴은 유달리 아름다웠으나 입술이 닭의 부리와 같았다. 월성月城 북천北川에서 목욕시키니 부리가 떨어졌다. 그 때문에 그 시내를 발천撥川이라 했다.

남산 서쪽에 있는 산기슭지금의 창림사(昌林寺)에 궁궐을 짓고 두 아이를 받들어 길렀다. 사내아이는 알에서 태어났으며, 그 알은 박瓠과 같았다. 향인鄕人들은 바가지를 박朴이라고 부르기 때문에 그 성을 박이라 했다. 여자아이는 그가 태어난 우물의 이름을 따서 알영閼英이라고 이름지었다.

두 성인의 나이 열세 살이 되는 오봉五鳳 원년 갑자년B.C. 57년에 남자아이는 왕으로, 여자아이는 왕후가 되었다.

나라의 이름을 서라벌徐羅伐 또는 서벌徐伐, 지금 세간에서 경자(京字)를 훈독(訓讀)하여 서벌(徐伐)이라 이르는 것도 이러한 까닭이이라 하고, 혹은 사라斯羅 또는 사로斯盧라 하였다.

처음에 왕이 계정鷄井에서 태어났으므로 나라의 이름을 계림국鷄林國이라고도 했다. 이것은 계룡鷄龍이 상서로움을 드러냈기 때문이다. 일설에는 탈해왕脫解王 때 김알지金閼智를 얻자 숲 속에서 닭이 울었으므로 이에 국호를 고쳐 계림鷄林이라 했다 하는데, 후세에 국호를 신라로 정했다.

박혁거세왕은 나라를 다스린 지 61년 되던 해에 하늘로 올라가고 7일 후에 그 몸뚱이만 땅에 흩어져 떨어졌는데, 왕후도 역시 세상을 떠났다 한다. 나라 사람들이 몸뚱이를 합해 장사지내고자 할 때 큰 뱀이 이를 방해했다. 어쩔 수 없어서 머리와 사지를 각각 장사지내어 오릉五陵을 만들었다. 이 능을 또한 사릉蛇陵이라고도 한다. 담엄사曇嚴寺 북쪽 능이 바로 이것이다. 그 후 태자 남해왕南海王이 왕위를 계승했다.

제2대 남해왕南海王

남해 거서간南海 居西干을 차차웅次次雄이라고도 했다. 이것은 존장尊長을 일컫는 말인데, 오직 이 왕만을 차차웅이라고 불렀다. 아버지는 혁거세이고, 어머니는 알영 부인이다. 비는 운제 부인雲帝夫人, 혹은 운제(雲梯)라고도 한다. 지금의 영일현(迎日縣) 서쪽에 운제산 성모(聖母)가 있는데 가뭄에 빌면 응험이 있다고 한다.이었다. 전한前漢 평제平帝 원시元始 4년 갑자일에 왕으로 즉위하였고, 21년 만인 지황地皇 4년 갑신일에 세상을 떠났는데, 이 왕이 삼황三皇 중 제일이라고 한다.

『삼국사』를 살펴보면, 신라에서는 왕을 거서간이라 일컬었는데, 이는 진한의 말로 왕을 뜻한다. 어떤 사람은 귀인을 일컫는 칭호라 하고 또 어떤 사람은 차차웅을 자충慈充이라고 하기도 한다고 했다.

김대문金大問 신라의 학자로 문장에 능함. 『고승전(高僧傳)』, 『화랑세기(花郎世紀)』 등을 지었다.은 이렇게 말했다.

"차차웅은 방언으로 무당을 이르는 말이다. 세상 사람들이 무당은 귀신을 섬기고 제사를 숭상하기 때문에 무당을 두려워하고 공경하게 되므로, 존장이 되는 사람을 자충이라 부르게 한 것이다."

혹은 이사금尼師今이라고도 했는데 이는 잇금[齒理]을 이르는 말이다. 남해왕이 승하하자 처음에 그의 아들 노례가 탈해脫解에게 왕위를 양위했다. 그러자 탈해가 말했다.

"내가 듣기로는 거룩하고 슬기로운 사람은 이齒가 많다고 들었다."

그리고 그들은 떡을 물어 시험했다. 옛날부터 이렇게 해서 왕을 정했다고 전하고 있다.

어떤 이는 왕을 마립간麻立干, 입(立)은 혹 수(袖)라고도 쓴다.이라고도 한다. 김대문은 이렇게 말하였다. "마립麻立이란 방언으로 궐橛, 좌석표를 말하는 것이니, 궐표橛標는 자리에 따라 설치하므로, 왕궐은 주主, 주석(主席)이 되고 신하의 궐은 아래에 배열하게 되니, 이로 인하여 왕을 명칭한 것이라" 했다.

『사론史論』에서는 이렇게 말한다.

"신라의 왕 중에서 거서간과 차차웅이라 불린 임금은 한 분이요, 이사금이라 불리는 임금은 열여섯 분이며, 마립간이라 불린 임금은 네 분이다."

신라 말기의 이름난 유학자 최치원이 『제왕연대력帝王年代歷』을 지으면서 모두 모왕某王이라 칭하고 거서간, 마립간 등의 호칭은 사용하지 않았는데 그 말이 야비해서 마땅히 부를 것이 못 된다고 생각해서였는지? 그러나 신라의 일을 기록함에 있어 방언[國語]을 그대로 두는 것도 또한 옳겠다.

신라 사람들은 추봉追封된 모든 사람들을 갈문왕葛文王이라고 했는데, 그 뜻에 대해서는 자세히 알 수 없다.

남해왕 때에 낙랑국 사람들이 금성金城에 쳐들어왔으나 이기지 못하고 돌아갔다. 또 천봉天鳳 5년 무인년18년에 고구려의 속국인 일곱 나라가 항복해 왔다.

| 제3대 노례왕弩禮王 |

박노례이질금朴弩禮 尼叱今, 혹은 유리왕(儒理王)이라고도 한다. 이 처음에 왕위를 매부 탈해脫解에게 물려주려고 하자, 탈해가 말했다.

"덕이 있는 사람은 이가 많다고 하니 마땅히 잇금으로 시험해 봅시다."

그리고 그들은 떡을 물어 시험하니 노례왕이 이가 많았기에 먼저 즉위하고 이러한 이유 때문에 이질금이라 불렸으니, 이질금의 칭호는 노례왕에서부터 비롯되었다. 유성공劉聖公 경시更始 원년 계미년 29년에 즉위하여연표에는 갑신년에 즉위하였다 한다 육부六部의 이름을 고쳐 정하고 또 여섯 성六姓 이(李), 최(崔), 손(孫), 정(鄭), 배(裵), 설(薛)씨을 하사하고, 비로소 〈도솔가〉를 지었는데, 차사嗟辭와 사뇌격이 있었다. 그리고 쟁기와 장빙고藏氷庫와 수레를 만들었다. 건호建虎 18년(42)에 이서국伊西國을 정벌하고 이 해에 고구려의 침략을 받았다.

| 제4대 탈해왕脫解王 |

남해왕 때『고본(古本)』에는 임인년에 왔다고 하였으나 이는 잘못된 말이다. 가까운 임인년이라면 노례왕이 즉위한 후일이니 왕위를 두고 서로 사양한 일이 없었을 것이요, 앞의 임인년이라면 혁거세왕 때의 일이 된다. 그러므로 임인년이 잘못된 것임을 알 수 있다.에 가락국駕洛國 바다 한가운데에 배가 하나 나타나자 이를 보고 수로왕首露王이 신하와 백성들과 함께 북을 치면서 맞아들여 머물게 하려고 했으나, 배는 급히 달아나 계림鷄林 동쪽 하서지촌下西知村 아진포阿珍浦에 이르렀다지금도 상서지(上西知)와 하서지(下西知)란 이름이 있다.

그때 마침 갯가에 아진의선阿珍義先이라는 노파가 있었는데 그녀는 혁거세왕 때 고기를 잡아 바치던 할멈이었다. 노파가 배를 바라보고 말했다.

"이 바다 한가운데에 본래 바위가 없는데, 어찌하여 까치가 모여들어 우는가?"

배를 당겨 보니 까치가 배 위에 모여 있었고, 그 배 안에는 상자가 하나 있었다. 길이가 20자에, 넓이가 13자나 되었다. 그 배를 끌어다가 나무 숲 밑에 매어 두고는 그 길흉을 몰라 하늘을 향해 고했다.

그리고 조금 있다가 상자를 열어 보니 단정한 사내아이가 있었고, 일곱 가지의 보물과 노비가 그 속에 가득 차 있었다. 그들을 7일 동안 잘 대접하자 그 사내아이가 말했다.

"나는 본디 용성국龍城國 사람이오.또는 정명국(正明國), 혹은 완하국(琓夏國) 사람이라고도 하는데 완하(琓夏)는 혹은 화하국(花廈國)이라고 한다. 용성(龍城)은 왜국(倭國)의 동북쪽 천 리 밖에 있다. 우리나라에는 일찍이 28용왕이 있는데 모두 사람의 태胎에서 태어났으며 5, 6세 때부터 왕위에 올라 백성들을 가르쳐 성명性命을 바르게 하였소. 팔품八品의 성골姓骨, 성(姓)의 동급이 있었으나 간택하는 일이 없이 모두 왕위에 올랐소. 그때 우리 부왕父王 함달파含達婆가 적녀국積女國의 공주를 맞아 왕비로 삼았는데, 오래도록 아들이 없으므로 아들을 구하기를 빌었더니 7년 후에 알 하나를 낳았소. 그러자 대왕이 여러 신하를 모아 놓고 묻기를 '사람이 알을 낳은 일은 고금에 없으니, 아마 좋은 일이 아닐 것이다' 하고 이에 상자를 만들어 나를 그 속에 넣고, 일곱 가지 보물과 종들까지 배 안에 실어 바다에 띄우면서, '인연 있는 곳에 닿아 나라를 세우고 집안을 이루라' 축원했소. 그러자 문득 붉은 용이 나타나 배를 호위하여 이곳으로 왔소."

그 남자는 말을 마치자, 지팡이를 짚고 두 종을 데리고 토함산吐舍山 위에 올라가서 돌집을 짓고, 그곳에 7일 동안 머무르면서 성 안에 살 만한 곳이 있는가 살펴보니 마치 초승달같이 생긴 한 산봉우리가 보이는데 지세가 오래 살 만한 곳이었다. 이에 내려가서 그곳을 찾으니 곧 호공瓠公의 집이었다.

그는 곧 꾀를 써서 숫돌과 숯을 몰래 그 곁에 묻고는 이튿날 이른 아침에 그 집 문 앞에 가서 말하였다.

"이곳은 우리 조상 대대로 살던 집이오."

호공은 그렇지 않다 하고, 서로 다투었으나, 시비를 가리지 못하고 결국 관가에 고했다. 관청에서 아이에게 물었다.

"이 집이 너의 집임을 무엇으로 증명하느냐?"

"우리는 본래 대장장이었는데, 제가 잠시 이웃 고을에 간 사이에 다른 사람이 빼앗아 살고 있으니, 땅을 파서 조사해 보시오."

탈해의 말대로 땅을 파 보니, 과연 숫돌과 숯이 나왔으므로 그 집을 빼앗아 살게 되었다. 이 아이가 바로 탈해 치질금脫解 齒叱今, 혹은 토해 이사금(吐解 尼師今)이라 함.이다.

이때 남해왕은 탈해가, 지혜가 있는 사람임을 알고 맏공주를 그의 아내로 삼게 하니, 이 사람이 바로 아니阿尼 부인이었다.

어느 날 토해吐解, 탈해(脫解)가 동악東岳에 올라갔다가 돌아오는 길에 하인을 시켜 물을 구해 오라 했다.

하인이 물을 떠 가지고 오다가 길에서 먼저 마시고 탈해에게 주려고 했다. 그러나 잔이 입에 붙어서 떨어지지 않았다. 탈해가 꾸짖자 하인은 맹세했다.

"이후로부터는 가까운 곳이든지 먼 곳이든지 감히 먼저 물을 마시지 않겠습니다."

그제서야 잔이 입에서 떨어졌다. 그 이후 하인이 탈해를 두려워하여 감히 속이지 못했다. 지금 동악東岳 속에 우물 하나가 있어 세간에서 요내정遙乃井이라 불렀는데 바로 그 우물이다.

노례왕弩禮王이 죽자 광무제光武帝 중원中元 2년 정사년57년 6월에 탈해가 왕위에 올랐다. 옛날에 자기 집이라 해서 남의 집을 빼앗은 까닭으로 성을 석씨라 하였고, 어떤 이는 까치鵲로 인해 상자를 열게 되었으므로 작鵲자에서 조鳥자를 버리고 석昔씨로 했다고 한다.

또 상자 속의 알을 깨뜨리고 나왔기 때문에 이름을 탈해라 했다고도 한다. 왕위에 있은 지 23년 만인 건초建初 4년 기묘년79년에 세상을 떠났다. 소천구疎川丘 속에 장사지냈다. 그 후에 신의 명령이 있었다.

"내 뼈를 조심해서 묻으라."

다시 파내어 보니 그 두골頭骨의 둘레는 3자 2치나 되었고, 몸통뼈의 길이는 9자 7치나 되었고, 이齒는 엉키고 뭉쳐서 하나가 된 듯하고, 골절骨節은 모두 연이어 맺어져 있었다. 이른바 천하에 둘도 없는 장사의 골격이었다. 뼈를 부수어 찰흙으로 빚은 인물을 만들어 대궐 안에 안치하자 신神이 또 말했다.
　"내 뼈를 동악東岳에 안치하라."
　그러므로 그곳에 모시게 되었다혹은 이런 말도 있다. 탈해가 세상을 떠난 후 27대 문무왕(文武王) 때, 조로(調露) 2년 경신년(60년) 3월 15일 신유일 밤에 태종[문무왕의 잘못임]의 꿈에 모양이 몹시 사나운 노인이 나타나 말하기를 "나는 탈해인데 내 뼈를 소천구에서 파내어 소상을 만들어 토함산에 봉안하라" 했으므로, 왕은 그 말대로 좇았다고 하며, 그런 까닭으로 지금까지 나라에서 계속해서 제사를 지내 왔으니 이를 동악신(東岳神)이라 한다.

김알지金閼智 탈해왕 대

　영평永平 후한 명제(明帝)의 연호 3년 경진년60년, 혹은 중원(中元) 6년이라고 하나, 잘못된 것이다. 중원은 두 해뿐이었다 8월 4일에 호공瓠公이 밤에 월성月城 서리西里를 지나다가 크고 밝은 빛이 시림始林, 구림(鳩林)이라고도 한다. 속에서 큰 빛이 비추는 것을 보았다. 자줏빛 구름이 하늘에서 땅으로 뻗쳤는데 구름 속으로 보이는 황금상자가 나뭇가지에 걸려 있고, 그 빛은 상자에서 나오고 있었으며 그리고 흰 닭이 나무 밑에서 울고 있었다.

호공이 모양을 왕께 말하자 왕이 그 숲에 가서 상자를 열어 보니, 그 속에 사내아이가 누웠다가 곧 일어났다. 마치 혁거세赫居世의 고사故事와 같으므로, 이름을 알지閼智라 했다. 알지는 곧 우리말로 아기의 이름이다. 왕이 그 아이를 안고 대궐로 돌아오니, 새와 짐승들이 서로 뒤따르고 뛰놀고 춤을 추었다.

왕은 길일吉日을 가려 알지를 태자로 책봉했으나 뒤에 파사왕婆娑王에게 그 자리를 사양하고 왕위에 오르지 않았다. 금궤에서 나왔으므로 성을 김金씨라 했다.

알지는 열한熱漢을 낳고, 열한은 아도阿都를 낳고, 아도는 수류首留를 낳고, 수류는 욱부郁部를 낳고, 욱부는 구도俱道, 혹은 구도(仇道)라 함를 낳고, 구도는 미추未鄒를 낳았다. 미추가 왕위에 오르니 신라의 김씨는 알지로부터 시작된 것이다.

연오랑延烏郎과 세오녀細烏女

제8대 아달라왕阿達羅王이 왕위에 오른 지 4년 정유년158년에 동해 바닷가에 연오랑과 세오녀 부부가 살고 있었다.

어느 날 연오랑이 바닷가에 나가 해조海藻를 따고 있는데 갑자기 바위 하나혹은 한 마리의 고기라고도 한다.가 연오랑을 싣고 일본으로 갔다. 일본 사람들은 연오랑을 보고 말했다.

"이 사람은 범상치 않은 사람이다."

그들은 연오랑을 왕으로 삼았다『일본제기(日本帝紀)』를 살펴보면 이때를 전후하여 신라 사람이 왕이 된 자가 없었다. 이것은 변방의 소왕(小王)이고, 진짜 왕은 아닐 것이다.

세오녀는 남편이 돌아오지 않자 이상히 여겨 바닷가에 나가 찾다가, 남편이 벗어 놓은 신발이 있음을 보고 세오녀도 바위에 올라가니, 바위는 또 그 전처럼, 세오녀를 싣고 일본으로 갔다.

일본 사람들이 보고 놀라서 왕께 세오녀를 바쳤는데 부부가 서로 다시 만나게 되었고 세오녀는 귀비貴妃가 되었다.

이때 신라에서는 해와 달이 빛을 잃고 어두워지자, 일관日官이 왕께 아뢰었다.

"해와 달의 정기가 전에는 우리 나라에 있었는데, 지금은 일본으로 가 버렸기 때문에 이런 괴변이 생겼습니다."

왕은 사자를 일본에 보내어, 두 사람을 찾아 돌아오기를 청했다. 그러나 연오랑은 말했다.

"내가 이 나라에 온 것은 하늘의 뜻이니, 이제 어찌 돌아살 수 있겠소. 그러나 나의 비妃가 짠 고운 명주 비단이 있으니, 이것을 가지고 돌아가 하늘에 제사를 지내면 될 것이오."

그는 사신에게 비단을 주었다. 사자가 돌아와서 왕께 아뢰고 그 말대로 제사를 지냈다. 그러자 해와 달이 예전처럼 밝아졌다.

그 비단을 국보로 삼아 임금의 곳간에 간직하고 그 곳간을 귀비고貴妃庫라 하고 하늘에 제사지낸 곳을 영일현迎日縣 또는 도기야都祈野라 했다.

| 미추왕과 죽엽군 |

제13대 미추이질금未鄒 尼叱今, 혹은 미조(未祖), 또는 미고(未古)라고도 함.은 김알지金閼智의 7세손世孫이다. 대대로 벼슬이 높아 세상에 이름이 널리 알려졌고 또 성덕聖德이 있었으므로, 첨해왕沾解王으로부터 왕위를 물려받아 비로소 왕위에 올랐다지금 세상에서는 미추왕의 능을 시조당(始祖堂)이라 한다. 이것은 그가 김(金)씨로서는 처음으로 왕위에 올랐기 때문이다. 그러므로 후대의 김씨 여러 왕들이 미추를 시조로 삼는 것은 마땅한 일이다. 왕위에 오른 후 23년 만에 죽었는데 능은 흥륜興輪寺 동쪽에 있다.

제14대 유례왕儒禮王 때에 이서국伊西國 사람들이 금성金城을 공격했다. 신라에서는 군사를 많이 일으켜 막았으나, 오랫동안 대항할 수는 없었다.

이때 갑자기 이상한 군사들이 와서 신라군을 도와주었는데, 모두 대나무잎을 귀에 꽂고 있었다. 그들은 신라의 군사와 힘을 합쳐 적군을 무찔렀다. 적군이 물러간 후에는 그들이 어디로 갔는지 알 수가 없었다. 다만 미추왕릉未鄒王陵 앞에 대나무잎이 쌓여 있음을 보고는 그제서야 선왕이 음덕으로 도와 나라를 지켰음을 알고 이후로 미추왕릉을 죽현릉竹現陵이라고 불렀다.

그 후 37대 혜공왕惠恭王 때 일로, 대력大曆 14년 기미년779년 4월에 김유신金庾信 공의 무덤에서 갑자기 회오리바람이 일어났다. 무덤 속에서 한 사람이 준마駿馬를 타고 나타났는데 김유신 장군의 모습과 같았으며, 그의 뒤를 갑옷을 입고 무기를 든 사람 40명 가량이 뒤를 따라 죽현릉竹現陵으로 들어갔다. 조금 후에 능 속에서 우는 소리가 나는 듯했고 혹은 호소하는 듯한 소리도 들리는 듯했다. 그 호소하는 소리는 이러했다.

"신臣은 평생 동안 나라의 어려움을 구제하였고, 삼국을 통일한 공이 있었으며, 이제는 혼백이 되어서도 나라를 지키고 재앙을 물리치고 환난을 구제하려는 마음을 잠시도 변함이 없습니다. 그런데 지난 경술년에 신의 자손이 아무런 죄도 없이 죽임을 당했으니, 이는 군신들이 저의 공을 생각해 주지 않는 것입니다. 그러하오니 신은 이제 다른 먼 곳으로 떠나 다시는 나라를 위하여 애쓰지 않겠사오니 임금님께서는 이를 허락해 주십시오."

미추왕이 대답했다.

"나와 공이 이 나라를 지키지 않는다면, 저 백성들은 어떻게 되겠소. 공은 다시 그 전처럼 나라를 위해 힘써 주시오."

김유신이 세 번씩이나 청해도 왕은 세 번 다 허락하지 않으니, 회오리바람은 돌아갔다.

혜공왕은 그 말을 듣고 두려워하여 대신 김경신金敬臣을 보내어 김공김유신의 능에 가서 사과하고, 공덕보전功德寶田 30결結을 취선사鷲仙寺에 내리어 명복을 빌게 했다. 그 절은 김유신이 평양을 쳐서 평정한 후에 복을 빌기 위해서 세운 절이었다.

미추왕의 혼령이 아니었더라면 김유신 공의 노여움을 막지 못했을 것이니, 왕이 나라를 보호함이 크다고 아니할 수 없다. 그러므로 나라의 사람들이 그 덕을 생각해서 삼산三山, 내림(奈林), 골화(骨化), 혈례(穴禮)과 함께 제사지내기를 게을리하지 않았고, 제사 차례를 오릉五陵의 위에 두었고 대묘大廟라고 불렀다.

내물왕과 김제상金堤上

제17대 나밀왕那密王, 내물왕(奈勿王)이 왕위에 오른 지 36년 경인년 390년에 왜왕倭王이 사신을 신라에 보내왔다.

"우리 임금이 대왕의 신성함을 듣고, 신臣들을 시켜 백제의 죄를 대왕에게 아뢰도록 하였으니, 원컨대 대왕께서는 왕자 한 분을 보내시어 우리 임금에게 성심을 보이시기 바랍니다."

그래서 왕은 셋째 아들 미해美海, 또는 미토희(未吐喜)라고도 함를 왜국에 보냈는데 이때 미해의 나이 열 살이었는데 미해가 어려서 말과 행동이 능숙하지 못하므로 내신內臣 박사람朴娑覽을 부사副使로 삼아 함께 보냈다. 그런데 왜왕은 이들을 붙잡아 놓고 30년 동안이나 돌려보내지 않았다.

눌지왕訥祗王이 왕위에 오른 지 3년 기미년419년에는 고구려 장수왕長壽王이 사신을 보내왔다.

"우리 임금께서 대왕의 아우 보해寶海가 지혜와 재주가 뛰어남을 듣고 서로 가깝게 사귀기를 원하여 특히 소신小臣을 보내어 대왕께 간청하도록 했습니다."

왕은 그 말을 듣고 매우 다행히 여겨 이제 서로 화친을 맺기로 하고 아우 보해에게 고구려에 가도록 명령하고 내신內臣 김무알金武謁을 보좌로 삼아 함께 보냈다. 그런데 장수왕이 또 이들을 붙잡아 놓고 돌려보내지 않았다.

눌지왕 10년 을축년425년에 왕은 여러 신하와 나라 안의 호걸들과 장수들을 불러 모아놓고 친히 연회를 베풀었는데, 술이 세 순배가 돌자 갖가지 음악이 울리기 시작했고, 이때 왕은 눈물을 흘리면서 여러 신하에게 말했다.

"예전에 선왕께서 백성들의 일이라면 성심껏 보살폈던 까닭으로, 사랑하는 아들을 왜국에 보냈다가 보지도 못 하시고 세상을 떠나셨고, 또 내가 왕위에 오른 후에 이웃 나라의 군사가 매우 강성하여 전쟁이 그칠 사이가 없었는데, 오직 고구려만이 화친을 맺자고 하므로, 나는 그 말을 굳게 믿고 아우를 고구려에 보냈소. 그런데 고구려에서도 붙들고 돌려보내지 아니하오. 짐은 비록 부귀를 누리고 있지마는, 아우들 생각에 울지 않는 날이 하루도 없었소. 만일 두 아우를 만나보고 함께 선왕先王의 사당에 고할 수만 있다면, 나라 사람들의 은혜를 갚겠는데, 누가 그 계책을 이룩할 수 있겠소?"

이때 백관百官이 모두 아뢰었다.

"이 일은 진실로 쉽지 않은 일이 아니므로 반드시 지혜와 용맹이 있어야 가능한 일이옵기에, 신들의 생각으로서는 삽라군歃羅郡, 지금의 경상남도 양산군에 해당됨. 태수太守 제상堤上이라면 능히 할 수 있사옵니다."

왕이 제상을 불러 물으니 제상이 두 번 절하고 아뢰었다.

"신이 듣자오니 '임금에게 근심이 있으면 신하는 욕을 당하고, 임금이 욕을 당하면 신하는 죽게 된다' 하였사오며 '만약 신하가 일이 어렵고 쉬운 것을 헤아려서 행한다면 그것은 충성되지 못하다 할 것이며, 죽고 사는 것을 생각한 후에 움직인다면 그것은 용맹이 없다' 할 것이오니, 신이 비록 어리석으나 명을 받들어 행하겠사옵니다."

왕은 그의 말을 듣고 매우 기뻐하며 그와 술잔을 나누어 마시고 손을 잡아 작별했다.

제상은 왕의 명령을 받고 바로 북해北海를 향하여 변장하고 고구려로 들어갔다. 그리고 보해가 있는 곳으로 가서 함께 도망할 날짜를 약속하고, 먼저 5월 15일에 고성高城의 수구水口로 돌아와서 기다렸다. 보해는 약속한 기일이 가까워지자 병을 핑계하고 며칠 동안 조회에 나가지 않다가 밤중에 도망쳐 나와서 고성 해변에까지 이르렀다.

고구려의 왕이 이 일을 알고 수십 명을 시켜 그를 뒤쫓게 했는데 고성에 거의 이르러 잡힐 지경이었으나, 보해가 고구려에 있을 때 항상 시중을 드는 사람에게 은혜를 베풀었던 까닭으로 그 군사들은 보해를 불쌍히 여겨 모두 화살에서 화살촉을 뽑고 쏘았기 때문에 죽음을 면했고 마침내 그는 살아서 돌아왔다.

눌지왕은 보해를 만나게 되자, 더욱 미해의 생각이 나서 한편 즐겁고도 한편 슬퍼졌으므로, 눈물을 머금고 곁에 있는 신하에게 말했다.

"마치 짐의 몸에 한 쪽 팔뚝만 있고 얼굴에 한 쪽 눈만 있는 것 같아서, 비록 하나는 얻었으나 하나가 없으니 어찌 슬프지 않겠소."

이때 제상은 이 말을 듣고 임금께 두 번 절하고 하직하고 말을 타고 집에 들르지도 않고 길을 떠나 바로 율포栗浦 바닷가에 이르렀다. 그 아내가 이 소식을 듣고 말을 달려 율포까지 뒤쫓아갔으나, 남편은 이미 배 위에 있었다. 아내가 안타깝게 불렀으나 제상은 다만 손만 흔들 뿐이었다.

그는 왜국에 도착해서 거짓말을 했다.

"계림왕鷄林王, 신라왕(新羅王)은 아무런 죄도 없는 제 아버지를 죽였습니다. 그래서 도망쳐 왔습니다."

왜왕은 그 말을 믿고 그에게 집을 주어 편안히 살게 해 주었다. 제상은 항상 미해를 모시고 바닷가에서 나가서 놀면서 물고기와 새를 잡아 그것을 왜왕에게 바쳤다. 왜왕은 매우 기뻐하여 조금도 그를 의

심하지 않았다. 때마침 새벽에 안개가 짙게 끼자, 제상이 미해에게 말했다.

"이제 도망가십시오."

"함께 출발합시다."

"만약 신臣까지 도망친다면 왜인들이 뒤쫓을까 염려됩니다. 신은 이곳에 남아서 그들을 막을까 합니다."

"나는 지금 그대를 아버지나 형처럼 여기는데, 어찌 그대를 버리고 나 혼자만 돌아가겠소."

"신은 공公의 목숨을 구원함으로써 대왕의 마음을 위로할 수 있다면 만족하겠습니다. 어찌 살기를 바라겠습니까?"

그리고 술을 가져와 미해에게 권했다.

이때 신라 사람 강구려康仇麗가 왜국에 있었으므로, 그 사람을 미해에게 딸려 보냈다. 제상은 미해의 방에 들어가 이튿날 아침까지 있었다. 날이 밝자 미해를 모시던 사람들이 방에 들어와 그를 보고자 하니 제상이 나와서 말했다.

"미해 공이 어제 사냥하는 데 쫓아다니느라고 매우 피곤하여 일어나지 못하십니다."

그러나 저녁때가 되자, 사람들이 이상히 여겨 그에게 또 다시 물었다. 그러자 제상이 대답했다.

"미해 공이 이곳을 떠난 지 벌써 오래되었소?"

그들은 달려가서 왜왕에게 아뢰니 왜왕은 기병을 시켜 뒤쫓게 했으나 미치지 못했다.

왜왕은 곧장 제상을 가두고 물었다.

"너는 어찌하여 왕자를 몰래 보냈느냐?"

"저는 신라의 신하이지 왜국의 신하는 아닙니다. 저는 우리 임금의 뜻을 이루려 한 것뿐입니다. 그러니 어찌 왕에게 말하겠소?"

왜왕은 몹시 노하여 말했다.

"너는 이미 내 신하가 되겠다고 말했는데 어찌 다시 신라의 신하라고 말하느냐? 그렇다면 반드시 다섯 가지 형刑, 중국 고대의 형벌로써 먹물로 피부에 글씨를 새겨 넣는 벌, 코를 베는 벌, 발뒤꿈치를 베는 벌, 불알을 없애는 벌, 목을 베어 죽이는 벌을 말한다에 처할 것이요, 만약 왜국의 신하라고 말한다면 반드시 후한 녹을 주겠다."

"차라리 계림의 개돼지가 될지언정 왜국의 신하가 되고 싶지 않으며, 차라리 계림왕의 형벌을 받을지라도 왜국의 녹은 받고 싶지 않다."

왜왕은 노하여 제상의 발바닥의 가죽을 벗기고, 갈대를 베어 그 위로 걷게 하고는 계속 말했다지금 갈대 위에 핏자국이 있는데, 세간에서 제상의 피라고 한다.

"너는 어느 나라 신하냐?"

제상이 대답했다.

"신라의 신하다."

또한 달군 철판 위에 세워 놓고 물었다.

"너는 어느 나라의 신하냐?"

"신라의 신하다."

왜왕은 제상을 굴복시킬 수 없음을 알고 목도木島 섬 안에서 불에 태워 죽였다.

미해는 바다를 무사히 건너오자 강구려를 시켜 먼저 나라에 알렸다. 눌지왕은 놀랍고 기뻐서 백관百官에게 명하여 굴헐역屈歇驛에 나가 맞이하게 했다.

왕은 아우 보해와 더불어 남교南郊에 가서 그를 맞이했다. 대궐에 들어 잔치를 베풀고, 나라 곳곳에 대사령大赦令을 내렸다. 그리고 제상의 아내를 국대부인國大夫人으로 책봉하고, 그의 딸을 미해 공의 부인으로 삼았다.

식견이 있는 사람들은 이렇게 말했다.

"옛적에 한나라 신하 주가周苛가 형양滎陽에 있을 때 초楚나라 군사에게 사로잡혔다. 항우項羽가 주가에게 '네가 내 신하가 되면 만호후萬戶侯로 봉하겠다' 하니 오히려 주가는 항우를 꾸짖고 끝까지 굴복하지 않아 결국 초왕에게 죽임을 당했는데, 제상의 충렬도 주가에 비해 못함이 없다."

처음 제상이 떠날 때에 부인이 이 소식을 듣고 뒤쫓았으나 미치지 못하고, 망덕사望德寺 문 남쪽 모래 위에 드러누워 오랫동안 부르짖었는데 그 모래를 장사長沙라 한다.

또 그 친척 두 사람이 그 부인을 부축하여 집으로 데려오려 했는데, 부인이 다리를 뻗고 앉아 일어나지 않으므로 그 지명을 벌지지伐知旨라 했다.

오랜 후에 부인은 남편을 사모하는 심정을 견디지 못하여, 세 딸을 데리고 치술령鵄述嶺, 경주시 의두읍과 울주군 두동면 경계에 있다.에 올라가 왜국을 바라보며 통곡하다가 죽었다.

이에 부인은 치술령의 신모神母가 되었다. 지금도 그 사당祠堂이 남아 있다.

| 제18대 실성왕實聖王 |

의희義熙, 동진(東晉) 안제(安帝)의 연호 9년 계축년413년에 평양주에 큰 다리大橋가 만들어졌다아마 남평양인 듯하나 지금의 양주(楊州)다.

왕은 이전에 태자 눌지訥祇가 덕망이 있음을 알고 못마땅히 여기고 그를 죽이려고, 고구려의 군사를 청해서 거짓으로 눌지를 맞이하게 했다.

그런데 고구려의 사람은 눌지가 어진 행실이 있음을 보고는 오히려 창을 뒤로 하여 실성왕을 죽이고 눌지를 왕으로 세우고 돌아갔다.

| 거문고 갑을 쏘다 |

제21대 비처왕毗處王, 혹은 소지왕(炤智王)이라고도 한다.이 왕위에 오른 지 10년 무진년488년에 왕이 천천정天泉亭에 거둥했다. 이때 까마귀와 쥐가 와서 울더니 쥐가 사람처럼 말을 했다.

"이 까마귀가 가는 곳을 살피시라혹은 신덕왕(神德王)이 흥륜사(興輪寺)에 거둥하여 향을 피우려고 할 때, 길에서 여러 쥐들이 꼬리를 물고 있음을 보고 이상히 여겨 돌아와서 점을 치니, 이튿날 맨 먼저 우는 까마귀를 찾으라고 했다 한다. 그러나 이 견해는 틀린 것이다."

왕이 기병에게 명령하여 뒤쫓게 했다. 기병이 남쪽으로 피촌避村, 지금의 양피사촌(壤避寺村)이니 남산의 동쪽 기슭에 있다.에 이르렀을 때, 두 돼지가 싸우는 것을 신기하게 여겨 한참 동안 구경하다가, 문득 까마

귀의 간 곳을 잃어버리고 길가에서 헤매고 있었다.

그때 한 노인이 물 속에서 나와 글을 올리니 겉봉에 이렇게 씌어 있었다.

"이를 뜯어 보면 두 사람이 죽을 것이고, 뜯어 보지 않으면 한 사람이 죽을 것이다."

기병이 돌아와서 왕에게 글을 올리자 왕이 말했다.

"두 사람이 죽는 것보다는 뜯어 보지 않고 한 사람만 죽는 것이 낫겠다."

일관日官이 아뢰었다.

"두 사람이란 백성이요, 한 사람이란 왕입니다."

왕은 그 말이 옳다고 여겨 뜯어보니 그 속에는 '금갑琴匣을 쏘아라' 라고 씌어 있었다.

왕은 곧 궁궐에 돌아와서 거문고 갑을 쏘았다. 그 속에는 내전內殿에서 분향수도焚香修道하는 중과 궁주宮主가 몰래 간통을 하고 있었다. 두 사람은 주살되었다.

이때부터 나라 풍속에 해마다 정월 상해上亥, 그 달의 첫째 해일(亥日). 상자(上子)·상오(上午)도 각각 첫째 자일(子日), 첫째 오일(午日)임, 상자上子·상오上午일에는 모든 일을 조심하여, 감히 함부로 행동하지도 않았고, 15일을 오기일烏忌日이라 하여 찰밥으로 제사지냈는데, 이것은 지금까지도 이를 행하고 있다. 항간에서 이것을 달도신을 나타내는 말, 정월에 있는 제천의식라고 하니, 슬퍼하고 근심해서 모든 일을 금한다는 말이다. 또한 노인이 나와 글을 준 그 못을 이름하여 서출지書出池, 글이 나온 못라고 하였다.

| 지철로왕智哲老王 |

　제22대 지철로왕의 성은 김씨요, 이름 지대로智大路 또는 지도로智度路이며, 시호는 지증智證이라 했다. 왕의 시호의 사용은 이때부터 시작되었다. 또 우리말에서 왕을 마립간麻立干이라 부르기 시작한 것도 이 왕 때부터이다. 왕은 영원永元 2년 경진년500년에 왕위에 올랐다.

　왕은 음陰莖의 길이가 한 자 다섯 치나 되어 배필을 얻기 어려웠다. 그래서 신하들을 삼도三道로 보내어 짝을 구하게 했다. 그 중 한 신하가 모량부牟梁部 동로수冬老樹 아래에서 개 두 마리가 크기가 북만 한 똥덩어리의 양쪽 끝을 물고 다투는 것을 발견하였다. 그래서 그 마을 사람에게 물으니 한 소녀가 말했다.

　"모량부 상공相公의 딸이 여기서 빨래하다가 수풀 속에 숨어서 눈 것입니다."

　그 집을 찾아가 살펴보니, 그 여자의 신장이 일곱 자 다섯 치나 되었다. 이 사실을 왕에게 아뢰었더니 왕은 수레를 보내어 그 여자를 궁중으로 맞아들여 황후박씨 연제부인(延帝夫人)로 삼았다. 여러 신하들이 모두 기뻐했다.

　또 아슬라주阿瑟羅州, 지금의 명주(溟洲) 동해안에 순풍으로 이틀 걸리는 거리에 우릉도于陵島, 지금은 우릉도(羽陵島)이다. 가 있는데 주위가 26,730보步나 되었다. 섬의 오랑캐들은 그 깊은 바닷물을 믿고 교만하게 굴며 조공朝貢을 바치지 않았다. 왕은 이찬 박이종朴伊宗, 이사부을 시켜 군사를 거느리고 가서 치게 했다. 이종은 나무로 사자를 만들어 큰 배 위에 싣고 그들을 위협했다.

"항복하지 않으면 이 사자를 섬에 풀어놓겠다."

우릉도의 오랑캐들은 두려워서 항복했다. 왕은 이종에게 상을 내렸으며 그 주의 우두머리로 삼았다.

진흥왕眞興王

제24대 진흥왕이 15세 때 왕위에 올랐으므로 태후太后가 섭정攝政을 했다. 태후는 법흥왕法興王의 딸로서 입종立宗 갈문왕葛文王의 비였다. 왕은 임종에 즈음하여 머리를 깎고 법복을 입고 운명했다.

승성承聖, 양(梁) 원제(元帝)의 연호 3년554 9월 백제의 군사가 진성珍城에 쳐들어와서 남녀 3만9천 명과 말 9천 필을 빼앗아 갔다.

이보다 앞시 백제가 신라와 더불어 군사를 연합하여 고구려를 치자고 말했었다.

이때 진흥왕이 말했다.

"나라의 흥하고 망함은 하늘에 달려 있으니, 만약 하늘이 고구려를 미워하지 않는다면 내가 감히 어떻게 고구려의 멸망을 바라는가."

그리고 이 말을 고구려에 전했다.

고구려는 이 말을 듣고 감격하여 신라와 평화롭게 사귀었다. 그러나 백제는 이 때문에 신라를 원망하게 되었고 결국 침략한 것이다.

| 도화녀桃花女와 비형랑鼻荊郎 |

　제25대 사륜왕舍輪王의 시호는 진지대왕眞智大王이며, 성은 김씨이고, 왕비는 기오공起烏公의 딸 지도부인知刀夫人이다. 대건大建, 진나라 선제(宣帝)의 연호 8년 병신년576년에 왕위에 올라고본(古本)에는 11년 기해라 했으니 잘못이다, 4년 동안 나라를 다스렸는데 정치는 어지러워졌고 왕은 음란에 빠졌으므로 나라 사람들이 그를 폐위시켰다.
　이에 앞서 사량부沙梁部 민가의 한 여인이 얼굴이 아름다웠으므로, 사람들이 그녀를 도화랑桃花娘이라고 불렀다. 왕이 이 소식을 듣고 그녀를 궁중에 불러서 관계를 맺으려고 하자 여인은 말하였다.
　"여자는 두 남편을 섬기지 않는 것입니다. 남편이 있는데 비록 제왕의 위엄으로도 그 정조를 강요하지는 못할 것입니다."
　"짐이 너를 죽인다면 어떻게 하겠느냐?"
　"차라리 죽임을 당할지라도 다른 마음을 가질 수는 없습니다."
　왕은 계속 희롱하여 말했다.
　"네 남편이 없으면 되겠느냐?"
　"그러면 될 수 있습니다."
　그러자 왕은 그녀를 돌려보냈다.
　이 해에 왕은 폐위되어 세상을 떠났는데, 그 후 2년 만에 그 남편도 또한 죽었다. 10일이 지난 어느 날 밤중에 왕은 평소처럼 여인의 방에 들어와 말했다.
　"네가 내게 예전에 약속한 적이 있었는데 지금은 네 남편이 없으니 되겠느냐?"
　그러나 여인은 허락하지 않고 부모에게 먼저 고하니, 부모는 허락하여 말했다.

"임금님의 명령을 어찌 거절하겠느냐?"

부모는 그 딸을 방에 들여보내었다. 왕이 7일 동안 머물렀는데 늘 오색 구름이 집을 덮고 또 향기가 방 안에 가득 차더니, 7일 후에 왕은 종적을 감추었다.

여인은 이내 태기가 있었는데 달이 차서 해산하려 할 때 천지가 진동했다. 마침내 한 사내아이를 낳았는데, 이름을 비형鼻荊이라 했다.

진평대왕眞平大王이 그 이야기를 듣고는 아이를 궁중에 데려다가 길렀다. 나이 15세가 되자 집사執事 벼슬을 주었다. 그러나 그는 밤마다 멀리 달아나 놀았다. 왕은 날센 병사 50명을 시켜 그를 지키게 했는데도, 번번이 월성을 날아 넘어서 서쪽 황천荒川 언덕 위경성 서쪽에 있다.에 가서 귀신을 데리고 놀았다.

용사들이 수풀 속에 숨어서 엿보니, 귀신들은 여러 절의 새벽 종소리를 듣고는 각각 헤어졌고 비형랑도 또한 이때 집에 돌아왔다. 군사들이 돌아와 사실대로 아뢰니 왕이 비형랑을 불러 물었다.

"네가 귀신을 데리고 논다는 말이 사실이냐?"

"그렇습니다."

"그렇다면 네가 귀신들을 시켜 신원사神元寺 북쪽 개천또는 신중사(神衆寺)라 하나 잘못이며, 또는 황천(荒川) 동쪽 심거(深渠)라고도 한다.에 다리를 놓거라."

비형랑은 왕의 명령을 받들고 함께 놀던 귀신 무리를 시켜 돌을 다듬어 하룻밤 사이에 큰 다리를 놓았다. 때문에 그 다리를 귀교鬼橋라 한다. 왕은 또 물었다.

"귀신들 가운데 인간 세상에 나타나 정사를 도울 자가 있느냐?"

"길달吉達이란 자가 있어 정사를 도울 만합니다."

"그럼 곧장 데리고 오너라."

이튿날 비형랑은 길달을 데리고 왕 앞에 나타났다. 길달에게 집사執事 벼슬을 주었더니, 과연 충성스럽고 정직해서, 그를 따를 만한 사람이 없었다.

이때 각간角干 임종林宗에게 아들이 없으므로 왕이 명령하여 길달을 아들로 삼게 했다. 임종이 길달을 시켜 흥륜사興輪寺 남쪽에 문루門樓를 세우게 했더니, 밤마다 그 문 위에 가서 잤으므로, 이를 길달문吉達門이라고 하였다.

어느 날 길달이 여우로 변하여 도망치자 비형랑이 귀신을 시켜 잡아 죽였다. 이때부터 그 귀신의 무리들은 비형랑의 이름을 듣고 몹시 두려워하여 달아났다.

그 당시의 사람이 글을 지어 불렀다.

성스러운 임금의 넋이 아들을 낳았구나,
여기는 비형랑의 집이로다.
날고 뛰는 잡귀들아,
이곳에는 함부로 머물지 말아라.

민간에서는 이 글을 집에 써 붙여 귀신을 물리쳤다.

| 하늘이 내려 준 옥대 |

　청태淸泰 4년 정유년937년 5월에 정승政丞 김부金傅, 경순왕敬順王)가 금으로 새기고 옥으로 장식한 허리띠 하나를 바쳤는데, 길이가 10위圍, 길이를 재는 단위. 일 위는 한아름, 허리띠 장식이 62개나 되었는데 이것이 진평왕의 천사대天賜帶라 했다. 고려의 태조는 이것을 받아서 궁궐의 내고內庫에 보관했다.

　제26대 백정왕白淨王의 시호는 진평대왕眞平大王이며, 성은 김씨다. 대건大建 11년 기해년579년 8월에 왕위에 올랐는데 신장이 11척이나 되었다.

　내제석궁內帝釋宮, 천주사天柱寺라고도 하니, 왕이 세운 것이다.에 거둥할 때에 섬돌을 밟으니 돌 세 개가 한꺼번에 부서졌다. 왕은 신하들에게 일렀다.

　"이 돌을 함부로 옮기지 말고 뒷사람에게 보여라."

　이 돌은 성 안의 움직이지 않는 돌[不動石]의 다섯 개 중 하나이다.

　왕이 즉위한 원년元年에 천사가 궁전의 뜰에 내려와서 왕에게 말했다.

　"상제께서 나에게 명하여 옥대玉帶를 전해 주라 하였습니다."

　왕이 친히 꿇어앉아서 받으니 천사는 하늘로 올라갔다.

　왕은 모든 교묘郊廟, 천지天地에 제사지내는 일과 조상祖上에 제사지내는 일의 큰 제사 때에는 으레 이 옥대를 허리에 맸다.

　후에 고구려의 왕이 신라를 치려고 하면서 사람들에게 물었다.

　"신라에 세 가지 보물이 있으므로 침범할 수 없다고 했는데 그 무엇인가?"

"황룡사皇龍寺의 장륙존상丈六尊像이 첫째요, 그 절의 구층탑九層塔이 둘째요, 진평왕의 하늘이 내려 준 옥대가 그 셋째입니다."

이에 고구려의 왕은 신라를 공격할 계획을 그만두었다.

이러한 일을 다음과 같이 기린다.

구름 위 하늘이 주신 옥대는,
임금의 곤룡포에 어울리네.
우리 임금의 몸 더욱 무거우니,
다음에는 쇠로 섬돌을 만들어야 하네.

| 선덕여왕善德女王이 미리 알아낸 세 가지 일 |

제27대 덕만德曼, 만(曼)은 혹은 만(萬)으로도 씀.의 시호는 선덕여왕이며, 성은 김씨요, 아버지는 진평왕眞平王이다. 정관貞觀, 당나라 태종의 연호 6년 임진년632년에 왕위에 올라 16년 동안 나라를 다스렸는데 여왕은 미리 안 일이 세 가지가 있었다.

첫 번째는 당 태종唐太宗이 붉은색·자주색·흰색의 세 가지 색깔로 그린 모란牡丹 그림과 그 씨 세 되를 보내왔다. 왕은 그 그림을 보고 말했다.

"이 꽃은 절대로 향기가 없을 것이다."

씨를 뜰에 심었더니 마침내 꽃이 피었다. 그러나 꽃이 떨어질 때까지도 과연 선덕여왕 말대로 꽃에 향기가 없었다.

두 번째는 영묘사靈廟寺 옥문지玉門池에 겨울철인데도 많은 개구리가 모여서 3~4일 동안이나 울어댔다. 나라 사람들이 개구리 울음을 괴이히 여겨 왕에게 물었다. 왕은 각간角干 알천閼川과 필탄弼呑 등을 불러 말했다.

"병사 2천 명을 거느리고 빨리 서교西郊로 가 여근곡女根谷을 탐문探問하면 반드시 적병이 있을 것이니 덮쳐서 죽여라."

두 각간이 명령을 받고 각각 군사 천 명씩을 거느리고 서교에 가서 여근곡을 묻자 과연 부산富山 아래에 여근곡이 있었고, 백제 군사 5백 명이 그곳에 숨어 있었으므로 모두 잡아서 죽였다. 백제의 장군 우소亏召는 남산 고개 바위 위에 매복해 있었으므로 마찬가지로 포위하여 활을 쏘아 죽였다. 그리고 원군 1천3백 명이 오는 것을 또한 쳐서 한 사람도 남기지 않고 모두 죽였다.

세 번째는 왕에게 병이 없었는데도 여러 신하에게 말했다.

"내가 아무 해 아무 달 아무 날에 죽을 것이니, 나를 도리천忉利天 가운데 장사지내시오."

신하들은 그곳이 어디인지 알지 못하므로 물었다.

"그곳이 어느 곳입니까?"

"낭산狼山 남쪽이오."

여왕이 예언한 대로 왕이 과연 죽었으므로, 여러 신하들이 낭산 남쪽에 왕을 장사지내었다. 그 후 10여 년이 지난 뒤에 문무대왕文武大王이 사천왕사四天王寺를 여왕의 무덤 아래에 세웠다. 불경佛經에 사천왕천四天王天의 위에 도리천이 있다고 했으니, 그제서야 선덕여왕의 신령하고 성스러움을 알게 되었다.

여왕이 살아 있을 때 여러 신하들이 아뢰었다.

"모란꽃 그림과, 또 개구리 우는 소리를 듣고 두 가지 일이 그렇게 될 줄 아셨습니까?"

"꽃 그림에는 나비가 없었으므로 그 꽃이 향기가 없음을 알 수 있었소. 이는 당나라 임금이 짐이 배우자가 없음을 놀린 것이오. 또 개구리의 성난 모습은 병사의 모습이며, 옥문은 여자의 생식기니, 여자는 음이고 그 음은 빛이 백색이며, 백색은 서방이므로 군사가 서쪽에 있음을 알 수 있었으며, 남자의 생식기는 여자의 생식기에 들어가면 반드시 죽게 되니 이로써 그들을 쉽사리 잡을 줄 알았소."

여러 신하들은 모두 여왕의 뛰어난 지혜에 감복했다.

세 가지 색깔의 꽃을 보냄은 신라에 세 명의 여왕이 있을 줄 알고 그렇게 한 것인가, 선덕善德·진덕眞德·진성眞聖 등이 바로 세 명의 여왕이니 당 태종도 선견지명이 있었던 것이다.

선덕여왕이 영묘사靈廟寺를 세운 일에 대하여는 『양지사전良志師傳』에 실려 있다. 또 『별기別記』에는 '이 선덕여왕 때에 돌을 다듬어 첨성대瞻星臺를 쌓았다'고 씌어 있다.

진덕여왕眞德女王

제28대 진덕여왕은 왕위에 올라 자신이 직접 태평가太平歌를 짓고, 태평가를 비단에 수놓아 사신을 시켜 당나라에 가서 황제에게 바치게 했다어떤 책에는 "춘추 공(春秋公)을 사신으로 삼아, 당나라에 가서 군사를 청하니 태종(太宗)이 좋아하여 소정방(蘇定方)을 보내기로 허락했다"고 했는데 모두 잘못된 것이다. 현경(顯慶) 전에 이미 춘추공은 왕위에 올랐고, 현경 경신년은 당 태종 때가 아니요 고종 때며, 소정방이 온 것은 현경 경신년이다. 그러니 태평가를 비단으로 짜서 보냄은 군사를 요청한 때의 일이 아니다. 진덕여왕의 때라야 옳다. 대개 김흠순(金欽純)의 석방을 요청하던 때일 것이다.

당나라의 황제는 진덕여왕을 가상히 여겨 계림국왕鷄林國王으로 고쳐 봉封했다.

태평가의 가사는 다음과 같다.

> 위대한 당나라가 왕업을 세우니,
> 높고 큰 제왕의 업적이 융성하다.
> 전쟁이 그치니 천하가 평정되고,
> 문치文治를 닦으니 백왕의 뒤를 이었네.
> 하늘을 통솔하니 귀한 비가 내리고
> 만물을 다스리니 모든 것이 빛을 머금는다.
> 깊은 인덕은 마치 해와 달과 같고,
> 세상을 다스림은 요순보다 앞선다.
> 펄럭이는 깃발은 어찌 그토록 빛나며
> 울리는 북 소리는 어찌 그리도 장엄한가.
> 황제의 영을 거스르는 오랑캐는 멸망하며 반드시 죽임을 당하리라.
> 순후한 풍속이 곳곳에 퍼지니,
> 먼 곳 가까운 곳에서 다투어 상서로움을 바치네.
> 네 계절의 기후는 태평을 이루고,
> 칠요七曜의 광명은 만방에 가득 비추네.

산악의 정기는 보필할 재상을 낳고,
황제는 어진 인재를 등용하였네.
오제삼황五帝三皇의 덕이 하나로 이룩되니,
우리 당나라 황실이 밝게 빛나리.

 진덕여왕 때 알천 공閼川公·임종 공林宗公·술종 공述宗工·호림 공虎林公, 자장(慈藏)의 아버지·염장 공廉長公·유신 공庾信公이 있었는데, 그들은 남산 우지암亐知巖에 모여서 나라의 일을 의논했다.
 이때 큰 범이 나타나서 자리에 뛰어드니 여러 공들이 놀라 일어났으나, 알천공은 조금도 움직이지 않고 태연히 담소談笑하면서 범의 꼬리를 붙잡아 땅에 던져 죽였다.
 알천공의 완력이 이와 같았으므로 상석에 앉았으나, 그래도 여러 공들은 모두 유신공의 위엄에 복종했다.
 신라에는 신령한 땅이 네 곳 있었다. 나라의 큰 일을 의논할 때면 대신들은 반드시 그곳에 모여서 의논했고 그러면 그 일이 꼭 이루어졌다.
 신령한 땅은 첫째는 동쪽의 청송산靑松山이요, 둘째는 남쪽의 우지산亐知山이요, 셋째는 서쪽의 피전皮田이요, 넷째는 북쪽의 금강산이다.
 이 진덕여왕 때에 비로소 설날 아침에 조례朝禮를 행했고, 또 시랑侍郞이란 호칭도 처음 쓰기 시작했다.

| 김유신金庾信 |

　김무력金武力 이간伊干, 이찬(伊湌)의 아들인 서현舒玄 각간의 맏아들이 유신庾信이고, 그 동생은 흠순欽純이다. 맏누이는 보희寶姬니 어릴 때 이름은 아해阿海이고, 작은 누이는 문희文姬니 어릴 때의 이름은 아지阿之이다.

　유신공은 진평왕眞平王 17년 을묘년595년에 태어났다. 그는 북두칠성의 정기를 타고났으므로 등에 칠성七星의 무늬가 있고, 또 신기하고 이상한 일이 많았다.

　그가 18세 되던 임신년에 검술을 닦아 국선國仙, 화랑이 되었다. 이때 백석白石이란 자가 있었는데, 어디서 왔는지 알 수 없었으나, 몇 해 동안 낭도의 무리 속에 속해 있었다. 유신이 고구려·백제 두 나라를 정복하려고 밤낮으로 깊이 모의하니, 백석은 그 계획을 알고 유신에게 밀했다.

　"제가 공과 함께 저들의 나라에 들어가 먼저 정탐한 후에 도모하는 것이 어떻겠습니까?"

　유신은 기뻐하여 백석을 데리고 밤에 길을 떠났다. 고개 위에서 쉬고 있는데, 두 여자가 나타나 유신을 따라왔다. 골화천骨火川, 지금의 영천(永川)에 이르러 유숙할 때 또 한 여자가 갑자기 나타났다.

　유신은 세 여자와 즐겁게 이야기하니, 여자들이 그에게 맛있는 과실을 주었다. 유신은 이를 받아먹고 마음이 서로 허락하여 정담을 나누었다.

　여자들이 유신에게 말했다.

　"공의 말씀하는 바는 이미 들었습니다. 공께서 백석과 헤어지고 우리와 함께 숲속에 들어가면 다시 사실을 말하겠습니다."

이에 함께 그들은 수풀 속으로 들어가자 여자들은 갑자기 신의 모습으로 변하여 말했다.

"우리들은 내림柰林, 경주 남산・혈례穴禮, 오산・골화骨火, 영천의 금강산 등 세 곳의 호국신護國神입니다. 지금 적국의 사람이 공을 유인하는 데도, 공은 그것을 알지 못하고 따라가므로 우리가 공을 따라가지 못하게 여기에 온 것입니다."

말을 마치자 세 호국신들은 자취를 감추었다.

공은 이 말을 듣고 놀라 두 번 절하고 그 숲 속에서 나왔다. 골화관骨火舘에 유숙했을 때 백석에게 말했다.

"지금 다른 나라에 가면서 중요한 문서를 깜빡 잊고 왔다. 너와 함께 다시 집으로 돌아가 가지고 오자."

마침내 집에 돌아와 백석을 붙잡아 고문하여 사실을 묻자 백석은 이렇게 말했다.

"나는 본래 고구려 사람『고본』에는 백제라 했으나 잘못된 것이다. 추남(楸南)은 고구려의 사람이요, 또한 음양(陰陽)을 역행함도 보장왕 때의 일이다.입니다. 고구려의 여러 신하들이 말하기를, '신라의 유신은 원래 우리나라의 점쟁이 추남楸南,『고본』에 춘남(春南)이라 했으나 잘못이다.이라고 했습니다. 그런데 일찍이 고구려의 국경에 거꾸로 흐르는 물혹은 웅자(雄雌)라 하니 이는 더욱 뒤바뀐 일이다.이 있었으므로 그에게 점치게 했소. 추남은 대왕의 부인이 음양의 도를 역행했으므로 나타나는 표징表徵이 이와 같습니다 했습니다. 대왕은 놀라고 괴이하게 여겼으며, 왕비는 크게 노하여 이를 요망한 여우의 말이라 하고 왕에게 고하여 다른 일을 시험해 물어서 그 말이 틀리면 중형重刑에 처해야 한다고 했습니다. 이에 쥐 한 마리를 상자 속에 감추고, 이것이 무슨 물건이냐고 물으니 추남은 말하기를, 이것은 틀림없이 쥐인데, 그 수는 여덟입니다 했습니다. 이에 말이 틀리다 하여 죽이려고 하자 추남은 맹세하듯 말했습니다. 내가 죽은 후에는 대장이 되어 반드시 고구려를 멸망시킬 것이다. 왕은 즉시 그를 목을 베어 죽이고 쥐의 배를 갈라보니, 그 새끼가 일곱 마리나 있었으므로 그제서야 그의 말이 맞은 줄 알았소. 그날 밤 대왕의 꿈에 추남이 신라 서현 공舒玄公의 부인의 품으로 들어갔으므로 이것을 여러 신하에게 이야기했더니, 모두 말했소. 추남이 맹세하고 죽더니 그 일이 과연 맞았습니다.' 그 때문에 나를 보내어 이런 모의를 꾸미게 한 것입니다."

김유신은 백석을 죽이고, 온갖 음식을 갖추어서 삼신三神에게 제사지내니, 모두 나타나서 재물을 흠향했다.

김씨 집안의 재매 부인財買夫人이 죽자 청연靑淵의 상곡上谷에 장사지내고, 이 때문에 그 골짜기를 재매곡財買谷이라 불렀다. 해마다 봄철이 되면 온 집안의 남자와 여자들이 그 골짜기의 남쪽 시내에 모여 잔치를 벌였는데, 이때엔 온갖 꽃이 피고 송화松花가 골짜기 안쪽 숲에 가득했다. 골짜기 어귀에 암자를 지어 송화방松花房이라 불렀으며, 원찰願刹, 소원을 빌기 위해 세운 절로 삼았다.

제54대 경명왕景明王 때에 이르러 공을 흥무대왕興武大王이라 추봉했다. 공의 능릉陵은 서산西山 모지사毛只寺 북동쪽으로 뻗은 봉우리에 있다.

태종太宗 춘추공春秋公

제29대 태종대왕太宗大王의 이름은 춘추春秋요, 성은 김씨다. 용수龍樹, 혹은 용춘(龍春)이라고도 함 각간角干으로서 추봉追封된 문흥대왕文興大王의 아들이며, 어머니는 진평대왕眞平大王의 딸인 천명 부인天明夫人이다. 왕비는 문명 황후文明皇后 문희인데 곧 유신 공의 막내 동생이다.

이전 어느 날 언니 보희가 서악西岳에 올라가서 오줌을 누었더니 오줌이 서라벌에 가득 차는 꿈을 꾸었다. 이튿날 아침에 동생 문희에게 꿈 이야기를 했더니 문희가 듣고 말했다.

"내가 그 꿈을 사겠어요."

"무엇을 주겠느냐?"

"비단치마를 주면 되겠어요?"

"좋다."

문희가 치마폭을 벌리고 꿈을 받을 때 보희는 이렇게 말했다.

"어젯밤 꿈을 너에게 준다."

문희는 그 대가로 비단치마를 주었다.

열흘 후에 유신은 춘추와 같이 정월 상오 기일上午 忌日, 앞의 '거문고 갑을 쏘다'의 일로 미루어 보면 최치원의 설이다에 자기 집 앞에서 춘추 공과 함께 공을 차다가신라 사람들은 공차기를 농주(弄珠)의 희(戲)라고 한다 짐짓 춘추 공의 옷을 밟아서 옷고름을 떼어 버리고는 말했다.

"우리 집에 가서 달기로 합시다."

춘추 공은 그 말에 따랐다. 유신이 아해阿海, 보희(寶姬)에게 춘추공의 옷고름을 꿰매라고 하자 아해는 사양하여 말했다.

"어찌 사소한 일로써 경솔히 귀공자貴公子를 가까이 할 수 있겠습니까?" 『고본(古本)』에는 병으로 나오지 못했다고 한다.

이에 아지阿之, 문희(文姬)에게 옷고름을 꿰매도록 시켰다. 춘추 공은 유신의 뜻을 알아차리고 마침내 문희를 가까이 하였다. 이후로 춘추공은 유신의 집에 자주 내왕했다.

그런데, 어느 날 누이동생 문희가 아이를 밴 것을 알고 꾸짖었다.

"네가 부모에게 알리지도 않고 아이를 배었으니 어찌 된 일이냐?"

그는 그의 누이동생 문희를 불태워 죽일 것이라고 온 나라에 소문을 퍼뜨렸다.

어느 날 선덕여왕이 남산에 거둥하기를 기다렸다가 유신은 뜰 한가운데 나무를 쌓아 놓고 불을 지르니, 연기가 하늘로 치솟아 멀리서도 보였다. 선덕여왕이 이것을 내려다보고 무슨 연기냐고 물으니 시종하는 신하들이 아뢰었다.

"아마 유신이 자기 누이동생을 불태워 죽이려는 것 같습니다."

여왕이 그 까닭을 물었다.

"그의 누이가 몰래 임신하였기 때문입니다."

"누가 한 짓이냐?"

이때 춘추공이 선덕여왕을 모시고 옆에 있다가 얼굴빛이 크게 변했다. 선덕여왕이 말했다.

"아마도 네가 한 짓 같구나. 빨리 가서 유신공의 누이를 구하여라."

춘추 공은 여왕의 명을 받들고 말을 달려 왕명을 전하고 죽이지 못하게 했다. 그 후로 혼례를 치렀다.

진덕여왕이 세상을 떠나자 춘추 공은 영휘永徽 5년 갑인년654년에 왕위에 올라 8년 동안 나라를 다스리고 용삭龍朔 원년 신유년661년에 세상을 떠나니 그때 59세였다. 애공사哀公寺의 동족에 장사지내고 비를 세웠다.

왕은 김유신과 더불어 삼국三國을 통일하여 나라에 큰 공로를 세웠으므로 묘호廟號를 태종太宗이라 했다. 태자 법민法敏과 각간 인문仁問·문왕文王·노차老且·지경智鏡·개원愷元 등은 모두 문희가 낳은 아들이다. 그 전에 꿈을 샀던 징험이 이렇게 나타난 것이다. 서자로는 개지문皆智文 급간級干과 차득車得 영공令公, 마득馬得 아간阿干과 딸까지 합하여 다섯 명이다. 왕은 하루에 쌀 서 말과 장끼 아홉 마리를 먹었는데, 경신년660년에 백제를 멸망시킨 후로는 점심은 먹지 않고 아침과 저녁만 먹었다. 성 안의 물건 값은 베布 한 필에 벼租가 30석, 혹 50석이었으나, 백성들은 성군聖君의 시대라고 하였다. 왕이 태자로 있을 때에 고구려를 치려고 군사를 청하러 당나라에 들어갔다. 당나라의 황제가 그 풍채를 보고 칭찬하여 신성한 사람이라 칭찬하고는 굳이 머무르게 하여 부마로 삼으려 했으나 끝내 사양하고 본국으로 돌아왔다.

이때 백제의 마지막 왕 의자義慈는 무왕武王의 맏아들로 용맹하고 담력이 있었으며 부모에게 효도하고 형제들과 우애가 깊었으므로 사람들이 그를 해동海東의 증자曾子라 일컬었다.

그러나 의자왕의 정관貞觀 15년 신축년641년에 왕위에 오르자, 그 후로 술과 여자에 빠져서 정사政事가 문란해지고 나라가 위태롭게 되었다. 의자왕에게 좌평佐平, 백제의 관작 이름 성충成忠이 극력으로 간諫하였음에도 듣지 않고 오히려 성충을 옥에 가두니 그는 몸이 점차 여위고 지쳐 거의 죽음에 이르자 마지막으로 글을 올렸다.

"충신은 죽어도 임금을 잊지 아니하옵나니, 한 말씀만 드리고 죽고 싶습니다. 신臣이 일찍이 시대의 변화를 살펴보오니, 반드시 전쟁이 있을 것입니다. 대개 군사를 부림에 있어서 그 지세를 잘 가려야 될 것이오니, 상류上流에서 적병을 맞이하면 나라를 보전保全할 수 있을 것입니다. 만약 적병이 쳐들어오거든 육로로는 탄현炭峴, 혹은 침현(沈峴)이라고도 하니 백제의 요새지다.을 넘어오지 못하고 하시옵고, 수군은 기벌포伎伐浦, 곧 장암(長岩)이니 손량(孫梁) 혹은 지화포(只火浦) 또는 백강(白江)이라고 한다.에 들어오지 못하게 할 것이오며, 험한 곳에 진을 치고 적병을 막아야 합니다."

그러나 의자왕은 성충의 말을 살피지 않았다.

현경現慶 4년 기미년659년에 백제의 오회사烏會寺, 또는 오합사(烏合寺)라고 한다.에 크고 붉은 말이 나타나 밤낮으로 여섯 시간이나 절을 돌아다녔고, 2월에는 여러 마리의 여우가 의자왕의 궁궐 안에 들어왔는데, 흰 여우 한 마리는 좌평佐平의 책상 위에 올라앉아 있었다. 4월에는 태자궁太子宮의 암탉이 작은 참새와 교미했으며, 5월에는 사비수泗沘水, 백마강 언덕에 큰 고기가 나와 죽었는데 길이가 30자나 되었으며, 그 고기를 먹은 사람은 모두 죽었다. 9월에는 궁궐의 회나무가 사람이 우는 것처럼 울었고, 밤에는 귀신이 대궐 남쪽 길에서 울었다. 현경 5년 경신년660년 2월에는 서울의 우물이 핏빛으로 변하였고, 서쪽 바닷가에 작은 고기가 나와 죽었는데, 백성들이 아무리 먹어도 줄지 않았다. 4월에는 개구리 수만 마리가 나무 위로 모여들었고, 서울의 백성들이 까닭 없이 놀라 달아나니 마치 무엇이 잡으러 오는 것처럼 놀라 넘어져서 죽은 자가 백여 명이나 되었고, 재물을 잃은 사람은 이루 다 헤아릴 수 없었다.

6월에는 왕흥사王興寺의 모든 중의 눈에, 배가 큰 물결을 따라서 절 문으로 들어오는 모습이 보였고, 사슴과 같은 큰 개가 서쪽에서 사비수 언덕까지 와서는 궁궐을 향해 한참 동안 짖더니 별안간 간 곳을 모르게 되었다. 성 안의 개들이 길 위에 모여서 짖어 대고 혹은 울다가 한참만에야 흩어졌다.

한 귀신이 궁중에 들어와서 이렇게 부르짖었다.

"백제는 망한다, 백제는 망한다."

그 귀신은 곧 땅 속으로 꺼졌다. 왕은 이를 괴이하게 여겨 사람을 시켜 땅을 파 보니, 깊이 석 자 가량 되는 곳에 거북 한 마리가 나타났다. 거북의 등에 글이 씌어 있었는데

'백제는 보름달 같고百濟圓月輪, 신라는 초승달 같다新羅如新月.'

했다. 무당에게 물어보니 무당은 이렇게 말했다.

"보름달은 꽉 찬 것이오니 차면 이지러지는 법이오며, 초승달如新月이라 함은 차지 않은 것이오니 앞으로 점점 차게 되는 것입니다."

왕은 노하여 무당을 죽였다. 어떤 이가 다시 말했다.

"보름달은 꽉 찬 것이고, 초승달은 미약한 것이오니, 생각건대 우리나라는 성해지고 신라는 점점 미약해진다는 것이 아니겠습니까?"

왕은 기뻐했다.

태종[武烈王]은 백제국에 괴변怪變이 많다는 말을 듣고 경신년660년에 김인문金仁問을 당나라에 사신으로 보내어 군사를 청했다. 당나라 고종高宗은 좌호위대장군佐虎衛大將軍 형국공荊國公 소정방蘇定方을 신구도행군총관神丘道行軍摠官으로 삼아 좌위장군左衛將軍 유백

영劉伯英, 자(字)는 인원(仁遠)과 좌호위장군左虎衛將軍 풍사귀馮士貴와 좌효위장군左驍衛將軍 방효공龐孝公 등을 거느리고 13만의 군사를 이끌고 백제를 치게 했다.신라 기록에는 군졸이 12만2천7백11 명이요, 병선이 1천9백 척이라 했으나 당사(唐史)에는 자세히 기록되지 않았다.

또 신라의 왕 김춘추를 우이도행군총관을 삼아 신라의 군사를 거느리고 그들과 합세하게 했다.

소정방이 군사를 이끌고, 성산城山,지금의 산동성 문등현에서 바다를 건너 신라국 서쪽 덕물도德勿島, 지금의 덕적도(德積島)에 이르자, 신라왕은 장군 김유신에게 정병精兵 5만을 거느리고 나가게 했다.

의자왕은 이 소식을 듣고 여러 신하를 모아 싸우고 나라를 지킬 계책을 물으니, 좌평 의직義直이 말했다.

"당나라의 군사는 멀리 바다를 건너왔으므로 수전水戰에 익숙하지 못하옵고, 신라의 군사는 큰 나라의 원조만 믿고 적백제을 가벼이 보는 마음이 있습니다. 만약 당나라 군사가 이기지 못함을 보면 반드시 두려워하여 감히 앞으로 전진하지 못할 것입니다. 그러므로 먼저 당나라 군사와 싸우는 것이 좋을 것입니다."

달솔達率 상영常永 등이 나서서 반대했다.

"그렇지 않습니다. 당나라의 군사는 먼 곳에서 왔으므로 속히 싸우려 할 것이오니 그 예봉銳鋒을 당해 내지 못할 것이오며, 신라의 군사는 우리 군사에게 여러 번 패전했으므로 지금 우리의 군세軍勢를 보면 그들은 두려워하지 않을 수 없을 것입니다. 지금의 계책으로써는, 마땅히 당군의 길을 막아서 그 군사가 지치게 됨을 기다릴 것이며, 먼저 한 부대의 군사로써 신라군을 쳐서 그 예기銳氣를 꺾은 후에 기회를 엿보아 싸운다면 군사를 한 사람도 죽이지 않고 나라를 보전할 수 있을 것입니다."

왕은 망설이며 어찌할 바를 몰랐다. 이때 좌평 흥수興首가 죄를 얻어 고마미지현지금의 전남 장흥(長興)에 귀양 가 있었는데, 왕은 사람을 보내 그에게 물었다.

"일이 위급하니 어찌하면 좋겠소?"

"좌평 성충成忠의 말과 같습니다."

대신들은 이 말을 믿지 않고 왕에게 말하였다.

"흥수는 임금을 원망하고 나라를 위하지 않을 것이오니 그 말을 믿을 수 없습니다. 나라의 군사들로 하여금 백강白江, 곧 기벌포(伎伐浦)에 들어와 강의 흐름을 따라 내려오게 하여 배가 빠져 나가지 못하게 하옵고, 신라군으로 하여금 탄현炭峴에 올라와서 지름길로 따라 내려오게 하여, 말馬을 나란히 지나가지 못하게 하옴이 좋을 것이오며, 이때에 군사를 풀어서 적군을 공격하면 닭장에 든 닭과 그물에 걸린 고기를 잡듯 쉽게 무찌를 수 있을 것입니다."

왕이 말했다.

"그것이 좋겠다."

의자왕은 당나라와 신라의 군사가 이미 백강과 탄현을 지났다는 말을 듣고 장군 계백階伯에게 결사대 5천 명을 거느리고 황산黃山에 가서 신라의 군사와 싸우게 했다. 백제군을 네 번 싸워 모두 다 이겼으나, 군사가 적고 힘이 다하여 마침내 패전하였고 계백은 전사했다. 당군과 신라군이 합세하여 진구津口에 이르러 강가에 군사를 주둔시키고 진을 쳤다. 그때 문득 새 한 마리가 소정방의 진영 위를 날아다녔다. 소정방이 사람을 시켜 점을 치니, 이런 점괘가 나왔다.

"반드시 원수元帥를 해칠 것입니다."

소정방은 두려워하여 싸움을 그만두고 군사를 이끌고 돌아가려 하니 김유신이 소정방에게 말했다.

"어찌 새의 괴이한 짓 때문에 하늘이 준 기회를 어기겠소. 하늘의 뜻에 응하고 민심에 순종하여 지극히 어질지 못한 자를 치려는 데 무엇이 상서롭지 못한 일이 있겠습니까?"

그리고 신검神劍을 뽑아 그 새를 겨누자 새가 찢어지며 그들 앞에 떨어졌다. 이에 소정방은 백강 왼쪽 언덕에 나가 산을 등지고 진을 치고 함께 싸우자 백제군이 크게 패했다.

당군은 밀물을 이용하여 배를 서로 잇대어 북을 치고 고함을 치면서 공격했다. 소정방은 보병과 기병을 거느리고 바로 도성都城으로 쳐들어가 삼십 리쯤 되는 곳에서 머물렀다. 성 안에 있는 군사는 모두 동원하여 막았으나 결국 패전하여 죽은 사람이 만여 명이나 되었다. 당군이 이 기회를 타서 성으로 들이닥치니 의자왕은 죽음을 면하지 못할 줄 알고 탄식하여 말했다.

"내가 성충成忠의 말을 듣지 않았다가 이 지경에 이른 것이 후회스럽구나."

그는 태자 융隆, 혹은 효(孝)라고도 하나 잘못이다.과 함께 북쪽 변읍邊邑으로 달아나니 소정방이 도성을 포위하자 왕의 둘째 아들 태泰가 스스로 왕이 되어 무리를 거느리고 굳게 지키자 태자의 아들 문사文思가 태자에게 말했다.

"왕의자왕이 태자와 함께 달아났는데 숙부께서 자기 마음대로 왕이 되었으니, 만약 당군이 물러가면 그때는 우리들이 어찌 무사할 수 있겠습니까?"

그리고 그는 가까운 사람들을 거느리고 성을 떠나자, 백성들이 모두 그를 따랐으나 태泰는 막을 수 없었다. 소정방이 군사를 시켜 성채를 넘어 당나라 깃발을 세우자 태泰는 매우 불리하게 되었고 결국 성문을 열고 항복했다.

이때 왕 및 태자 융隆, 왕자 태泰, 대신 정복貞福과 여러 성城이 모두 항복했다. 소정방은 의자왕과 태자 융, 왕자 태泰와 왕자 연演, 대신·장사壯士 88명과 백성 1만2천8백7 명을 당나라 서울로 보내었다. 백제에는 5부·37군·2백 성·76만 호가 있었는데, 이때 당은 이곳에 웅진熊津, 마한馬韓, 동명東明, 금련金漣, 덕안德安 등 다섯 도독부都督府를 나누어 두고 우두머리를 뽑아서 도독都督과 자사刺史를 삼아 다스리게 하였다. 낭장郎將 유인원劉仁願에게 명하여 사비성을 지키게 하고, 또 좌위낭장 왕문도王文度로 웅진도독熊津都督을 삼아 백제의 남은 백성들을 위로하게 했다.

소정방은 포로들을 이끌고 당나라 황제를 뵈니, 당나라 황제는 그들을 크게 꾸짖고는 죄를 용서했다.

의자왕이 그곳에서 병들어 죽자 금자광록대부金紫光祿大夫 위위경衛尉卿을 증직贈職하고 그 옛 신하들이 가서 조상함을 허용하고, 손호孫晧, 오吳나라의 마지막 임금으로 손권의 손자·진숙보陳叔寶, 진陳나라 후주後主의 이름의 무덤 옆에 장사지내게 하고, 또 비도 세워 주었다.

7년 임술662년에 당나라의 황제는 소장방을 요동도遼東道 행군대총관行軍大摠管을 삼았다가, 다시 평양도平壤道 행군대총관으로 개칭하여 고구려군을 패강浿江, 대동강에서 무너뜨리고 마읍산馬邑山, 평양 부근을 빼앗아 진영陣營으로 삼고 드디어 평양성을 포위했으나, 때마침 큰눈이 내려 포위를 풀고 돌아갔다. 당나라의 황제는 소정방을 양주 안집대사凉州 安集大使로 삼아 토번吐藩, 티베트을 평정했다. 건봉乾封 2년667년에 소정방이 죽자, 당나라의 황제는 크게 슬퍼하여 좌효기대장군 유주도독左驍騎大將軍 幽州都督을 증직贈職하고 시호를 장莊이라 했다이상은 『당사唐史』의 글이다.

『신라별기新羅別記』에는 이렇게 기록되었다.

문무왕文武王이 왕위에 오른 지 5년 을축년665년 가을 8월 경자庚子에 왕은 친히 많은 군사를 거느리고 웅진성熊津城에 가서 가왕假王 부여 융扶餘隆을 만나 단을 만들고 흰 말을 잡아서 맹세할 때 먼저 천신과 산천의 신령에게 제사지낸 후에 말의 피를 입가에 바르고 글을 지어 이렇게 맹세했다고 기록되어 있다.

"지난번에 백제의 선왕先王은 순종과 반역反逆의 이치에 어두워서, 이웃 나라들과의 평화롭게 지내지 않고 인척들과 화목하지 않으며, 고구려와 결탁하고 왜국倭國과 교통하여 함께 잔인하고 포악했으며, 신라를 침략하여 성읍城邑을 파괴하고 그 백성을 죽임으로써 거의 하루도 편안한 때가 없었다. 중국의 천자天子는 제 살 곳을 잃은 백성을 민망히 여기고 백성이 해독을 입는 것을 불쌍히 여겨, 자주 사신을 보내어 사이 좋게 지내도록 달래었으나, 백제는 지세가 험함과 거리가 먼 것을 믿고 천경天經, 중국을 업신여겼다. 황제는 이에 크게 노하여 삼가 정벌을 행하니 깃발이 가는 곳마다 한 번 싸워 백제를 평정했다. 마땅히 그 궁궐과 집을 허물고 못을 파서 그 후손을 경계하고 폐단의 근원을 아주 뽑아 버려 후손에게 교훈을 보일 것이나, 귀순한 자를 품어 주고 배반한 자를 징벌함은 선왕의 아름다운 법이요, 망한 나라를 흥하게 하고 끊어진 후사後嗣를 잇게 함은 과거 현철賢哲들의 공통된 규범이니, 일은 반드시 옛 것을 본받아야 함이 이

전의 사책史册에 전해 오므로 전 백제 왕 사가정경司稼正卿 부여 융으로 웅진 도독을 삼아 그 백제의 선조의 제사를 받들게 하고 옛 땅을 보전하게 하노니, 신라에 의지하여 길이 우방이 되어, 각기 묵은 감정을 없애고 호의好誼를 맺어 화친할 것이며, 삼가 조명詔命을 받들어 영원히 속국이 되라. 이에 사자使者 우위위장군右威衛將軍 노성현공魯城縣公 유인원劉仁願을 보내 친히 권유시켜 짐의 뜻을 자세히 선포하노니, 서로 혼인할 것을 약속하고 맹세를 거듭하여, 제물로 말·개 따위를 잡아 피를 입가에 바르고, 함께 처음과 끝을 돈독히 할 것을 맹세할 것이며, 재앙을 나누어 맡고 환난을 서로 구원하여 은혜를 형제처럼 할 일이다. 삼가 윤언綸言을 받들어 감히 버리지 말 것이며, 이미 맹세한 후에는 함께 지조를 지킬 일이다. 만약 어기고 배반하여, 군사를 일으켜서 변경을 침범하는 일이 있으면, 신명神明이 이를 살펴 많은 재앙을 내리시어, 자손은 기르지 못하게 되고 사직社稷은 지키지 못하게 되며, 제사도 끊어져서 남는 사람이 없게 될 것이다. 그러므로 금서金書 철권鐵券을 만들어 종묘에 두니, 자손만 대에 이르기까지 감히 어기지 말 일이다. 신은 이를 들으시고 흠향하고 복을 내리시옵소서."

맹세가 끝난 뒤에 폐백幣帛을 단의 북쪽에 묻고, 맹세한 글을 신라의 대묘大廟, 미추왕조(味鄒王祖)에 간수해 두었다. 이 글은 대방도독帶方都督 유인궤劉仁軌가 지은 것이다위의 『당사唐史』의 글을 보면, 소정방이 의자왕과 태자 융(隆) 등을 당나라 서울에 보내었다고 했는데, 여기는 부여 왕 융과 만났다고 했으니, 당나라 황제가 융의 죄를 용서하고 웅진도독으로 삼았음을 알겠다. 이것은 맹세한 글에 분명히 말했으니, 이것으로써 증거가 된다.

또 『고기古記』에 이렇게 씌어 있다.

총장總章 원년 무진년668년, 총장 원년 무진이라면 이적(李勣)의 일인데. 아래 글에서 소정방이라고 함은 잘못이다. 만약 소정방의 일이라면 연호가 용삭龍朔 2년 임술에 해당되니, 평양에 와서 포위했던 때일 것이다.에 신라에서 요청한 당나라 구원병이 평양 교외에 주둔하면서 서신을 보내 군수물자를 급히 보내라고 했다.

신라의 왕은 여러 신하들을 모아놓고 이렇게 말했다.

"적국고구려에 들어가 당군唐軍의 진영에 이르기에는 그 형세가 매우 위험하오. 그러나 우리가 청한 당군이 군량미가 다 떨어졌는데도 그 군량미를 보내 주지 않는 것 또한 옳지 못하니 어찌해야 좋겠소?"

김유신이 말하였다.

"신臣들이 그 군수물자를 수송하겠사오니, 대왕께서는 염려하지 마시옵소서."

그리고 김유신·김인문仁問 등이 군사 수만 명을 거느리고 고구려 국경 안에 들어가서 군량미 2만 곡斛을 수송해 주고 돌아오자 왕이 크게 기뻐하였다. 또 군사를 일으켜 당나라군과 합세하고자 김유신이 먼저 연기然起·병천兵川 두 사람을 보내어 그 합세할 기일을 물었다. 당나라의 장군 소정방이 종이에 난새와 송아지를 그려 보내었다. 신라 사람들이 그 뜻을 알지 못하여 사람을 시켜 원효 법사元曉法師에게 묻자 원효가 그 의미를 이렇게 해석하였다.

"군사를 속히 돌리라는 말이다. 송아지와 난새를 그린 것은 두 가지가 모두 끊어짐을 말하는 것이다."

그리하여 김유신이 급히 군사를 돌이켜 패강을 건너면서 병사들에게 명령하였다.

"뒤에 건너는 자는 목을 베겠다."

군사가 앞을 다투어 반쯤 건넜을 때 고구려 군사가 쳐들어와 미처 건너지 못한 병사들을 죽였다. 그 이튿날 유신은 고구려의 군사를 추격하여 수만 명을 잡아 죽였다.

『백제고기百濟古記』에 부여성扶餘城 북쪽 모퉁이에 큰 바위가 있는데 예부터 서로 전해 말하기를, "의자왕과 모든 후궁들이 죽음을 면치 못할 줄 알고 차라리 자결할지언정 남의 손에 죽지 않겠다 하고 서로 이끌어 이곳에 와서 강에 몸을 던져 죽었으므로 속칭 타사암墮死巖, 낙화암이라고 한다" 했으나, 이것은 항간의 말이 잘못 전해진 것이다. 다만 궁녀들이 그곳에서 떨어져 죽었을 뿐 의자왕은 당나라에 가서 죽었다는 것이 『당사唐史』에 분명히 기록되어 있다.

또 『신라고전新羅古傳』에는 이렇게 말하였다.

소정방이 이미 고구려와 백제, 두 나라를 평정하고 또 신라를 치려고 계속 머물러 있었다. 김유신은 그 음모를 알고 당나라 병사를 초대하여 독약을 먹여 모두 죽인 후 구덩이에 묻었다. 지금 상주尙州에 당교唐橋가 있는데, 이곳이 그들을 묻은 땅이라 한다(『당사(唐史)』를 살펴보면, 그 죽은 까닭은 말하지 않고 단지 죽였다고만 했으니 무슨 까닭일까? 감추기 위한 것일까? 혹은 신라의 속설이 근거가 없음일까? 만약 임술년에 고구려와의 싸움에서 신라의 사람이 소정방의 군사를 죽였다고 한다면, 그 후 총장(總章) 원년(元年) 무진년에 어찌 당나라에 군사를 청해서 고구려를 멸망시킬 수 있었겠는가? 이로써 신라의 고전(古傳)이 근거가 없음을 알 수 있다. 다만 무진년에 고구려를 멸망시킨 후에 당나라에 신하로서 섬기지 않고 고구려의 땅을 마음대로 차지했을 뿐, 소정방, 이적(李勣)을 죽인 일은 없었다).

당나라의 군사들이 백제를 평정하고 돌아간 후, 신라의 왕은 여러 장수에게 명령하여 백제의 남은 적을 쫓아 잡게 하고 한산성漢山

城에 진을 치니, 고구려와 말갈靺鞨, 두 나라의 군사가 와서 포위하여 서로 싸웠으나 끝이 나지 않고 5월 11일부터 6월 22일까지 이르니 신라의 군사가 매우 위태로웠다. 왕은 이 소식을 듣고 여러 신하들과 의논했다.

"좋은 계책이 있느냐?"

왕은 망설이면서 결정짓지 못하는데, 김유신이 달려와서 말하였다.

"형세가 몹시 위급하니 사람의 힘으로써는 할 수 없고 오직 신술神術로써만 구원할 수 있습니다."

이에 성부산星浮山에 단을 쌓고 신술神術을 닦으니 문득 큰 독만한 광채가 단 위에서 나타나더니, 별처럼 북쪽으로 날아갔다이로 말미암아 성부산(星浮山)이라 하는데 산 이름에 대해서는 간혹 다른 설이 있다. 곧 산은 도림(都林)의 남쪽에 있는데, 그 중 빼어난 봉우리가 이것이다. 서울에 한 사람이 벼슬을 얻으려고, 그 아들을 시켜 큰 횃불을 만들어 밤에 이 산에 올라가서 횃불을 들고 있게 했다. 그날 밤 서울 사람이 그 횃불을 바라보고 모두 말하기를 괴상한 별이 그곳에 나타났다 하자, 왕은 이 말을 듣고 두려워하여 사람을 모집하여 기도하게 하니 그 아버지가 거기에 응모하려 했다. 일간이 아뢰기를 "이것은 큰 괴변은 아니고 다만 한 집에 아들이 죽고, 아버지가 우는 징조입니다"하므로, 기도를 하지 않았다. 이날 밤에 그 아들이 산에서 내려오다가 범에게 물려 죽었다.

한산성 안의 신라의 군사들은 구원병이 이르지 아니함을 원망하여 서로 바라보고 울기만 할 뿐이었다. 적군이 이들을 급히 공격하려고 할 때, 문득 광채가 남쪽 하늘 끝에서 번갯불처럼 나타나 적의 포석砲石 30여 곳을 깨뜨렸다. 적군의 활과 화살과 창이 부서지고, 군사들은 모두 땅에 쓰러졌다가 한참 뒤에 깨어나서 제각기 흩어져 돌아갔다. 신라의 군사들도 돌아왔다.

　태종이 처음 왕위에 올랐을 때, 머리는 하나이나 몸이 둘이고 다리는 여덟 개나 되는 돼지를 바친 사람이 있었다. 이를 해석하는 자가 말했다.

　"이것은 반드시 천하를 통일할 징조입니다."

　이 태종 때에 처음으로 대신들에게 중국의 의관衣冠과 아홀牙笏을 쓰게 되었는데, 그것은 자장 법사慈藏法師가 당나라 황제에게 요청해서 가져온 것이다.

　신문왕神文王 때에 당나라의 고종高宗이 신라에 사신을 보내어 말했다.

　"짐의 성고聖考, 당 태종(唐太宗)이신 태종께서는 어진 신하 위징魏徵과 이순풍李淳風 등을 얻어 마음을 합하고 덕을 같이하여 마침내 천하를 통일했다. 그래서 태종황제太宗皇帝라 칭했다. 하지만 너희 신라는 작은 나라로서, 태종太宗이란 칭호를 사용하여 천자天子의 칭호를 참람하는 짓이 분수에 지나치.되게 사용하니, 그 뜻이 몹시 불충하다. 속히 그 칭호를 고치도록 하여라."

　그러자 신라 왕이 글을 올려 말하였다.

　"신라가 비록 작은 나라이지만, 거룩한 신하 김유신을 얻어 삼국을 통일했으므로 태종太宗이라 한 것입니다."

　당나라의 황제는 그 글을 보고 곰곰이 생각했다. 그가 태자로 있을 때에 하늘에서

　"삼십삼천三十三天, 도리천(忉利天)의 한 사람이 신라에 태어나서 김유신이 되었다."

하는 말을 듣고 책에 기록해 두었다. 그는 그 책을 꺼내어 보고는 깜

짝 놀랐다. 당나라의 황제는 다시 사신을 보내어 태종太宗의 칭호를 고치지 말도록 허락하였다.

| 장춘랑長春郞과 파랑罷郞 |

이전에 백제의 군사와 황산黃山에서 싸울 때 신라의 장춘랑長春郞과 파랑罷郞이 진중에서 죽었다. 후에 백제를 토벌할 때 그들이 태종太宗의 꿈에 나타나 이렇게 말했다.

"신들은 옛날에 나라를 위하여 몸을 바쳤고, 지금은 백골이 되어서도 나라를 지키려고 종군하여 게으르지 않았습니다. 그러나 대왕께서는 당장唐將 소정방의 위엄에 눌려 남의 뒤만 쫓아다니고 있습니다. 부디 대왕께서 저희들에게 작은 힘을 주십시오."

대왕이 놀라고 괴이하게 여겨, 두 넋을 위해 하루 동안 모산정牟山亭에서 불경을 설법하고 또 북한산주北漢山州에 장의사壯義寺를 세워 그들의 명복을 빌었다.

제二권

기이紀異 제二

| 문무왕 법민文武王 法敏 |

왕이 처음 왕위에 오른 용삭龍朔 신유년661년에 사비泗沘의 남쪽 바다에 여자의 시체가 나왔는데 키가 73척이요, 발이 6척이고, 음문陰門의 길이가 3척이었다. 어떤 사람은 키가 18척이라고도 하였다. 건봉乾封 2년 정묘년667년에 있었던 일이다.

총장總章 무진년668년에 왕이 군사를 거느리고 김인문金仁問, 김흠순金欽純 등과 함께 평양에 이르러 당나라의 군사와 합세하여 고구려를 멸망시켰다. 당나라의 장수 이적李勣은 고장왕高藏王, 보장왕(寶藏王)을 붙잡아 당나라로 돌아갔다. 왕의 성이 고씨이므로 고장(高藏)이라 했다.

『당서唐書』〈고종기高宗記〉를 살펴보면 현경現慶 5년 경신년 660년에 소정방 등이 백제를 정벌하고 12월에 대장군 설여하契如何를 대총관으로 삼고, 유백영劉伯英을 평양도平壤道 대총관으로 삼아 고구려를 정벌하였다. 또 이듬해 신유년 정월에는 소사업蕭嗣業을 부여도扶餘道 총관으로 삼고 임아상任雅相을 패강도 총관으로 삼아 군사 35만 명을 거느리고 고구려를 치게 했다. 8월 가술일에 소정방 등은 고구려와 패강에서 싸우다가 패해 달아났다. 건봉 원년 병인년666년 6월에는 방동선龐同善 · 고림高臨 · 설인귀薛仁貴 · 이근행李謹行

등에게 후원하도록 했다. 9월에 방동선은 고구려와 싸워 이를 무찔렀다.

　12월 기유일에 이적을 요동도 행군대총관行軍大摠管으로 삼아 여섯 총관의 군사를 거느리고 고구려를 정벌하게 했다. 총장 원년 무진년668년 9월 계사일에 이적은 고장왕을 사로잡았으며, 12월 정사일에 당나라의 황제에게 포로를 바쳤다. 상원上元 원년 갑술년674년 2월에 유인궤劉仁軌를 계림도鷄林道 총관으로 삼아 신라를 치게 했다.

　옛 기록에는 당나라에서 육로 장군陸路將軍 공공孔恭과 수로 장군 유상有相을 보내어 신라 김유신 등과 함께 고구려를 멸망시켰다 하였는데 여기는 김인문仁問과 김흠순欽純 등의 일만 말하고, 김유신이 없으니 알 수 없다.

　이때 당나라의 유병遊兵과 여러 장수들이 진영에 머물러 있으면서 장차 신라를 습격하려고 꾀하였다. 신라의 왕이 이를 알고 먼저 군사를 일으켰다.

　이듬해 당나라의 고종高宗이 김인문 등을 불러 꾸짖었다.

　"너희들이 우리 군사를 청해 고구려를 멸망시켰는데 이제 우리를 해치려고 한다니 어떤 까닭이냐?"

　그리고 옥에 가두고 군사 50만 명을 훈련시켜 설방薛邦을 장수로 삼아 신라를 정벌하려고 했다. 이때 의상 법사義湘法師가 당나라에 들어갔다가 김인문을 찾아가자 인문이 그 사실을 알려 주었다. 의상은 곧 신라에 돌아와서 왕에게 아뢰자 왕은 매우 두려워하며 여러 신하를 모아 그들을 막을 방법을 물었다. 이때 각간角干 김천존金天尊이 말하였다.

　"요즈음 명랑 법사明郎法師가 용궁에 들어가 비법을 배워 왔으니,

그를 불러 물어보시기 바랍니다."

명랑 법사가 왕에게 아뢰었다.

"낭산狼山 남쪽에 신유림神遊林이 있는데, 그곳에 사천왕사四天王寺를 세우고 도장道場을 열면 그들을 물리칠 수 있습니다."

그때 정주貞州에서 사람이 달려와서 보고했다.

"수많은 당나라의 군사가 우리 국경에 다가와 바닷가를 맴돌고 있습니다."

왕은 명랑 법사를 불러 물었다.

"일이 급하게 되었으니 이 일을 어찌하면 좋겠소?"

"비단으로 절을 임시로 만드시옵소서."

곱게 물들인 비단으로 절을 짓고 풀로 오방五方 신상神像을 만들고 유가瑜伽의 명승明僧 열두 분을 모아 명랑 법사를 우두머리로 삼고 문두루(文豆婁, 불교의 신인종(神印宗), 7종12파의 하나)의 비법을 쓰도록 했다.

이때 당나라의 군사와 신라의 군사가 아직 싸움을 시작하지도 않았는데 바다에 바람과 물결이 사납게 일어나 당나라의 배들은 모두 물 속에 침몰되었다.

그 후에 절을 고쳐 짓고 이름을 사천왕사라 하자, 지금까지 단석壇席이 없어지지 않았다.『국사(國史)』에서는 이 절을 고쳐 지은 것이 조로(調露) 원년 기묘년(679년)에 있었다 했다. 그 후 신미년671년에 당나라는 다시 조헌을 장수로 삼아 군사 5만 명을 이끌고 쳐들어오자 다시 그 비법을 썼더니 그전처럼 또 배가 침몰했다. 이때 한림랑翰林郎 박문준朴文俊이 김인문과 함께 옥에 있었는데, 고종高宗은 박문준을 불러 물었다.

"너희 나라에 어떤 비법이 있기에 우리가 두 번씩 많은 군사를 보냈는데도 살아 돌아오는 자가 없느냐?"

박문준은 고종에게 아뢰었다.

"저희 속국의 신하들은 당나라에 온 지 10여 년이나 되었으므로 본국의 일을 잘 알지 못하오나, 다만 한 가지 사실만 들어 알고 있을 뿐입니다. 곧 저희 나라가 상국의 은덕을 많이 입어 세 나라를 통일했으므로, 그 덕을 갚으려고 새로 천왕사天王寺를 낭산狼山 남쪽에 세우고, 황제의 만수무강을 축원하는 법회를 오랫동안 열고 있다는 것뿐입니다."

고종은 이 말을 듣고 기뻐하며 예부시랑禮部侍郞 악붕귀樂鵬龜를 신라에 보내 그 절을 살피게 했다. 신라의 왕은 당나라의 사신이 온다는 말을 듣고, 이 절을 그들에게 보여서는 안 될 것이므로 따로 그 남쪽에 새로운 절을 짓고 사신을 기다렸다. 사신이 와서 말하였다.

"먼저 황제의 만수무강을 비는 천왕사에 분향焚香하겠습니다."

그를 새로 지은 절로 인도하였으나 사신은 문 앞에 서서 들어가지 않고 말했다.

"이 절은 사천왕사四天王寺가 아니오."

신라의 사람이 금 천 냥을 그에게 주자, 그는 당나라에 돌아가서 고종에게 아뢰었다.

"신라는 천왕사를 짓고 새 절에서 황제의 만수무강을 빌고 있을 뿐입니다."

당나라 사신의 말로 인하여 새 절을 망덕사望德寺라 했다어떤 이는 효소왕(孝昭王) 때의 일이라 하나 이것은 잘못이다.

왕은 박문준이 당나라의 황제에게 잘 아뢰어 황제가 너그럽게 사면해 줄 뜻이 있음을 들었다. 이에 강수强首, 신라의 명문장가에게 명하여 김인문을 석방해 달라고 청하는 표문表文을 짓게 하고, 사인舍人 원우遠禹를 보내 당나라의 황제에게 말하도록 했다. 황제는 표문을 읽고 눈물을 흘리며 김인문을 사면하고 위로해서 보냈다.

김인문이 옥에 갇혀 있을 때에 신라의 사람들이 그를 위해 절을 지어 인용사仁容寺라 이름하고 관음도량觀音道場을 열었는데, 김인문이 돌아오다가 죽었으므로 미타도량彌陀道場으로 이름을 바꾸었다. 그 절이 지금까지 남아 있다.

대왕은 나라를 다스린 지 21년 만인 영륭永隆 2년 신사년681년에 세상을 떠났는데, 유언에 따라 동해의 큰 바위 위에 장사지냈다.

왕은 평소에 항상 지의 법사智義法師에게 말했었다.

"짐은 죽은 후에 큰 용이 되어, 불법을 받들면서 나라 지키기를 원하오."

"용은 짐승의 응보應報인데 어찌 되려고 하십니까?"

"짐은 세상의 영화를 싫어한 지 오래니 만약 좋지 않은 응보로써 짐승이 된다면 그것이 나의 뜻에 맞는 것이오."

왕은 왕위에 오르자 남산에 큰 창고를 만들었는데, 길이가 50보步, 넓이가 15보였고, 여기에 곡식과 병기를 쌓아 두었다. 이것이 우창右倉이었고, 또한 천은사天恩寺 서북산 위에 좌창左倉이 있었다.

그리고 다른 책에는 이렇게 기록되었다. 건복建福, 신라 진평왕의 연호 8년 신해년591년에 남산성南山城을 쌓았는데, 그 둘레가 2천8백50보라 했다. 이 성은 진덕왕 때에 처음 쌓았던 것이니, 이때 다시 쌓은 것이다. 또 부산성富山城을 쌓기 시작했는데, 3년 만에 완성하였으며, 안북하변安北河邊에 철성鐵城을 쌓았다. 또한 서울에 성곽城郭을 쌓으려고 이미 명령하였는데, 그때 의상 법사가 이 말을 듣고 글을 보내어 이렇게 말하였다.

"왕의 정치와 교화敎化가 밝으시면 비록 풀이 가득한 언덕에 땅을 긋고 성이라 해도 백성이 감히 넘지 못하며, 재앙을 없애고 복이 오게 할 수 있습니다. 그러나 정치와 교화가 진실로 밝지 못하면 비록 만리장성이 있더라도 재해災害가 사라지지 못할 것입니다."

왕은 이에 성곽 쌓기를 중지시켰다.

인덕麟德, 당나라 고종의 연호 3년 병인년666년 3월 10일 어떤 민가에 길이吉伊라는 여종이 있었는데 한꺼번에 아들 셋을 낳았고, 또 총장總章 3년 경오년670년 정월 7일에는 한기부漢崎部 일산급간一山級干, 혹은 성산아간(成山阿干)이라 함.의 여종이 한꺼번에 자식 넷을 낳았는데, 딸 하나와 아들 셋이었다. 그리하여 나라에서 곡식 2백 석을 주었다.

또 고구려를 공격했을 때, 고구려 왕손王孫, 고구려의 연정토의 아들 안승이 귀화해 오므로 진골眞骨의 지위를 주었다.

왕이 하루는 서제庶弟 차득 공車得公을 불러 말했다.

"그대를 재상으로 삼을 테니 백관百官을 통솔하고 천하를 다스리도록 하라."

"폐하께서 만약 소신을 재상으로 삼으시려고 하신다면 원컨대 먼저 나라 안을 은밀히 다니면서 백성들의 괴로움과 편안함 그리고 조세租稅의 가볍고 무거움과 관리의 청렴하고 탐오貪汚함을 알아본 뒤에 관직을 맡을까 하옵니다."

왕은 허락하였다. 차득 공은 승복僧服을 입고 비파를 들고 거사居士의 차림으로 서울을 떠났다. 아슬라주阿瑟羅州, 지금의 명주(溟州)를 거쳐 무진주武珍州, 지금의 해양(海陽)에 이르렀다. 작은 마을까지도 두루 돌아다니니, 그때 무진주의 관리 안길安吉은 그가 비범한 인물인 줄 알아보고 자기 집으로 그를 맞아들여 극진히 대접했다.

그날 밤에 안길은 아내와 첩, 세 사람을 불렀다.

"오늘 밤에 이 손님을 모시고 자는 사람은 나와 한평생을 같이 살 것이오."

두 명의 처가 말했다.

"차라리 당신과 살지 못할지언정 어찌 남과 동침할 수 있습니까?"

그러나 한 아내는 이렇게 말했다.

"공께서 만약 종신토록 함께 살기를 허락하신다면, 명령을 받들겠습니다."

그 여인은 그대로 행동에 옮겼다.

이튿날 아침, 거사는 떠나면서 말했다.

"나는 서울 사람인데 내 집은 황룡사皇龍寺와 황성사皇聖寺 두 절의 사이에 있고, 내 이름은 단오端午, 지금의 풍속 단오는 차의(車衣)라 했다.요. 주인이 만약 서울에 오거든 내 집을 찾아 주시면 좋겠소."

차득 공은 서울로 돌아와서 재상이 되었다.

나라의 제도에 매년 각 주州의 향리鄕吏 한 사람을 서울 안에 있는 여러 관청에 불러올려 지키게 하는 상수리지방 세력의 자제를 볼모 삼아 중앙에 머물게 하는 제도 제도가 있었다. 안길이 올라와 지킬 차례가 되었다. 두 절 사이에 있다는 단오 거사의 집을 물으니 아는 사람이 하나도 없었다. 안길이 한동안 길가에 서 있자 한 늙은이가 지나가다가 그의 말을 듣고 한참 동안 서서 생각하더니 말했다.

"두 절 사이에 있는 한 집은 대궐이고, 단오란 바로 차득영 공인데 그분이 군郡 밖을 미행했을 때에 그대와 아마도 인연이 있었던 모양이오."

안길이 사실대로 말하자, 노인이 말했다.

"궁성 서쪽에 있는 귀정문歸正門으로 가서 드나드는 궁녀를 기다렸다가 사실을 잘 이야기하시오."

안길은 그의 말대로 문에 가서 궁녀에게 말했다.

"무진주 안길이 상공을 뵈러 왔습니다."

차득 공은 그 말을 듣고 달려나와 손을 붙잡고 궁으로 들어가서 공의 부인을 불러 안길과 함께 잔치를 베풀었는데 차린 음식이 50가지나 되었다.

차득 공은 이 사실을 임금에게 말하고 성부산星浮山, 혹은 성손호산(星損乎山)이라 함 아래 있는 땅을 무진주 상수리上守吏의 소목전燒木田, 궁궐이나 관청에 공출하는 연료를 채취하는 토지으로 삼아 나무 베는 것을 금지하여 사람들이 감히 가까이 하지 못하고, 모든 사람들이 안길을 부러워했다. 산 밑에 밭 30이랑이 있는데 종자를 석 섬이나 뿌렸다.

이 밭이 풍년이 들면 무진주武珍州 또한 풍년이 들고, 흉년이 되면 무진주 또한 흉년이 들었다.

만파식적萬波息笛

제31대 신문대왕神文大王의 이름은 정명政明이고, 성은 김씨다. 개요開耀, 당나라 고종의 연호 원년 신사년681년 7월 7일에 왕위에 올랐다. 아버지 문무대왕을 위하여 동해 바닷가에 감은사感恩寺를 세웠다절에 대한 기록은 이렇게 되어 있다. 문무왕이 왜군을 진압하기 위해 이 절을 처음으로 짓기 시작했으나 채 완성하지 못하고 죽자 바다의 용이 되었다. 그 아들 신문왕이 왕위에 오르고 개요 2년(682년)에 절을 완성하였는데 금당(金堂)의 섬돌 아래를 파고 동쪽을 향해 구멍 하나를 뚫어 두었는데 이것은 용이 절에 들어와 돌아다니게 하기 위한 것이다. 대개 유언으로 유골을 간직한 곳은 대왕암(大王岩)이라 하고, 절은 감은사라 이름했으며, 후에 용이 나타난 곳을 이견대(利見臺)라 하였다.

이듬해 임오년 5월 초하루어떤 책에는 천수(天授) 원년이라 했으나 잘못이다에 해관海官 파진찬波珍湌 박숙청朴夙淸이 아뢰었다.

"동해 한가운데 있는 작은 섬이 감은사 쪽으로 물결을 따라 왔다 갔다 하며 떠오고 있습니다."

왕은 이 말을 듣고 이상히 여겨 일관日官 김춘질金春質, 혹은 춘일(春日)이라고 하였다.에게 점을 치게 명령하자 일관이 아뢰었다.

"돌아가신 대왕께서 지금 바다의 용이 되시어 삼한三韓을 지키시고, 또 김유신 공이 삼십삼천도리천을 말함의 한 아들로서 지금 인간 세상에 내려와서 대신大臣이 되었습니다. 두 성인께서 덕을 같이하여 성을 지키는 보물을 내려 주시려고 하오니, 만약 폐하께서 바닷가에 거둥하시면 반드시 값을 매길 수 없는 큰 보물을 얻으실 것입니다."

왕은 기뻐하여 그 달 7일에 이견대에 가서 그 산을 바라보고 신하를 보내어 살펴보게 했다. 산의 형세는 거북의 머리와 같은데 그 위에 한 줄기의 대나무가 있어 낮에는 둘이 되고 밤에는 하나로 합해졌다어떤 이는 산도 또한 대나무처럼 낮에는 떼어지고 밤에는 합해졌다고 한다. 살피러 갔던 신하가 돌아와서 아뢰자 왕은 감은사에 가서 유숙했다.

이튿날 오시午時에 대나무가 하나로 합쳐지자 천지가 진동하고 폭풍우가 일어나며, 사방이 어둠컴컴해지더니 7일 동안 계속되었다.

그 달 16일에 이르러서야 바람이 멈추고 파도가 평온해졌다. 왕이 배를 타고 그 산에 들어가자 용이 검은 옥대玉帶를 받들어 왕에게 바쳤다. 왕은 용을 맞아 같이 앉으며 물었다.

"이 산과 대나무가 떨어지기도 하고 혹은 합해지기도 하는데 이는 무슨 까닭이냐?"

용이 말하였다.

"한 손으로 치면 소리가 나지 않고, 두 손으로 마주치면 소리가 나는 것과 같습니다. 이 대나무란 물건은 합쳐야만 소리가 나게 되므로 왕께서 대나무로 천하를 다스리게 될 상서로운 징조입니다. 지금 돌아가신 선왕께서는 바닷속의 큰 용이 되셨고, 김유신은 또 천신이 되셔서 두 성인이 마음을 같이하여 이같이 값으로 정할 수 없는 큰 보물을 저에게 주시어 왕께 바치도록 한 것입니다."

왕은 놀라고 기뻐하며 오색 비단과 금과 옥을 용에게 답례하고, 사람을 시켜 대나무를 베어 가지고 배를 타고 바다에서 나왔다. 갑자기 산과 용이 사라져 보이지 않았다.

왕은 감은사에서 자고 17일에 기림사祇林寺 서쪽에 있는 시냇가에 가서 수레를 멈추고 점심을 먹었다. 태자 이공理恭, 곧 효소대왕(孝昭大王)이 대궐을 지키고 있다가 이 소식을 듣고 말을 타고 달려와 축하하고 찬찬히 살펴보고 아뢰었다.

"이 옥대의 여러 쪽들은 모두 진짜 용입니다."

"네가 어찌 아느냐?"

"한 쪽을 떼어 물에 넣으면 그것이 사실임을 보이겠습니다."

태자는 왼편의 둘째 눈금을 떼어 시냇물에 담갔다. 눈금은 곧 용이 되어 하늘로 올라가고 그 자리는 못이 되었다. 이리하여 그 못을 용연龍淵이라 했다.

왕은 궁궐로 돌아와 그 대나무로 피리를 만들어 월성月城의 천존고天尊庫에 보관했다. 이 피리를 불면 적군이 물러가고 질병이 낫고, 가물 때는 비가 내리고, 장마 때는 비가 그치고, 바람 또한 그치고, 파도는 평온해졌으므로 이 피리를 만파식적萬波息笛이라고 부르고 국보로 삼았다.

효소왕 때에 이르러 천수天授, 주나라 무후(武后)의 연호 4년 계사년693년에 부례랑夫禮郎이 살아 돌아온 기이한 일로 인하여 다시 만만파파식적萬萬波波息笛이라 불렀다. 자세한 일은 그의 전기에 잘 기록되어 있다.

효소왕孝昭王 대의 죽지랑竹旨郎

제32대 효소왕 때에 죽만랑竹曼郎의 무리 가운데에 득오得烏, 득곡(得谷)이라고도 한다 급간級干이 있었는데 화랑도에 이름을 올려놓고 날마다 나오더니 한 열흘 동안 보이지 않았다. 죽만랑은 득오 급간의 어머니를 불러 물었다.

"당신의 아들은 지금 어디에 있는가?"

그이 어머니가 말하였다.

"당전幢典, 신라 군직(軍職)의 이름. 부대장격 모량부牟梁部 아간 익선阿干 益宣이 내 아들을 부산성富山城 창지기倉直로 보냈는데 빨리 가느라고 미처 낭께 말하지 못했습니다."

낭이 말했다.

"당신의 아들이 만약 사사로운 일로 그곳에 갔다면 찾아볼 필요가 없지만 나랏일로 갔다니 마땅히 가서 대접해야겠소."

그러고 나서 떡 한 합과 술 한 병을 가지고 좌인左人, 노복(奴僕)을 말한 것임.을 거느리고 가니, 낭의 무리 1백37명도 또한 위엄 있는 예의를 갖추고 따라갔다. 부산성에 이르러 문지기에게 득오실得烏失의 행방을 묻자 문지기는 대답했다.

"지금 익선의 밭에서 관례에 따라 일을 하고 있습니다."

낭이 밭으로 가지고 간 술과 떡을 득오실에게 먹이고, 익선에게 휴가를 청하여 함께 돌아가고자 했으나 익선이 반대하며 허락하지 않았다.

그때 사리使吏 간진侃珍이 추화군推火郡, 지금의 밀양군 능절能節의 조租 30섬을 거두어 성 안으로 수송하다가 선비를 존대하는 사람 됨됨이를 아름답게 여기고 익선의 어리석은 고집과 융통성이 없음을 야비하게 여겨, 이에 가지고 가던 조租 30섬을 익선에게 주고 도움을 청했으나 익선은 그래도 허락하지 않으므로 또 진절珍節 사지舍知의 말안장을 주니 그때서야 허락했다.

조정의 화주花主, 화랑을 관할하는 관직가 그 소식을 듣고 사신을 보내어 익선을 잡아다가 그 더럽고 추한 것을 씻어 주려고 했는데 익선이 달아나 숨었으므로 그 맏아들을 대신 잡아 갔다. 그때는 한겨울의 몹시 추운 날이었는데 성 안의 못에서 목욕을 시켰더니 그대로 얼어 죽었다.

대왕이 이 말을 듣고 모량리 사람으로 벼슬하는 자는 모두 내쫓고 다시는 관官에 발을 붙이지 못하게 하고, 중이 되지 못하게 하고, 만약 중이 된 사람이라도 절에는 들어가지 못하게 명령했다.

또 명령을 내려 간진侃珍의 자손으로 평정호손枰定戶孫, '평정호'는 당대(唐代)한 마을의 사무를 맡아 보던 호(戶)이고, '손'은 '장(長)'을 잘못 쓴 것임으로 삼고 그를 표창했다. 이때 원측 법사圓測法는 신라의 고승高僧이었으나 모량리 사람인 까닭으로 승직僧職을 받지 못했다.

이전에 술종공述宗公이 삭주도독사朔州都督使가 되어 임지로 부임하려는데, 이때 삼한에 병란이 있으므로, 기병 3천 명이 그를 호송했다. 그가 죽지령竹旨嶺에 이르자 한 거사가 그 고갯길을 닦고 있었다. 공은 그것을 보고 감탄하여 칭찬했다. 거사 또한 공의 위세가 매우 큰 것을 좋게 보고 서로 마음속으로 감동하였다.

공이 삭주에 부임한 지 한 달이 지나서였다. 꿈에 거사가 방 안에 들어오는 꿈을 꾸었는데, 부부가 같은 꿈을 꾸었으므로 더욱더 놀라고 괴이히 여겨 이튿날 사람을 보내어 그 거사의 안부를 물었다.

사람들이 대답했다.

"거사가 죽은 지 며칠 되었습니다."

사자가 돌아와서 그 사실을 보고하자 그가 죽은 날이 꿈에 나타났던 바로 그 날이었다. 공이 말했다.

"아마 거사가 우리 집에 태어날 것 같소."

다시 군사를 보내어 고갯마루 북쪽 봉우리에 장사지내게 하고 돌로 미륵불을 새겨 무덤 앞에 모시게 했다. 공의 아내는 꿈꾼 날로부터 태기가 있더니 이윽고 아이를 낳았는데 아이의 이름을 죽지竹旨라고 지었다. 그가 커서 벼슬하니, 유신 공을 따라서 부수副帥가 되어 삼국을 통일했으며, 진덕眞德·태종무열왕·문무·신문 4대에 걸쳐 재상이 되어 나라를 안정시켰다.

처음에 득오곡得烏谷이 낭을 사모하여 노래[慕竹旨郎歌]를 지어 불렀는데 다음과 같다.

지나간 봄을 그리워하매
모든 것이 시름이로다.
아름다운 모습에 주름살이 지시려는구나.
눈 돌릴 사이에, 만나 뵙도록 하리라.
낭이여, 낭을 그리워하는 마음에 다니는 길,
쑥 우거진 마을에 잘 밤인들 있으리오.

성덕왕聖德王

제33대 성덕왕 때인 신룡神龍, 당나라 중종(中宗)의 복위(復位) 연호 2년 병오년706년에 흉년이 들어 백성들의 굶주림이 심했다. 조정에서는 정미년 1월 초하루부터 7월 30일까지 백성을 구제하기 위해 곡식을 나누어 주었다. 한 사람에게 하루 몫으로 세 되를 주었는데 모두 계산해 보니 30만5백 섬이나 되었다.

성덕왕은 태종대왕太宗大王을 위하여 봉덕사奉德寺를 짓고, 7일 동안 인왕도량仁王道場, 국가의 안위를 기원하는 법회를 설치하고 나라 안의 모든 죄인을 사면했다. 이때부터 시중侍中이란 관직을 두었다어떤 책에는 효성왕(孝成王) 때라고 한다.

| 수로부인水路夫人 |

성덕왕聖德王 때에 순정공純貞公이 강릉 태수江陵太守, 강릉은 지금의 명주(溟州)로 부임하여 가는 도중에 바닷가에서 점심을 먹었다. 옆에는 바위의 봉우리가 마치 병풍처럼 둘러쳐서, 높이는 천 길이나 되고 위에는 철쭉꽃이 아름답게 활짝 피어 있었다. 공의 부인 수로水路가 그 꽃을 보고 가까이 모시던 주위 사람들에게 말했다.

"누가 저 꽃을 나에게 꺾어다 바치겠는가?"

따르는 사람들이 대답했다.

"그곳은 사람이 이르지 못하는 곳입니다."

모두 나서지 못했으나 그들 곁으로 한 늙은이가 암소를 끌고 지나가다가 부인의 말을 듣고 그 꽃을 꺾어 와서 바쳤다. 그리고 노래도 지어 바쳤다. 그러나 그 늙은이가 누구인지 아무도 몰랐다.

또다시 이틀째 사사, 임해정臨海亭이 있었다. 그곳에서 점심을 먹고 있는데 바다의 용이 갑자기 나타나 부인을 낚아채 바닷속으로 들어가 버렸다. 공은 땅을 치며 발을 굴렀으나 아무런 방법이 없었다. 또 노인이 나타나 말했다.

"옛 사람이 말하기를 여러 사람의 말은 쇠 같은 물건도 녹인다 했으니 어찌 바닷속의 짐승龍이 여러 사람의 입을 두려워하지 않겠습니까? 경내境內의 백성을 모아 노래를 지어 부르면서 지팡이로 언덕을 치면 반드시 부인을 찾을 수 있을 것입니다."

공이 노인의 말을 따라 그대로 하였더니 용이 부인을 받들고 바다에서 나와 공에게 바쳤다.

공이 부인에게 바닷속의 일을 묻자 부인은 이렇게 말했다.

"일곱 가지 보물로 꾸민 궁전에, 음식은 달고 향기로운 것이 인간 세상의 음식은 아니었습니다."

부인의 옷에서 이상한 향기가 풍겼는데, 그 냄새는 인간 세상에서는 맡아볼 수 없는 것이었다.

수로 부인은 미인이어서 세상에 견줄 이가 없었다. 그러므로 매번 깊은 산이나 못을 지날 때면 번번이 신물神物들에게 빼앗겼던 것이다. 그때마다 여러 사람이 해가海歌를 불러 수로 부인을 구했는데, 가사는 다음과 같다.

거북아, 거북아, 수로를 내놓아라.
남의 부인을 앗아간 죄 그 얼마나 큰가?
네 만약 거역하고 바치지 않으면,
그물로 너를 잡아서 구워 먹으리라.

노인의 헌화가獻花歌는 다음과 같다.

자줏빛 바윗가에
암소 잡은 손 놓게 하시고,
나를 아니 부끄러워하시면,
꽃을 꺾어 바치리다.

| 효성왕孝成王 |

개원開元, 당나라 현종의 연호 10년 임술년722년 10월에 처음으로 모화군毛火郡에 관문關門을 세웠다. 이곳은 지금의 모화촌毛火村으로 경주의 동남쪽의 경계에 속했다. 이는 곧 일본을 방어할 목적으로 세운 요새였다.

주위가 6천7백2보5척이고, 이 일에 참가한 사람들은 모두 3만9천2백62인이며, 감독자는 각각 원진元眞이었다.

개원 21년 계유년733년에 당나라의 사람들이 북적北狄, 발해을 공격하기 위해 신라에 군사를 요청하려고, 사신과 그 일행 6백4명이 신라에 왔다가 본국으로 돌아갔다.

| 경덕왕景德王 · 충담사忠談師 · 표훈대덕表訓大德 |

당나라에서 노자의 『도덕경道德經』 등을 보내자 대왕이 예를 갖추어 받았다. 왕이 나라를 다스린 지 24년 되던 해에 오악삼산五岳三山 동악 토함산, 서악 계룡산, 남악 지리산, 북악 태백산, 중앙 팔공산, 경주의 남산, 영천 금강산, 청도 부산을 일컫는다.의 신들이 간혹 모습을 나타나 대궐 뜰에서 왕을 모시었다.

3월 3일에 왕은 귀정문歸正門 누각 위에 올라가 좌우 사람들에게 말했다.

"누가 길거리에서 위엄 있는 승려 한 사람을 데리고 올 수 있겠는가?"

이때 마침 풍채가 깨끗한 고승이 지나가고 있었다. 신하가 바라보고 있다가 그를 데리고 와서 왕께 뵈게 하자 왕이 말했다.

"내가 말하는 스님이 아니다."

그리고 그를 돌려보냈다. 다시 승려 한 사람이 장삼을 입고 앵통櫻筒을 걸머지고혹은 삼태기를 걸머졌다. 남쪽에서 왔다. 왕은 기뻐하면서 누각 위로 맞아들였다. 그 앵통 속에는 차구茶具만 가득 담겨 있었다.

왕이 물었다.

"그대는 누구인가?"

"소승은 충담忠談이라 하옵니다."

"어디서 오는 길인가?"

"소승은 매년 3월 삼짇날과 9월 중양절이면 차를 달여서 남산 삼화령三花嶺의 미륵세존彌勒世尊께 올립니다. 오늘도 올리고 돌아가는 길입니다."

"나에게도 차 한 잔 주시겠는가?"

스님이 차를 달여 왕께 드리니 찻잔 안에서 이상한 향기가 풍겨 나왔다.

왕이 말했다.

"짐이 들으니 스님이 지은 기파랑耆婆浪, 화랑의 이름을 찬미讚美한 사뇌가詞腦歌가 그 뜻이 매우 높다 하니 과연 그러한가?"

"그렇습니다."

"그렇다면 짐을 위하여 안민가安民歌를 지어 주시오."

충담은 즉시 왕의 명을 받들어 노래를 지어 바쳤다. 왕이 그를 아름답게 여겨 왕사王師로 봉하였다. 그러나 충담사는 왕에게 삼가 두 번 절하고 굳게 사양하며 받지 않았다.

  그가 지은 안민가安民歌는 다음과 같다.

임금은 아버지요,
신하는 사랑을 주는 어머니라.
백성을 어리석은 아이라 여기시면
백성이 그 사랑을 알리라.

꾸물거리며 사는 중생에게
이를 먹여 다스려라.
이 땅을 버리고 어디로 가랴 하면
이 나라가 보전될 줄을 알리라.

아아! 임금답게, 신하답게, 백성답게 하면
나라 안이 태평하리.

찬기파랑가讚耆婆郎歌는 다음과 같다.

열어젖히고
나타난 달이
흰 구름을 좇아 떠가는 것이 아닌가?
새파란 시내에
기파랑의 모습이 있도다.
일오천逸烏川 자갈벌에서

낭이 지니신
마음을 좇으려 하네.
아아! 잣나무 가지 높아
서리 모를 화랑의 씩씩한 모습이여.

경덕왕은 음경의 길이가 여덟 치나 되었는데 아들이 없었으므로 왕비를 폐하고 사량 부인沙梁夫人으로 봉했다. 후비 만월 부인滿月夫人의 시호가 경수태후景垂太后이며, 각간 의충依忠의 딸이었다.

왕이 하루는 표훈대덕表訓大德, 덕이 높은 스님을 불러 명했다.

"하늘이 짐을 돕지 않아 아직껏 아들을 두지 못했으니, 원컨대 대덕은 상제上帝께 청하여 아들을 얻도록 해 주시오."

표훈대덕이 천제天帝에게 올라가 고하고 돌아와서 아뢰었다.

"상제께서는 딸은 얻을 수 있지만, 아들은 얻을 수 없다 하십니다."

"딸을 바꿔 아들이 되게 해 주시오."

표훈대덕이 다시 하늘에 올라가서 청하자 상제는 말했다.

"될 수는 있지만 만약 아들이 되면 나라가 위태로울 것이다."

표훈대덕이 내려오려 할 때 상제가 다시 불러 말했다.

"하늘과 인간 사이를 어지럽히면 안 되는데 지금 대사가 하늘과 인간 사이를 이웃 마을처럼 왕래하며 천기天機를 누설하니 이후로 그대가 오는 것을 금한다."

표훈대덕이 돌아와서 천제의 말을 왕에게 전하자, 왕은 이렇게 말했다.

"나라가 비록 위태롭게 되더라도 아들을 얻어 뒤를 잇게 된다면 만

족하겠소."

그 후 만월 왕후滿月王后가 태자를 낳자 왕은 매우 기뻐했다.

태자가 8세 되던 해에 왕이 죽자 어린 나이에 왕위에 오르니, 이가 바로 혜공대왕惠恭大王이다. 왕이 나이가 어리므로 태후太后가 섭정했으나 제대로 다스려지지 않았다. 나라 안에 도둑이 벌 떼처럼 일어나도 막아 낼 방법이 없었다. 표훈대덕의 말이 그대로 맞았다.

왕은 원래 여자인데 남자로 태어났기 때문에 돌 때부터 왕위에 오를 때까지 항상 여자들이 하는 놀이만 즐겨 했다. 비단주머니 차기를 좋아하고 도사道士들과 함께 희롱하기를 즐겼다.

그래서 나라가 어지러워 마침내 선덕왕宣德王과 김양상金良相에게 죽임을 당했다. 그리고 표훈대덕 이후로 신라에 성인이 다시는 태어나지 않았다 한다.

혜공왕惠恭王

대력大曆, 당 태종의 연호 초년初年, 766년에 강주康州, 지금의 경남 진주 관서의 대당大堂 동쪽 땅이 서서히 꺼져 마침내 못을 이루었는데어떤 책에서는 대사(大寺) 동쪽의 작은 못이라 하였다. 세로가 13척이고, 가로가 7척이었다. 문득 잉어 대여섯 마리가 서로 잇달아 점점 커지니 못도 또한 따라서 커졌다. 2년 정미년796년에는 또 천구성天狗星, 유성이나 혜성을 이름.이 동루東樓 남쪽에 떨어졌는데 머리는 항아리처럼 생겼고, 꼬리는 3척 가량이나 되었으며, 빛은 활활 타는 불과 같았으며 천지가 진동했다.

또 이 해에 금포현今浦縣의 논 다섯 이랑에서 모두 이삭이 났으며, 이 해 7월에는 북궁北宮 뜰 한가운데에 먼저 별 두 개가 땅에 떨어지더니 또 별 한 개가 떨어져 모두 별 세 개가 땅 속으로 들어갔다.

이보다 앞서 대궐 북쪽 뒷간 속에서 두 줄기 연꽃이 나더니, 봉송사奉聖寺 밭 한가운데서도 연꽃이 났다. 호랑이가 궁성 안에 들어온 것을 잡으려 했으나 놓쳐 버렸고, 한편 각간 대공大恭의 집 배나무 위에는 참새가 수없이 모여들었다.

『안국병법安國兵法』 하권에 의하면 이러한 변괴가 있으면 천하에 큰 전쟁이 일어난다 했으므로, 이에 왕은 죄수를 사면하고 몸을 닦고 자신을 성찰하였다.

이 해 7월 3일에 각간 대공이 반란을 일으켜 서울과 5도 주군州郡의 도합 96명의 각간이 서로 싸워 나라가 몹시 어지러워졌다. 각간 대공의 집안이 멸망하자 그 집의 재산과 보물, 비단 등을 왕궁으로 옮겼다.

신성新城, 경주의 남산의 큰 곳간이 불에 타므로 사량沙梁·모량牟梁 등에 있던 역적의 무리들이 보물과 곡식을 또한 왕궁으로 실어 날랐다.

난리는 석 달 만에 그쳤으나, 상을 받은 사람도 많고, 죽임을 당한 사람도 헤아릴 수 없이 많았다. 앞서 표훈대덕이 나라가 위태롭게 될 것이라고 말한 것이 이것이었다.

원성대왕元聖大王

처음에 이찬 김주원金周元이 상재上宰, 수상로 있었고 원성왕은 각간으로 상재 다음 자리에 있었는데 어느 날 원성왕이 꿈에 복두幞頭, 귀인이 쓰던 모자, 또는 과거에 급제한 자가 홍패(紅牌)를 받을 때에 쓰던 모자를 벗고 흰 갓을 쓰고 열두 줄로 된 가야금을 들고 천관사天官寺 우물 속으로 들어갔다. 왕이 꿈에서 깨어나 사람을 시켜 점을 쳐 해몽하게 하자, 점쟁이는 이렇게 말했다.

"복두幞頭를 벗은 것은 관직을 떠날 징조요, 가야금을 든 것은 칼刑具을 쓰게 될 조짐이요, 우물 속으로 들어간 것은 옥에 갇힐 징조입니다."

원성왕은 이 말을 듣고 매우 근심하여 문을 닫고 집 밖에 나가지 않았다. 그때에 아찬 여삼餘三, 어떤 책에는 여산(餘山)이라 했다.이 와서 만나기를 정했으나 병을 핑계대고 허락지 않았다. 아잔이 다시 정하여 한 번 만나기를 청하자 할 수 없이 허락하자 아찬이 물었다.

"공이 근심하는 것이 무엇입니까?"

원성왕이 해몽한 일을 자세히 말하자, 아찬이 일어나 절하면서 말했다.

"이것은 좋은 꿈입니다. 공이 만일 왕위에 오른 후에 저를 저버리지 않는다면, 공을 위해 해몽해 드리겠습니다."

왕은 이에 주위 사람들을 물리치고 해몽하기를 청하자 아찬이 말했다.

"복두를 벗은 것은 그 위에 앉을 이가 없음이요, 흰 갓을 쓴 것은 면류관왕관을 쓰게 될 징조요, 열두 줄의 가야금을 든 것은 12세손내물왕 12세손이 왕위를 이를 징조요, 천관사 우물로 들어간 것은 궁궐로 들어갈 징조입니다."

"내 위에 주원周元이 있는데 내가 어찌 왕위에 앉을 수 있겠소."

"몰래 북천北川, 알천(閼川) 신에게 제사지내면 좋을 것입니다."

원성왕은 아찬의 말에 따랐다. 얼마 후 선덕왕이 세상을 떠나자, 나라 사람들은 김주원金周元을 왕을 삼아 왕궁에 맞아들이려고 했다. 그러나 그 집은 내川, 알천(閼川)의 북쪽에 있었는데 갑자기 비가 와서 시냇물이 불어 건너오지 못하게 되었다.

그래서 원성왕이 먼저 궁궐에 들어가서 왕위에 올랐다. 상재上宰, 김주원의 무리들이 모두 와서 따르고 새로 왕위에 오른 임금에게 축하하며 절하였다.

이 사람이 곧 원성대왕元聖大王으로 이름은 경신敬信이고, 성은 김씨니, 꿈이 그대로 이루어졌다.

김주원은 명주溟州, 지금의 강릉에 물러갔고 원성왕은 임금이 되었다. 해몽했던 여산餘山은 이미 죽었으므로 그의 자손을 불러 벼슬을 내렸다.

왕은 손자가 다섯이 있었는데 혜충 태자惠忠太子 · 헌평 태자憲平太子 · 예영잡간 · 대룡 부인大龍夫人 · 소룡 부인小龍夫人들이었다. 원성대왕은 참으로 인생의 곤궁困窮하고 영달하는 이치를 잘 알았으므로 〈신공사뇌가身空詞腦歌〉를 지었다 노래는 소실되어 지금은 알 수 없다.

왕의 아버지 대각간 효양孝讓이 조종祖宗의 만파식적萬波息笛을 전해 받아 왕에게 전했다. 왕이 이를 얻었기 때문에 하늘의 은혜를 후하게 입고 그 덕이 멀리까지 빛났다.

정원貞元, 당 덕종의 연호 2년 병인년786년 10월 11일에 일본 왕 문경

文慶, 『일본제기(日本帝紀)』를 살펴보면 제55대의 문덕왕(文德王)이 이 임금인 듯하다. 이 밖에 문경은 없다. 어떤 책에는 이 왕의 태자라 했다. 이 군사를 일으켜 신라를 치려고 했는데 신라에 만파식적이 있어 군사를 물리친다는 말을 듣고는 사자를 보내어 금 50냥을 바치며 그 피리를 보기를 청했다. 이때 왕이 사자에게 말했다.

"내가 듣기에는 윗대 진평왕 때에 있었다고 들었으나, 지금은 있는 곳을 알 수 없다."

이듬해 7월 7일에 일본 왕이 다시 사자를 보내어 금 천 냥을 바치며 만파식적을 보기를 거듭 청하며 말했다.

"과인이 보기만 하고 다시 돌려보내겠습니다."

그러나 왕은 전과 같은 대답으로 이를 거절하고 은 3천 냥을 사자에게 주고 금은 받지 않았다. 8월에 일본의 사자가 돌아가자 그 피리를 내황전(內黃殿)에 보관했다.

왕이 즉위한 11년 을해년795년에 당나라의 사자가 서울에 와서 한 달 동안 머물다가 돌아갔는데 그 다음날 두 여인이 내정(內庭)에 나와서 아뢰었다.

"저희들은 동지(東池), 청지(靑池), 청지는 곧 동천사(東泉寺)에 있는 샘이다. 절의 기록에 의하면 이 샘은 동해의 용이 왕래하면서 불법을 듣는 곳이요, 절은 진평왕이 세운 것인데, 5백 성중(聖衆)과 5층탑과 전민(田民)을 아울러 헌납했다고 한다)에 있는 두 용의 아내입니다. 당나라의 사신이 하서국(河西國) 사람들을 데리고 와서 저희들의 남편인 두 용과 분황사(芬皇寺)의 우물에 있는 용 등 세 용을 저주하여 모습을 작은 물고기로 바꾸어서 통속에 넣어 가지고 돌아갔습니다. 부디 폐하께서는 그 하서국의 두 사람에게 명령하여 저희들의 남편인 나라를 지키는 용이 다시 돌아오도록 해 주십시오."

왕은 하양관河陽館까지 뒤쫓아가서 친히 연회를 베풀고 하서국 사람에게 명령하였다.

"너희들은 어찌하여 우리 나라의 세 용을 이곳까지 데려왔느냐? 만약 사실대로 아뢰지 않으면 극형에 처하겠다."

그러자 하서국 사람은 세 마리의 물고기를 왕에게 바쳤다. 이것을 세 곳에 놓아 주자 제각기 물 속에서 한 길이나 솟구치고 즐거이 뛰놀면서 달아났다. 이에 당나라의 사자는 왕의 성스럽고 명철함에 감복했다.

왕이 어느 날 황룡사皇龍寺, 어떤 책에는 화엄사라 했고 또 금강사라고도 했으니, 아마 절 이름과 경(經) 이름을 혼동한 것 같다.의 중 지해智海를 대궐로 청하여 『화엄경華嚴經』을 50일 동안 강론하게 했다.

사미沙彌 묘정妙正은 항상 금광정金光井, 대현법사(大賢法師)가 이 우물 이름을 지었다.에서 그릇을 씻었는데 그때 자라 한 마리가 우물 속에서 떠올랐다가 잠기곤 하였다. 묘정은 항상 밥이 남은 것을 자라에게 먹이면서 놀곤 했다. 법연이 바야흐로 끝나려 하니 묘정은 자라에게 말했다.

"내가 너에게 덕을 베푼 지가 오래되었는데, 너는 무엇으로 그 덕을 갚으려느냐?"

며칠 후 자라는 한 개의 작은 구슬을 토하여 묘정에게 주었다. 묘정은 그 구슬을 얻어서 허리띠 끝에 달았다. 이후부터 대왕은 묘정을 보면 애지중지 여겨 내전內殿에 맞아들여 옆을 떠나지 못하게 했다.

이때에 한 잡간이 당나라에 사신으로 가게 되었는데, 그 또한 묘정을 사랑하여 함께 가기를 청하자 왕이 이를 허락했다. 잡간과 묘정이 함께 당나라에 들어가자 당나라의 황제도 또한 묘정을 사랑하게 되었고, 승상丞相과 좌우 신하들까지도 그를 존경하고 신임하게 되었다. 그런데 한 관상을 보는 사람이 있어 황제에게 아뢰었다.

"이 중을 자세히 살펴보았으나 한 곳도 길吉한 상이 없습니다. 그런데도 남에게 신뢰와 존경을 받고 있으니 틀림없이 이상한 물건을 지니고 있을 것입니다."

황제가 사람을 시켜 묘정의 몸을 조사해 보니, 허리띠 끝에서 작은 구슬을 찾았다. 황제가 말했다.

"나에게 여의주如意珠가 네 개가 있었는데 지난해 한 개를 잃어버렸다. 이 구슬은 바로 내가 잃었던 것이다."

황제가 그 연유를 묻자, 묘정은 자세히 아뢰었다. 황제가 생각해 보니 자신이 구슬을 잃었던 날짜가 묘정이 구슬을 얻었던 날짜와 같았으므로, 황제는 그 구슬을 빼앗고 묘정을 신라로 돌려보냈다. 구슬을 빼앗긴 후로는 사람들이 묘정을 귀여워하거나 신임하는 이가 없었다.

왕의 능이 토함산 서쪽 동곡사洞鵠寺, 지금의 숭복사(崇福寺)에 있는데, 여기 최치원이 지은 비문이 있다. 왕은 또 보은사報恩寺와 망덕루望德樓를 세웠다. 왕의 조부 훈입잡간을 추봉追封하여 흥평대왕興平大王이라 하고, 증조부 의관잡간을 신영대왕神英大王이라 하고, 고조부 법선대아간法宣大阿干을 현성대왕玄聖大王이라 했는데 현성대왕의 아버지는 마질차잡간이다.

때 이른 눈

제40대 애장왕哀莊王 말년 무사년808년에는 8월 15일에 눈이 내렸다.

제41대 헌덕왕憲德王 때인 원화元和, 당나라 헌종의 연호 13년 무술년 818년에는 3월 14일에 많은 눈이 내렸다어떤 책에는 병인년으로 되었으나 잘못이다. 원화는 15년으로 끝났으므로 병인년은 없다.

제46대 문성왕文聖王 기미년839년에는 5월 19일에 많은 눈이 내렸고, 8월 1일에는 온 세상이 어둠컴컴했다.

흥덕왕興德王과 앵무새

제42대 흥덕대왕興德大王은 보력寶曆, 당(唐) 경종(敬宗)의 연호 2년 병오년826년에 왕위에 올랐다. 얼마 후에 당나라에 사신으로 갔다가 돌아오는 사신이 앵무새 한 쌍을 가지고 와서 왕께 바쳤다.

그런데 얼마 후 암컷이 죽자 혼자 남은 수컷이 구슬프게 울자, 왕은 사람을 시켜 그 앞에 거울을 달아 주었다. 앵무새는 거울 속에 비친 자기 모습을 보고는 자기 짝 암컷인 줄 알고 거울을 쪼더니 그것이 자신의 모습인 줄 알자 슬피 울다가 죽었다.

이에 왕은 노래를 지었다고 하는데 그 노래는 전해지지 않는다.

신무대왕神武大王·염장閻長·궁파弓巴

제45대 신무대왕神武大王, 김우징金祐徵이 아직 왕위에 오르기 전에 협사俠士 궁파弓巴, 장보고에게 말했다.

"내겐 원수가 있소. 그대가 나를 위해 그를 없애 주시오. 내가 왕위에 오르게 되면, 그대의 딸을 왕비로 맞이하겠소."

궁파가 이를 허락하고, 마음과 힘을 같이하여 군사를 일으켜 서울로 쳐들어가 그 일을 성공시켰다. 그가 왕위를 빼앗았으므로 궁파의 딸을 왕비로 삼으려고 하자, 여러 신하들이 나서서 간했다.

"궁파는 미천한 사람이니 왕께서 그의 딸을 왕비로 삼는 것은 옳지 못합니다."

왕은 신하들의 말을 좇았다.

이때 궁파는 청해진淸海鎭에서 국경을 지키고 있었는데, 왕이 약속을 어긴 것을 원망하여 난을 일으키려고 했다. 이때 장군 염장閻長이 이 소식을 듣고 왕에게 아뢰었다.

"궁파가 장차 불충한 일을 저지르려 하오니 제가 이를 없애겠습니다."

왕은 기꺼이 이를 허락했다. 염장은 왕의 명령을 받들고 청해진으로 가서 사람을 통해 말했다.

"나는 임금에게 작은 원망이 있소. 그래서 명공明公, 궁파(弓巴)에게 목숨을 보전하려 하오."

궁파는 이 말을 듣고 크게 노하여 말했다.

"너희 무리들이 왕에게 간하여 나의 딸을 왕비가 되지 못하게 해놓고 어찌 나를 만나려고 하는가?"

염장은 다시 사람을 통해 말했다.

"이는 여러 신하들이 간한 것입니다. 나는 그 일에 참여하지 않았으니 공은 나를 의심하지 마십시오."

궁파는 이 말을 듣고 청사廳事를 불러 물었다.

"그대는 무슨 일로 이곳에 왔소?"

"왕의 뜻에 거스른 일이 있었으므로 공에게 기대어 죽음을 면하려고 합니다."

"다행한 일이오."

그들은 술잔을 나누며 매우 기뻐했다. 이윽고 궁파가 술에 취하자 염장이 갑자기 궁파의 장검을 빼어 궁파를 죽였다. 그러자 궁파의 휘하의 군사들이 놀라서 모두 땅에 엎드렸다. 염장은 그 군사들을 이끌고 서울로 돌아와 왕에게 보고하였다.

"궁파를 죽였습니다."

왕은 몹시 기뻐하며 염장에게 상을 내리고 아간阿干의 벼슬을 주었다.

제48대 경문대왕景文大王

경문대왕의 이름은 응렴膺廉이고, 18세에 국선國仙, 화랑이 되었다.

20세에 이르자 헌안대왕憲安大王이 낭郎을 불러 궁중에서 잔치를 베풀고 물었다.

"낭은 국선이 되어 사방으로 돌아다녔으니 무슨 특별한 일을 본 적이 있는가?"

"신臣은 아름다운 행실이 있는 사람 셋을 보았습니다."

"짐에게 그 이야기를 들려 주게."

낭이 말하였다.

"다른 사람의 윗자리에 있을 만한 사람이면서도 겸손하여 남의 밑에 있는 이가 그 하나이옵고, 세력이 있고 부자이면서도 옷차림이 검소한 이가 둘이요, 본래 귀하고 세력이 있으면서도 그 위세를 펼치지 않는 이가 그 셋입니다."

왕은 그 말을 듣고, 낭의 어짐을 깨닫고 자신도 모르게 눈물을 흘리며 말했다.

"나에게 두 딸이 있는데 그대에게 시집보내 낭의 시중을 들게 하겠네."

낭은 자리에서 일어나 다른 곳으로 피하면서 왕에게 머리를 조아려 절하고는 물러났다. 그리고 이 사실을 부모에게 아뢰자 부모는 놀라면서도 기뻐하여 그 자제들을 모아 의논하였다.

"왕의 맏공주는 얼굴이 보잘것없고, 둘째 공주는 매우 아름다우니 둘째 공주에게 장가가는 것이 좋겠다."

낭의 무리 중에 우두머리인 범교사範教師가 이 말을 전해 듣고 낭의 집에 찾아와서 낭에게 물었다.

"대왕께서 공주를 공의 아내로 보낸다는 게 사실입니까?"

"그렇습니다."

"그럼 어느 공주에게 장가들겠습니까?"

"부모님께서는 둘째 공주가 좋겠다고 하십니다."

"낭이 만약 둘째 공주에게 장가든다면 나는 반드시 낭의 눈 앞에서 죽을 것이오. 맏공주에게 장가든다면 반드시 세 가지 좋은 일이 있을 것이니 잘 살핀 후 결정하십시오."

"그대의 말대로 하겠습니다."

얼마 후에 왕은 날을 잡아 낭에게 사람을 보내 말했다.

"짐은 두 딸 중 누구를 선택하든지 공의 뜻에 따르겠다."

심부름을 갔던 사람이 돌아와서 낭의 의사를 임금께 아뢰었다.

"맏공주를 받들겠다고 합니다."

그리고 3개월이 지나자 왕은 병이 위독해지자 여러 신하를 불러 말했다.

"내게 아들이 없으니, 죽은 뒤의 일은 마땅히 맏딸의 남편 응렴膺廉이 이어받도록 할 것이다."

그 이튿날 왕이 세상을 떠나자 낭은 유언을 받들어 왕위에 올랐다. 이에 범교사가 경문왕 앞에 나아가 아뢰었다.

"제가 전에 아뢰었던 세 가지 좋은 일이 지금 모두 이루어졌습니다. 맏공주에게 장가들어 왕위에 오른 것이 그 한 가지이옵고, 전에 제가 흠모하던 둘째 공주와 이제 쉽사리 장가들 수 있게 됨이 그 두 가지이옵고, 맏공주에게 장가들어 왕과 부인께서 매우 기뻐하게 됨이 그 세 가지입니다."

왕은 그 말을 고맙게 여겨 대덕大德이란 벼슬을 주고 금 1백30냥을 주었다. 왕이 세상을 떠나자 시호를 경문景文이라 했다.

왕의 침전寢殿, 임금이 자는 방에 매일 저녁이면 많은 뱀들이 모여들었는데 궁인들이 놀라고 두려워하여 쫓아내려 하자 왕이 말했다.

"짐은 뱀이 없으면 편히 잠들 수 없으니 쫓아내지 말라."

그래서 왕은 잘 때에는 언제나 뱀이 혀를 내밀어 온 가슴을 덮고 잤다.

왕이 임금의 자리에 오른 후 왕의 귀가 당나귀의 귀처럼 되었다. 왕후와 궁인들은 모두 알지 못했으나 오직 왕의 관을 만드는 한 사람만이 그 사실을 알고 있었다.

그러나 그는 평생 동안 남에게 말하지 않기로 왕과 약속하였다. 그러다가 그는 죽을 때가 되자 도림사道林寺 대나무 숲 속으로 들어가 대나무를 향해 외쳤다.

"우리 임금 귀는 당나귀 귀다."

그 후 바람만 불면 대나무 숲 속에서 이런 소리가 났다.

"우리 임금 귀는 당나귀 귀다."

왕은 이 소리를 싫어하여 대나무를 베어 버리고 대신 산수유를 심었는데 바람이 불면 이런 소리가 들렸다.

"우리 임금님 귀는 기다랗다."

국선國仙 요원랑邀元郎・예흔랑譽昕郎・계원桂元・숙종랑叔宗郎 등이 금란金蘭, 지금의 강원도 통천을 유람하면서 은근히 임금을 도와 나라를 다스리려는 뜻을 품었다.

이에 노래 세 수를 짓고, 사지舍知 심필心弼을 시켜 공책을 주어 대구 화상大矩和尙, 스님에게 보내어 세 가지 곡을 짓게 했는데 첫째가 현금포곡玄琴抱曲이요, 둘째는 대도곡大道曲이요, 셋째는 문군곡問羣曲이다. 이것을 왕에게 아뢰자, 왕은 크게 기뻐하여 칭찬했다. 노래는 알려지지 않았다.

처용랑處容郎과 망해사望海寺

제49대 헌강대왕憲康大王 때 서울부터 지방에 이르기까지 집과 담이 연이어 있었으며, 초가집은 하나도 없었다. 풍악과 노랫소리가 길거리에 끊이지 않았으며, 바람과 비는 사계절 순조로웠다.

이때 대왕이 개운포開雲浦, 학성(鶴城)의 서남에 있으니 지금의 울주(蔚州)에 놀러 갔다가 돌아갈 때가 되어 물가에서 쉬고 있는데, 문득 구름과 안개가 캄캄하게 덮여 길을 잃게 되었다. 왕이 괴이하게 여겨 주위 사람들에게 묻자 일관日官이 아뢰었다.

"이는 분명 동해 용의 조화이오니 마땅히 좋은 일을 하여 이를 풀어야 될 것이옵니다."

왕은 관리에게 용을 위해 그 근처에 절을 세우도록 명령했다. 왕의 명령이 내리자마자 구름과 안개가 걷히었으므로 그곳의 이름을 개운포開雲浦라 했다. 동해의 용이 기뻐하여 아들 일곱 명을 거느리고 임금 앞에 나타나서 덕을 찬양하고 춤을 추며 음악을 연주했다. 그 중 한 아들이 임금을 따라 서울에 들어와서 정사政事를 보필했는데 그의 이름을 처용處容이라 하였다.

왕은 처용에게 급간級干이란 벼슬과 아름다운 여인을 아내로 주어 그의 마음을 잡아 두려고 했다. 그런데 그의 아내가 매우 아름다웠으므로, 역신疫神이 그녀를 흠모하여 밤이 되면 사람으로 모습을 바꾸어 그 집에 가서 몰래 그녀와 동침했다.

어느 날 처용이 밖에서 놀다가 집에 돌아와 잠자리에 두 사람이 누워 있음을 보고 노래를 부르고 춤을 추면서 물러나왔는데 그 노래는 다음과 같다.

서울 밝은 달에
밤새도록 노닐다가
들어와 자리를 보니
다리가 넷이구나.
둘은 내 것인데
둘은 누구의 것인가
본래는 내것이다마는
빼앗긴 것을 어찌하리.

그때에 역신이 모습을 드러내어 처용의 앞에 꿇어앉아 말하였다.
"제가 공의 아내를 사모하여 지금 그녀를 범했는데도, 공은 노여움을 나타내지 않으시니 감동하여 아름답게 생각하는 바입니다. 맹세코 이후로는 공의 모습을 그린 그림만 보아도 그 문에 절대로 들어가지 않겠습니다."

이로 인해 나라의 사람들은 처용의 모습을 문에 붙여서 사악한 귀신을 물리치고 경사스런 일을 맞아들이게 되었다.

왕이 서울에 돌아오자 영취산靈鷲山 동쪽 기슭에 경치 좋은 곳을 선정하여 절을 세우고 망해사望海寺라 하고 또는 신방사新房寺라 했는데, 이 절도 용을 위해 세운 절이다.

왕이 또 포석정鮑石亭으로 거둥했더니, 남산에 사는 신이 나타나 임금 앞에서 춤을 추었는데 옆에 있는 신하들에게는 보이지 않았고, 오직 왕에게만 보였다. 왕 자신도 춤을 추어 그 형상을 보였다. 신의 이름은 혹 상심詳審이라고 했기 때문에 지금까지도 나라의 사람들이 이 춤을 추었으므로 어무산신御舞山神이라 한다. 어떤 이는 신이 나와 춤을 추었으므로 그 모습을 살펴 공인工人에게 명하여 모습을 따라 새겨 후대 사람에게 보이게 했으므로 상심象審이라고 했다. 또 어떤 이는 상염무霜髥舞라고도 하였는데 이는 그 형상을 본떠 일컫는 말이다.

왕이 금강령金剛嶺에 행차했을 때 북악의 신이 춤을 추자 이를 옥도금玉刀鈐이라 했고 또 동례전同禮殿의 잔치 때에는 지신地神이 나타나 춤을 추어서 그의 이름을 지백급간地伯級干이라 했다.

『어법집語法集』에는 이렇게 말하였다.

"그때 산신이 나타나 춤을 추고 노래를 부르며 '지리다도파도파智理多都波都波라 한' 것은 대개 지혜로 나라를 다스리는 사람이 사태를 미리 알고 달아났으므로 도읍이 장차 파괴된다는 것을 뜻함이다."

이는 자신과 산신은 나라가 장차 멸망할 줄 알았으므로 춤을 추어 그것을 경고했던 것이다. 그런데 나라의 사람들은 이를 깨닫지 못하고 도리어 상서祥瑞가 나타났다고 하여 술과 여자를 탐닉함이 더욱 심해졌던 까닭에 나라는 마침내 멸망했다.

진성여대왕眞聖女大王과 거타지居陀知

제51대 진성여왕이 왕위에 오른 지 몇 해 안 되어 유모 부호 부인鳧好夫人과 그의 남편 위홍잡간 등 서너 명의 총신寵臣이 권력을 쥐고 정사政事를 문란하게 하자 나라 안에 도둑이 벌떼 처럼 일어났다. 백성들이 이를 근심하여 이에 다라니陀羅尼, 범어로 주문이라는 뜻의 은어隱語를 지어 길에 던졌다. 왕과 권력을 잡은 신하들은 이를 손에 넣고 말했다.

"왕거인王居人이 아니면 누가 이 글을 지었겠느냐?"

곧 거인을 옥에 가두었다.

왕거인이 시를 지어 하늘에 호소하니, 하늘이 진실을 알고 그 옥에 벼락을 쳐서 모면하게 해 주었다.

그 시는 다음과 같다.

연단燕丹, 전국 시대 연나라 태자. 이름은 단(丹). 진나라가 연나라를 공격하려 하자, 자객 형가(荊軻)를 보냈다가 실패하여 죽임을 당함.의 슬픔 울음에 무지개와 해를 뚫고,

추연鄒衍, 전국 시대 제나라 사람. 연나라 소왕(昭王)의 스승이었는데, 그의 아들 혜왕(惠王)이 즉위하여 그를 옥에 가두자 한여름에 서리가 내렸다고 함이 품은 비애로 여름에 서리가 내리네.

이제 내 불우함이 그들과 같은데,

황천皇天은 어찌하여 상서로움을 내리지 않는가.

다라니에서 이렇게 말했다.

"南無亡國, 刹尼那帝, 判尼判尼蘇判尼, 于于三阿干, 鳧伊裟婆訶."
　남무망국　찰니나제　　판니판니소판니　　우우삼아간　부이사바하

해설자들은 이렇게 말한다.

"찰니나제란 여왕을 말하며, 판니판니소판니는 두 소판을 말하는데 소판이란 벼슬이름이다. 우우삼아간은 서너 명의 아간을 말한 것이고, 부이는 부호 부인을 말한 것이다."

이때에 아찬 양패良貝는 왕의 막내아들이었다. 당나라에 사신으로

갈 때에 백제후백제의 해적이 진부津鳧에서 길을 막는다는 말을 듣고, 궁수弓手 50명을 뽑아서 그를 호위토록 했다. 배가 곡도鵠島, 골대도(骨大島)라 한다.에 닿으니 풍랑이 크게 일어 10여 일 동안이나 그곳에서 묵게 되었다. 양패는 이를 근심하여 사람을 시켜 이 일을 두고 점치게 하였더니 이렇게 말하였다.

"섬에 신지神地가 있으니 제사지내는 것이 좋겠습니다."

이리하여 못 위에다 제물을 차려 놓자 못물이 한 길 남짓이나 높이 치솟았다.

그 날 밤 꿈에 한 노인이 나타나 공에게 말했다.

"활 잘 쏘는 사람을 이 섬 안에 남겨두면 순풍을 얻을 수 있을 것입니다."

공이 꿈에서 깨어나 그 일을 좌우 사람들에게 물었다.

"누구를 남겨 두면 좋겠는가?"

사람들은 대답했다.

"나뭇개비 50개를 만들어 저희들 이름을 각각 써서 바다에 던진 후 가라앉은 자의 이름으로 제비를 뽑아야 할 것입니다."

공은 그의 말에 따랐다. 무리 가운데에 거타지居陀知의 이름이 적힌 나뭇개비가 물 속에 가라앉았다. 그 사람을 섬에 남겨 두고 떠나니 순풍이 불어 배는 곧장 잘 나아갔다.

거타지가 근심에 싸여 섬에 있는데, 갑자기 한 노인이 못에서 나와 말했다.

"나는 서쪽 바다의 신인데 날마다 한 중이 해 뜰 무렵이면 하늘에서 내려와 다라니를 외우면서 이 못을 세 바퀴 돌면 우리 부부와 자손들이 모두 물 위에 떠오르게 되는데, 중은 내 자손의 간장을 빼어

먹어치운답니다. 이제 오직 우리 부부와 딸 하나만 남았소. 그 중이 내일 아침에 반드시 올 것이니 그대는 중을 활로 쏘아 주시오."

"활 쏘는 일이라면 제가 가장 잘 하는 일이니 명령을 받들겠습니다."

노인은 그에게 고마워하고는 물 속으로 사라졌다. 거타지는 숨어서 기다렸다. 이튿날 동쪽에서 해가 뜨자 과연 중이 와서 그 전처럼 주문을 외우면서 늙은 용의 간을 빼려고 했다. 이때 활을 쏘아 중을 맞추자, 즉시 늙은 여우로 변해 땅에 떨어져 죽었다.

이에 노인이 물 속에서 나와서 감사해하며 말했다.

"공의 덕을 입어 내 생명을 보전하게 되었으니 내 딸을 공의 아내로 주겠소."

"저에게 따님을 주신다면 결코 저버리지 않겠습니다."

노인은 딸을 한 송이 꽃으로 변신하게 하여 거타지의 품속에 넣어 주고는, 두 용을 시켜 거타지를 받들고 사신의 배를 뒤쫓게 했다. 또 사신의 배를 호위하여 당나라에 들어가도록 명령했다.

당나라의 사람들은 신라의 배가 두 용이 호위하고 들어오는 것을 보고 이 사실을 황제에게 아뢰었다.

황제가 말했다.

"신라의 사신은 반드시 빼어난 사람이다."

그래서 잔치를 베풀어 여러 신하들의 윗자리에 앉히고 상으로 금과 비단을 후하게 주었다. 고국에 돌아온 후, 거타지가 꽃송이를 품에서 꺼내니 여자로 바뀌었으므로 함께 살았다.

효공왕孝恭王

제52대 효공왕 시대인 광화光化, 당 소종의 연호 15년 임신년912년, 실제로는 주량(朱梁), 후량(後梁)의 건화(乾化) 2년이다.에 봉성사奉聖寺 바깥문 동서쪽 21칸에 까치가 집을 지었고, 또 신덕왕 즉위 4년 을해년 915년, 『고본(古本)』에는 천우(天祐) 12년이라 했으나 마땅히 정명貞明 원년이라 해야 된다.에 영묘사靈廟寺 안 행랑에 까치집이 34개, 까마귀집은 40개나 있었다.

또 3월에는 서리가 두 번 내렸으며, 6월에는 참포斬浦의 물이 바다의 파도와 사흘 동안이나 싸웠다.

경명왕景明王

제54대 경명왕 때 정명貞明, 후량 말제의 연호 5년 무인년918년에 사천왕사四天王寺의 벽화壁畵 속의 개가 짖자 3일 동안 경을 읽어 이것을 물리쳤는데, 반나절도 채 안 되어 또 짖었다.

7년 경진년920년 2월에는 황룡사皇龍寺의 탑 그림자가 금모사지今毛舍知의 집 뜰 안에 한 달이나 거꾸로 서 있었다. 또 10월에는 사천왕사에 있는 오방신五方神의 활줄이 모두 끊어졌고, 벽화 속의 개가 뜰로 뛰쳐나왔다가 다시 벽화 속으로 들어갔다.

| 경애왕景哀王 |

제55대 경애왕이 즉위한 동광同光, 후당 장종의 연호 2년 갑신년924년 2월 29일에 황룡사에서 백좌百座, 하루에 백 자리를 베푸는 불교의 설법 행사를 열어 불경을 풀이했다. 그리고 선교禪敎의 승려 3백 명에게 음식을 먹이고, 대왕이 친히 향을 피우고 불공을 드렸다. 이것이 백좌로서 선禪과 교敎가 함께 한 시초가 된다.

| 김부대왕金傅大王 |

제56대 김부대왕金傅大王의 시호는 경순敬順이다.

천성天成, 후당 명종의 연호 2년 정해년927년 9월 백제후백제의 견훤甄萱이 신라에 쳐들어와 고울부高鬱府에 이르자, 경애왕은 고려 태조에게 구원을 요청했다. 태조는 장수에게 명령하여 날센 군사 만 명을 거느리고 가서 구원하게 했는데, 구원병이 미처 이르기도 전에 견훤이 그 해 겨울 11월에 신라 서울로 쳐들어갔다.

이때 왕은 비빈妃嬪과 종친·외척들과 포석정鮑石亭에서 연회를 즐기고 있었으므로 적병이 오는 것을 미처 깨닫지 못했다. 왕은 순식간에 벌어진 일이라서 어찌할 줄을 몰랐다. 왕과 비는 달아나 후궁으로 들어가고, 종친·외척 및 공경대부公卿大夫와 사녀士女들은 사방으로 흩어져 달아나다가 적에게 사로잡혔는데 귀하고 천한 사람 할 것 없이 모두 땅에 엎드려 노비가 되기를 애걸했다.

견훤은 군사를 풀어 나라 안의 재물을 약탈하고, 왕궁에 들어가 머무르면서 좌우 사람을 시켜 왕을 찾게 했는데 왕은 비첩妃妾 몇 사람과 함께 후궁에 숨어 있다가 붙잡혔다. 견훤은 이들을 군중 안으로 끌어다가 왕에게는 자결하도록 강요했고, 왕비는 강간했다. 그리고 그 부하를 풀어 왕의 빈첩嬪妾들을 겁탈했다.

그리고 왕의 족제族弟인 부傅를 왕으로 세웠다. 경순왕은 견훤이 세워 왕이 된 것이다. 경순왕은 왕위에 올라 전 왕경애왕의 시체를 서당西堂에 안치하고 여러 신하들과 함께 통곡했다. 고려 태조도 사신을 보내 조상했다.

이듬해 무자년928년 봄 3월에 태조가 50여 명의 기병騎兵을 거느리고 신라의 서울 근교에 이르자 왕은 백관百官과 함께 교외까지 나가 맞이하고 대궐로 들어와 서로 예의를 다했다. 임해전臨海殿에서 잔치를 베풀었는데 술기운이 얼근해지자 왕이 말했다.

"과인이 부덕하여 난리를 겪었고, 견훤은 불의한 짓을 마음껏 자행하여 국가를 잃게 되었으니 이 얼마나 원통한 일입니까?"

그리고 눈물을 흘리자 좌우 사람들도 목이 메어 울지 않는 이가 없었으며, 태조 또한 눈물을 흘렸다. 태조는 10여 일을 머물다가 돌아갔는데, 부하 군사들은 엄숙하고 조용하게 행동했고, 조그만 물건 하나도 건드리는 일이 없었다. 도성의 사람들과 사녀士女들은 서로 존경해 이렇게 말했다.

"지난번에 견훤이 왔을 때는 마치 늑대와 호랑이를 만난 것 같더니 이번의 왕공을 만나니, 마치 부모를 만난 것 같다."

8월에 태조가 사자를 보내어 왕에게 비단옷과 안장을 얹은 말을 주었고, 다시 여러 관료들과 장수들에게도 선물을 내렸다.

청태淸泰, 후당 폐제 이종가의 연호 2년 을미년935년 10월에 신라의 국토가 모두 다른 나라의 소유가 되어 국력은 쇠약해지고 형세가 위태로워져 스스로 보전할 수 없게 되자 왕은 신하들과 함께 나라를 고려 태조에게 바치고 항복할 것을 의논했는데 여러 신하들은 옳으니 그르니 하면서 시끄러웠다.

그때 태자가 말했다.

"나라가 보존되고 멸망됨에는 반드시 천명이 있는 것입니다. 마땅히 충신과 의사義士와 더불어 민심을 수습해서 힘이 다한 연후에 그만둘 일입니다. 어찌 천 년의 사직을 남에게 쉽사리 내어 줄 수 있겠습니까?"

왕이 말했다.

"나라가 고립되고 위태로움이 이와 같으니, 이제 형세를 보전할 수 없다. 이미 강해질 수도 없고, 더 약해질 수도 없는데, 죄 없는 백성들을 죽임은 차마 할 수 없는 일이다."

시랑侍郞 김봉휴金封休를 시켜 국서國書를 보내 태조에게 항복하기를 청했다. 태자는 울면서 왕을 하직하고 바로 개골산皆骨山, 금강산으로 들어가서, 삼베 옷을 입고, 풀뿌리를 캐어 먹으며 살다가 그곳에서 세상을 마쳤다. 막내아들은 머리를 깎고 화엄종華嚴宗에 들어가 중이 되어 이름을 범공梵空이라 하였다. 후에 법수사法水寺와 해인사海印寺에 머물렀다 한다.

태조는 국서를 받자 태상太相, 관직 이름 왕철王鐵을 보내어 그를 맞이하게 했다. 신라의 왕은 여러 신하를 거느리고 고려 태조에게 귀순했는데 화려한 수레와 훌륭한 말의 행렬이 30여 리에 뻗쳤고 길은 사람으로 꽉 찼으며, 구경꾼들로 담을 이루었다. 태조는 교외로 나가 그를 맞아 위로하고, 대궐 동쪽의 일부분지금의 정승원을 주고, 장녀 낙랑 공주를 그의 아내로 주었다. 경순왕은 자기 나라를 버리고 다른 나라에 와서 살았으므로 어미와 따로 사는 난새에 비유하여 낙랑 공주의 칭호를 신란 공주神鸞公主로 고쳤다.

시호를 효목孝穆이라 하고 공을 정승으로 삼으니, 그 지위는 태자의 위에 있었으며 봉록俸祿 1천 석을 주었고 시종侍從할 관원과 장수들도 모두 채용해 주었다. 신라를 고쳐 경주라 하고 공의 식읍食邑, 국가에서 공신들에게 내려 주어 그 땅의 조세 수입을 거둘 수 있게 한 고을으로 삼았다.

처음에 왕이 나라를 바치며 항복하자 태조는 매우 기뻐하여 후한 예로 대우하고 사신을 보내 알리었다.

"왕께서 나라를 내게 주셨으니 그 은혜를 받음이 매우 큽니다. 원컨대 왕의 종실과 결혼해서 좋은 관계를 계속하고 싶습니다."

왕이 대답했다.

"내 백부 억렴億廉, 왕의 아버지 효종각간(孝宗角干)은 추봉(追封)된 신흥(新興)대왕의 아우다에게 딸이 있는데, 심덕과 용모가 아름다우니 이 사람이 아니면 내정內政을 잘 다스릴 수 없을 것입니다."

태조는 억렴의 딸을 아내로 맞이하였다. 이가 신성 왕후神成王后 김씨다고려 왕조 등사랑(登仕郎) 김관의(金寬毅)가 지은 『왕대종록(王代宗錄)』에 이런 말이 있다. "신성왕후 이(李)씨는 본디 경주 대위(大尉) 이정언(李正言)이 협주(陜州), 합천 고을 군수로 있을 때, 태조가 그 고을을 갔다가 그를 왕비로 맞아 들였으므로 혹은 협주군(陜州君)이라 한다고 했다. 그의 원당(願堂)은 현화사(玄化寺)며 3월 25일이 기일(忌日)이다. 정릉(貞陵)에 장사지냈다. 그녀가 아들을 낳으니 그가 안종(安宗), 태조의 여덟째 아들이다. 이 외 25명의 비주(妃主) 중에는 김씨의 일이 실려 있지 않아서 더 이상은 자세히 알 수 없다. 그러나 사신(史臣)의 논도 또한 안종을 신라의 외손이라 했으니 마땅히 사전(史傳)을 옳다고 해야 마땅할 것이다.".

태조의 손자 경종景宗 주伷는 정승공政丞公, 경순왕의 딸을 비로 삼으니 이가 헌승 황후憲承皇后이다.

이에 정승 공을 봉해 상보尙父로 삼았으며, 태평흥국太平興國 3년 무인년978년에 세상을 떠나자 시호를 경순敬順이라 하였다.

상보로 책봉하는 고명誥命에서 태조는 이렇게 말했다.

"조칙詔勅하노니 희씨姬氏의 주周나라가 나라를 세운 초기에 먼저 여상呂尙, 강태공을 제후齊候로 봉했고, 유씨劉氏의 한漢나라가 창업創業했을 때 먼저 소하蕭何, 한나라의 승상를 찬후로 봉했다. 이로부터 천하는 평정되었고 널리 기업基業을 열어 주나라는 왕위가 30대나 계승되었고, 한나라는 국운國運이 4백 년이나 계속되었다. 해와 달이 빛나고 천지가 평안했으니 비록 덕으로 다스리는 군주로부터 시작되었지마는 역시 잘 보좌하는 신하로 말미암아 대업을 이루었던 것이다. 관광 순화 위국공신 상주국 낙랑왕觀光順化衛國功臣上柱國樂浪王·정승 식읍 팔천 호政丞 食邑 八千戶 김부金傅는 대대로 계림鷄林, 신라에 살고 벼슬은 왕의 작위를 나누어 받았었다. 그 영특한 기상은 넘쳤고 문장의 재능은 땅을 흔들었다. 부富는 오래 계속되었고 귀貴는 봉토封土를 가지고 있었다. 가슴 속에는 육도삼략이 들어 있고 칠종오신七縱五申, 칠종은 전략의 탁월함을, 오신은 군기가 철저함을 이르는 말임.은 손바닥 위에서 움직였다. 고려 태조는 비로소 이웃과 가까이 지내는 우호를 닦으시니 선대의 풍교風敎을 일찍부터 알았고 이내 부마임금의 사위의 혼인을 맺으니 안으로 큰 절의에 순응했다. 국가가 통일되고 임금과 신하가 삼국三國에서 합쳤으니 아름다운 이름은 널리 퍼지고 규범規範은 빛났다. 상보도성령尙父都省令의 칭호를 더하고, 추충신의숭덕수절공신推忠愼義崇德守節功臣의 칭호를 주니, 훈봉勳封은 과거와 같고 식읍食邑은 이전의 것과 아울러 만 호로 한다. 유사有司는 날을 가려 예를 갖추어 책명하고, 맡은 사람은 시행하라. 개보開寶, 송 태조의 연호 8년975 10월 일. 대광내의령大匡內議令 겸 총한림摠翰林 신臣 격선은 봉행하여 위와 같이 칙령을 받들어 직첩이 도착되는 대로 봉행한다. 개보 8년 10월 일. 시중서侍中署 · 내봉령서內奉令署 · 군부령서軍部令署 · 군부령 무서軍部令無署 · 병부령 무서兵部令無署 · 병부령서兵部令署 · 광평시랑서廣評侍郞署 · 광평시랑 무서廣評侍郞無署 · 내봉시랑 무서內奉侍郞無署 · 내봉시랑서內奉侍郞署 · 군부경 무서軍部卿無署 · 군부경서軍部卿署 · 병부경 무서兵部卿無署 · 병부경서兵部卿署 · 추충신의숭덕수절공신 상보도성령 상주국 낙랑도왕推忠愼義崇德守節功臣 尙父都省令 上柱國 樂浪都王, 식읍 만 호, 김부에게 고하노니 위와 같이 칙서를 받들고 부신符信이 이르거든 봉행하라. 주사 무명 낭중 무명 공목 무명, 개보 8년 10월 일 내림."

『사론史論』에서는 이렇게 말했다.

"신라의 박씨와 석씨는 모두 알에서 나왔고, 김씨는 금궤 속에 담기어 하늘로부터 내려왔다고 하며 혹은 황금수레를 타고 내려왔다고 하니, 이는 더욱 기괴하여 믿을 수 없는 일이다. 그러나 세상 사람들은 서로 전하며 실제로 있었던 일이라고 믿는다. 이제 다만 그 처음을 살펴보면 위에 있는 이는 그 자신을 위해서는 검소했고 남에게는 너그러웠으며, 관직의 설치는 간략했고 행사는 간단 그리고 성심껏 중국을 섬겨 배를 타고 조공하는 사신이 서로 끊어지지 않고 잇달았다. 항상 자제를 보내어 당나라의 서울에 가서 머물게 하고, 국학國學, 대학(大學)에 들여보내 공부시켰다. 이로써 성현의 풍토를 답습하고 교화를 입어 미개한 풍속을 변혁시켜 예의의 나라로 만들었다. 또한 당나라 군사의 위엄을 빌려 백제와 고구려를 평정하고, 그 땅을 얻어 군현으로 삼았으니 성세盛世라 이를 만했다. 그러나 불법佛法을 숭상한 나머지 그 폐단을 깨닫지 못하였으므로 마을마다 탑과 절을 즐비하게 세웠고, 백성들은 달아나 중이 되어 병졸과 농민은 점점 줄어들어 국가가 날로 쇠퇴해 가니 어찌 나라의 기강이 문란해지지 않으며, 멸망하지 않겠는가. 이때 경애왕은 더욱 음란한 짓을 자행하고 놀기에만 바빠 궁녀들과 좌우의 신하들과 더불어 포석정에 나가 술자리를 베풀고 즐기다가 견훤이 쳐들어오는 것은 알지 못했으니 저 문 밖의 한금호韓擒虎, 수나라 사람으로 문제(文帝) 때 군사를 거느리고 서울 금릉을 점령하고 후주(後主)를 사로잡았음. 견훤을 비유한 말와 누각 위의 장려화張麗華, 진나라 후주의 왕비. 한금호가 쳐들어오자 후주와 함께 우물 속에 숨었으나 붙잡혀서 죽음와 다름이 없었다. 경순왕이 태조에게 귀순함은 비록 어쩔 수 없어서였지만 또한 잘한 일이었다. 그때 만약 힘껏 싸워 죽음으로써 왕사王師, 고려 태조의 군사에게 대항했다가 패했더라면 반드시 종족은 멸망하고 무죄한 백성들에게까지 화가 미쳤을 것이다. 그런데 고명告命을 기다리지 않고 부고府庫를 봉封하고 군현을 기록하여 태조에게 귀순하였으니 그가 고려의 조정에 공로가 있고 백성에게 덕을 베푼 것이 매우 컸던 것이다. 옛날 전錢, 오월의 왕 전숙씨가 오월吳越의 땅을 송宋나라에 바친 일을, 소자첨蘇子瞻, 소식(蘇軾)이 그를 충신이라 일렀는데, 지금 신라의 공덕은 그보다 더욱 크다. 우리 태조는 비빈이 많고 그 자손들 또한 번성했으므로, 현종顯宗은 신라의 외손으로서 왕위에 올랐으며 그 후 왕위를 계승한 이는 모두 그의 자손이었으니 어찌 그 음덕陰德이 아니겠는가?"

신라가 국토를 바치고 나라가 멸망하니 아간阿干, 벼슬 이름 신회神會, 사람 이름는 외직外職을 그만두고 돌아와 도성都城, 경주이 황폐한 것을 보고는 슬퍼서 탄식하며 이에 노래를 지었지만, 그 노래는 전해지지 않아 알 수 없다.

남부여南扶餘 · 전백제前百濟 · 북부여北扶餘

부여군은 전 백제의 수도이다. 소부리군所夫里郡이라고도 부른다. 『삼국사기』에 의거하면, 백제의 성왕聖王 26년 무오년 봄에 수도를 사비泗沘로 옮기고 국호를 남부여라 했다고 한다그 지명은 소부리니 사비는 지금의 고성진古省津이고 소부리는 부여의 다른 이름이다.

또 토지대장에 의하면,

"소부리군은 전정田丁, 농부의 주첩柱貼이다"

라 했는데, 지금에 이르는 부여군이란 옛 이름을 되찾은 것이다. 백제 임금의 성이 부扶씨였으므로 그렇게 일컬었던 것이다. 혹 여주餘州라고도 하는데, 군의 서쪽에 있는 자복사資福寺의 고좌高座 위에 수놓은 휘장이 있는데 그 자수 무늬에서, '통화 15년 정유년 5월 어느 날 여주 공덕대사功德大寺 수장繡帳'이라고 했으며, 또 옛적에는 하남河南에 임주자사林州刺史를 두었는데 그때 지도책 중에 여주란

두 글자가 있었으니 임주는 지금 가림군佳林郡이고, 여주는 지금의 부여군이다.

백제『지리지地理志』에서는 『후한서後漢書』를 인용하여 말하기를

"삼한三韓이 모두 78국인데, 백제는 그 중의 한 나라다."

라고 했다.

『북사北史, 북조의 위나라 · 제나라 · 주나라 · 수나라, 네 왕조의 2백42년 동안의 사서(史書). 당나라의 이연수가 지음.』에서는

"백제의 동쪽 끝에는 신라가 있고, 서남 끝에 대해大海와 맞닿았으며, 북쪽으로는 한강漢江을 경계로 하였다. 도읍은 거발성居拔城 또는 고마성固麻城이라고 하며, 이 밖에 오방성五方城이 있다."

라고 했다.

『통전通典』에서는

"백제의 남쪽은 신라와 접하고, 북쪽은 고구려와 접했으며, 서쪽은 큰 바다에 닿았다"

고 했다. 『구당서舊唐書』에서는

"백제는 부여의 다른 이름으로 백제의 동북쪽은 신라며, 서쪽은 바다를 건너 월주越州, 중국의 간쑤성 · 절강성에 이르고, 남쪽은 바다를 건너 왜국倭國에 이르고, 북쪽은 고구려며, 왕이 거처하는 곳에는 동성東城과 서성西城 두 곳이 있다"

고 했다.

『삼국사기』〈본기本記〉에는 이렇게 말하였다.

"백제의 시조는 온조溫祚이며 그의 아버지는 추모왕鄒牟王이고, 주몽朱蒙이라고 부르기도 한다. 주몽은 북부여에서 피난하여 졸본부여에 이르자, 그곳 왕에게는 아들이 없고 다만 딸이 셋이 있었다. 왕은

주몽이 비상한 사람임을 알고, 둘째 딸을 그의 아내로 주었다. 얼마 안 되어 부여주卅의 왕이 죽고 주몽이 왕위를 이었다. 주몽이 두 아들을 낳으니 맏아들은 비류沸流요, 둘째는 온조溫祚였다. 그들은 후에 태자太子, 유리(琉璃)에게 인정받지 못할 것을 두려워 마침내 오간烏干・마려馬黎 등 열 명의 신하와 함께 남쪽으로 떠나자 백성들이 그들을 따라오는 이가 많았다. 마침내 한산漢山에 도착하여 부아악負兒岳에 올라가서 살 만한 곳을 찾아보았다. 비류가 바닷가에서 살고자 하자 열명의 신하가 간했다. '이 하남河南 땅은 북쪽으로는 한수漢水를 끼고, 동쪽으로는 높은 산에 의지하고, 남쪽으로는 비옥한 들판을 바라보고, 서쪽으로는 바다가 가로막고 있습니다. 그 천연의 요새와 이로운 지형을 다시 얻기 어려울 것이니 여기에 수도를 정하는 것이 더없이 좋지 않겠습니까?' 비류는 듣지 않고 그 백성을 나누어 미추홀彌鄒忽로 들어가서 살았으며, 온조는 하남의 위례성慰禮城에 도읍을 정하고 열 명 신하의 보필을 받아 나라를 세우고, 국호國號를 십제十濟라 했다. 이때가 한漢나라 성제成帝 홍가鴻佳 3년 B.C. 18년이었다. 비류는 미추홀의 땅이 습하고 물이 짜서 편안히 살 수 없으므로 온조가 사는 위례성으로 오자 온조는 그곳에 도읍을 정하고 백성들과 편안하게 살고 있었다. 비류는 자신을 부끄럽게 여기고 후회하다가 죽으니, 그의 신하와 백성들이 모두 위례성으로 돌아왔다. 훗날에 돌아온 백성들이 즐겁게 따랐다는 이유로 국호를 백제라고 고쳤다. 그리고 그들의 조상은 고구려와 마찬가지로 부여에서 나왔으므로 성씨姓氏를 해解라 했다. 그 후 성왕聖王 때에 이르러 도읍을 사비로 옮기니, 지금의 부여군이다미추홀은 인주(仁州)이고 위례성은 지금의 직산(稷山)이다."

『고전기古典記』에 이렇게 말하였다.

"동명왕東明王의 셋째 아들 온조는 전한前漢 홍가 3년 계유년B.C. 18년에 졸본부여로부터 위례성에 이르러 도읍을 정하고 왕이라 일컬었다. 14년 병진년B.C. 5년에는 도읍을 한산漢山, 지금의 광주(廣州)으로 옮겼다. 389년이 지난 13대 근초고왕近肖古王 함안咸安 원년371년에 이르러 고구려의 남평양을 빼앗아 도읍을 북한성北漢城, 지금의 양주(楊州)으로 옮겼다. 또 105년이 지나서 22대 문주왕文周王이 즉위하던 원휘元徽 3년 을묘년에는 도읍을 웅천熊川, 지금의 공주(公州)으로 옮겼다. 다시 63년이 지나 26대 성왕聖王에 이르러서는 도읍을 소부리로 옮겨 국호를 남부여라 했다. 31대 의자왕義慈王 때까지 120년 동안 이곳에 백제의 도읍이 있었다. 당나라의 현경顯慶 5년660은 의자왕 재위在位 20년으로, 이때 신라의 김유신과 당나라 소정방蘇定方이 백제를 정벌하여 평정했다. 백제에는 본디 5부部가 있어, 37군, 2백 성城, 76만 호戸로 나누어 다스렸는데, 당나라는 그 땅에 웅진熊津·마한馬韓·동명東明·금련金連·덕안德安 등 5도독부都督府를 두고, 그 추장들을 도독부 자사刺史로 삼았으나 얼마 안 가서 신라가 그 땅을 모두 합치고는 웅주熊州·전주全州·무주武州의 세 주와 여러 군현郡縣들을 두었다. 또 호암사虎岩寺에는 정사암政事巖이 있었다. 이는 나라에서 장차 재상을 뽑을 때에 뽑힐 후보 3, 4명의 이름을 써서 상자에 넣고 봉해서 바위 위에 두었다가 얼마 후에 가지고 와서 열어 보고 그 이름 위에 인印이 찍힌 사람을 재상宰相으로 삼았다. 그런 까닭으로 정사암이라 했다. 또 사비하泗沘河 가에 바위 하나가 있었는데 소정방이 일찍이 이 바위 위에 앉아서 물고기와 용을 낚았기 때문에 바위 위에는 용이 꿇어앉았던 자취가 있어 용암龍巖

이라 한다. 또 고을 안에 일산日山·오산吳山·부산浮山 등 세 산이 있는데, 백제가 전성했을 때는 저마다 신인神人이 있었는데, 각 산에 살면서 서로 날아다니며 왕래함이 아침저녁으로 끊이지 않았었다. 또 사비하 가의 절벽에 바위 하나가 있는데 10여 명이 앉을 정도이었다. 백제 왕이 왕흥사王興寺에 거둥하여 부처에게 예를 드리려고 할 때 먼저 이 바위 위에서 부처를 바라보며 절을 했는데 그 돌이 저절로 따뜻해졌으므로 난석이라 한다. 또 사비하의 양쪽 절벽은 마치 병풍을 둘러친 듯이 아름다웠다. 백제 왕이 매번 그곳에서 잔치를 베풀고 노래하고 춤추었으므로 지금도 대왕포大王浦라고 부른다. 또 시조 온조왕은 동명왕의 셋째 아들로서 몸이 크고 천성이 효성스럽고 우애가 깊었으며, 말 타기와 활 쏘기를 잘했다. 또 다루왕多婁王은 너그럽고 후했으며, 위엄과 인망이 있었다. 또 사비왕沙沸王, 혹은 사이왕(沙伊王)이라고도 한다.은 구수왕仇首王이 죽자 후에 왕위를 이었으나 나이가 어려 정사政事를 보살필 수 없었으므로 즉시 폐위하고, 고이왕古爾王이 왕위를 이었다. 어떤 이는 낙초樂初 2년 을미년에 사비왕이 세상을 떠나자 고이왕이 왕위에 올랐다고도 한다."

무왕武王

백제 제30대 무왕의 이름은 장璋이다. 그의 어머니가 과부로 서울 남쪽 못 가에 집을 짓고 살았는데, 그 못의 용과 정을 통하여 장을 낳았다. 아이 때의 이름은 서동薯童으로, 재주와 도량이 헤아리기 어려울 정도로 몹시 컸다. 늘 마를 캐다 파는 것을 생업으로 삼았으므로 나라의 사람들이 그 때문에 서동이라 불렀다.

그는 신라 진평왕眞平王의 셋째 공주 선화善花, 혹은 선화(善化)라고도 쓴다.가 매우 아름답다는 말을 듣고, 머리를 깎고 신라의 서울로 가서 동네 아이들에게 마를 나누어 주며 친해지니, 아이들이 그를 잘 따랐다.

그는 노래를 지어 여러 아이들에게 가르치고 꾀어 노래를 부르고 다니게 했는데, 그 노래는 다음과 같다.

선화 공주님은
남 몰래 짝지어 두고
서동방서동을 밤에 몰래 안고 간다.

노래가 서울에 가득 퍼져 마침내 대궐에까지 들어가 모든 신하가 임금에게 간곡히 간하여 공주를 먼 곳으로 귀양 보내게 했다. 귀양을 떠나는 공주에게 왕후는 순금 한 말을 노자로 주었다. 공주가 귀양지에 도착할 무렵 서동이 나와 절하면서 모시고 가겠다고 했다. 공주는 비록 그가 어디서 온 사람인지 알지 못했지만 믿음직스럽게 보여 서동을 따라가게 되었고 몰래 정을 통했다.

그런 후에야 서동의 이름을 알았고, 노래가 불린 연유도 알게 되었다. 함께 백제로 와서 어머니가 준 금을 꺼내어 생계를 도모하려 하자 서동이 크게 웃으면서 물었다.

"공주, 이것이 무엇이오?"

공주가 말했다.

"이것은 황금인데 평생 동안 부富를 누릴 수 있습니다."

"내가 어려서부터 마를 캐던 곳에는 이것이 흙처럼 많이 쌓여 있소."

공주는 이 말을 듣고 깜짝 놀라면서 말했다.

"이것은 천하의 진귀한 보배입니다. 당신이 지금 그 금이 있는 곳을 알면, 그 보물을 부모님이 계시는 궁궐로 보내 드리는 것이 어떻겠습니까?"

서동이 말했다.

"좋소."

금을 많이 모아 언덕처럼 쌓았으므로, 용화산龍華山, 지금 익산益山의 미륵산 사자사師子寺의 지명 법사知命法師에게 금을 신라의 궁궐로 운반할 계책을 묻자 법사가 말했다.

"내가 신통력으로 보낼 수 있으니 금을 가져오시오."

공주가 편지를 써서 금과 함께 사자사 앞에 갖다 놓자 지명 법사가 신통력으로 하룻밤에 신라 궁궐로 보냈다. 진평왕은 이 신비로운 일을 이상히 여겨 서동을 존경해서 늘 편지를 보내어 안부를 물었다. 서동은 이로 말미암아 인심을 얻어 마침내 백제의 왕위에 올랐다.

어느 날 무왕이 부인과 함께 사자사에 가려고 용화산 아래 큰 못가에 이르자 미륵삼존彌勒三尊이 못 속에서 나타나므로 수레를 멈추고 절을 올렸다. 공주가 왕에게 말했다.

"이곳에 큰 절을 세워야 하겠습니다. 제 소원입니다."

무왕이 이를 허락하고, 지명 법사에게 가서 못을 메울 일을 물었다. 법사는 신통력으로 하룻밤 사이에 산을 무너뜨려 못을 메워 평지로 만들었다. 미륵법상 세 개를 만들고, 회전回殿, 불각佛閣과 탑과 낭무廊廡를 각각 세 곳에 세우고 절의 이름을 미륵사彌勒寺『국사』에서는 왕흥사(王興寺)라 했다.라 했다. 진평왕眞平王이 여러 공인工人을 보내어 역사를 도와주었다. 절은 지금도 남아 있다『삼국사기』에는 무왕을 법왕(法王)의 아들이라 했는데, 여기서는 독녀(獨女) 과부의 아들이라 했으나, 자세히 알 수는 없는 일이다.

후백제後百濟의 견훤甄萱

『삼국사기』〈본전本傳〉에 이렇게 말하였다.

"견훤은 상주尙州 가은현加恩縣 사람으로 함통咸通, 당 의종(懿宗)의 연호 8년 정해년867년에 태어났다. 본래의 성은 이李씨였는데, 후에 성을 견甄씨라 했다. 그의 아버지 아자개阿慈介는 농사를 짓는 사람이었는데, 광계光啓 연간에 사불성沙弗城, 지금의 상주을 차지하고 스스로 장군이라 일컬었다. 그에게는 아들이 네 명 있었는데, 모두 세상에 이름이 알려졌으며, 그 중에도 견훤은 더욱 뛰어났고 지략智略이 많았다."

고 한다.

『이제가기李磾家記』에서는 이렇게 말했다.

"진흥대왕眞興大王의 비 사도思刀의 시호는 백융 부인이다. 그의 셋째 아들 구륜공仇輪公의 아들인 파진간波珍干 선품善品의 아들 각간 작진酌珍이 왕교파리王咬巴里를 아내로 맞아 각기 원선元善을 낳았는데, 그가 바로 아자개이다. 아자개의 첫째 부인은 상원 부인上院

夫人이고, 둘째 부인은 남원 부인南院夫人으로 아들 다섯과 딸 하나를 낳았다. 그의 맏아들이 상보尙父 견훤甄萱이요, 둘째 아들이 장군 능애能哀요, 셋째 아들이 장군 용개龍蓋요, 넷째 아들이 보개寶蓋요, 다섯째 아들이 장군 소개小蓋며, 딸은 대주도금大主刀金이다."

또 『고기古記』에는 이런 이야기가 기록되어 있다.

옛날에 한 부자가 광주光州 북촌北村에 살고 있었다. 그에겐 딸 하나가 있었는데, 용모가 매우 단정했다.

어느 날 딸이 아버지에게 말했다.

"매번 자주색 옷을 입은 남자가 제 침실에 들어와서 관계를 맺고 갑니다."

그러자 아버지가 딸에게 일렀다.

"네가 긴 실을 바늘에 꿰어 가지고 있다가 그 남자의 옷에 꽂아라."

딸은 아버지의 말에 따랐다. 날이 밝자 실을 따라 북쪽 담 밑으로 가자 바늘이 큰 지렁이의 허리에 꽂혀 있었다. 그 후 딸은 아기를 배었고 사내아이를 낳았는데, 아이는 나이 15세가 되자 자신을 스스로 견훤이라 일컬었다.

견훤은 경복景福, 당 소종(昭宗)의 연호 원년 임자년892년에 자신을 왕이라 일컫고, 도읍을 완산군完山郡, 지금의 전주에 정했다.

나라를 다스린 지 43년 되는 청태淸泰 원년 갑오년934년에 견훤의 세 아들 신검神劍·용검龍劍·양검良劍이 반역했으므로 견훤은 고려 태조를 찾아가서 항복했다. 그리고 그의 아들 금강金剛, 신검(神劍)의 잘못된 표기. 금강은 신검에게 살해되어 왕위에 오르지 못했다.이 왕위에 올랐다.

천복天福, 후진(後晉) 고조(高祖)의 연호 원년 병신년936년에 고려 군사와 일선군一善郡, 지금의 선산(善山)에서 전쟁을 벌였는데 패전하여 나라가 망했다.

견훤이 태어나 젖먹이일 때의 일이다. 그의 아버지는 들에서 밭을 갈고 있었고, 어머니는 아버지에게 밥을 갖다주러 갔다. 그 사이 젖먹이는 수풀 아래에 뉘어 두었는데 호랑이가 와서 젖을 먹여 주었다. 마을 사람들은 이 말을 듣고는 이상히 여겼다.

그는 장성하면서 모습이 웅장하고 기이했으며, 지닌 뜻이 크고 비범했다.

군인이 되어 서울로 들어가서 서남쪽 바닷가 국경을 지킬 때, 창을 베고 누워 적군을 기다렸다. 그의 용기는 보통 때에도 항상 사졸士卒들을 앞섰으며, 마침내 공로를 세워 비장裨將이 되었다.

당나라 소종昭宗 경복景福 원년은 신라 진성왕 재위 6년892년인데, 이때 임금에게 아첨하여 총애를 받는 신하들이 임금 가까이에 있으면서 국권을 마음대로 조종하여 기강이 몹시 문란해졌다. 게다가 흉년이 겹치자, 백성들이 굶주림 때문에 전국 곳곳에 떠돌아다니고 많은 도둑 떼가 일어났다.

그러자 견훤은 몰래 배반할 마음을 품고 무리들을 모아 서울 서남쪽 주현州縣을 공격했다. 그가 이르는 곳마다 백성들로부터 많은 호응을 얻어 한 달 사이에 무리가 5천 명으로 늘어나 세력이 커졌다. 드디어 무진주武珍州, 지금의 광주를 습격하여 스스로 왕이 되었으나, 그래도 감히 왕이라 일컫지 못하고 스스로 '신라서면 도통행 전주자사 겸 어사중승상주국 한남군개국공新羅西面 都統行 全州刺史 兼 御史中承上柱國 漢南郡開國公'이라 했으니, 용화龍化 원년 기유년889년의 일이다. 혹 경복景福 원년 임자년892년이라고도 한다.

이때 북원北原의 도둑 양길良吉의 세력이 날로 강성해지니 궁예弓裔는 양길에게 스스로 투항하여 그의 부하가 되었다. 견훤은 그 소식을 듣고 멀리서 양길에게 비장직裨將職을 주었다. 견훤이 서쪽으로 순시하여 완산주完山州, 지금의 전주(全州)에 이르자 주민이 맞이하며 위로하였다. 견훤은 인심을 얻은 것을 기뻐하여 좌우 사람에게 말했다.

"백제가 나라를 세운 지 6백여 년에, 당나라 고종高宗은 신라의 요청으로 장군 소정방蘇定方을 보내어 수군 13만 명으로 바다를 건너오고, 신라의 김유신은 군사를 거느리고 황산黃山을 거쳐서 당군과 합세하여 백제를 쳐서 멸망시켰소. 그러니 내가 어찌 나라의 도읍을 세워 옛날 백제의 원한을 씻지 않을 수 있겠소?"

마침내 그는 스스로 후백제의 왕이라 일컫고 관직을 설치했다. 이때가 당나라의 광화光化 3년이요, 신라의 효공왕孝恭王 4년900이었다.

정명貞明 4년 무인년918년에 철원경鐵原京의 민심이 갑자기 바뀌어 궁예를 쫓아내고 왕건을 고려 태조를 추대하여 왕위에 오르게 하였다. 견훤이 이 소식을 듣고 사신을 보내어 축하하고 또 공작선孔雀扇과 지리산의 대화살 등을 바쳤다.

견훤은 고려 태조와 겉으로는 화친하면서 속으로는 몹시 시기하였다. 태조에게 총마驄馬를 바치는가 하면, 동광同光, 후당(後唐) 장종(莊宗)의 연호 3년925 겨울 10월에는 기병 3천 명을 거느리고 조물성曹物城, 지금 어디인지 알 수 없다.까지 이르렀다. 태조도 또한 정병精兵을 거느리고 나와 그와 싸웠으나 견훤의 군사가 날새어 승부를 낼 수 없었으므로, 태조는 임시방편으로 화친하여 견훤의 군사들이 피로해질 때까지 시간을 끌기 위해 서신을 보내어 화친을 청했다. 이에 따라 태조는 종제從弟 왕신王信을 볼모로 견훤에게 보냈고, 견훤은 자신의 사위 진호眞虎를 볼모로 고려에 보냈다.

12월에 견훤은 신라의 거서居西, 지금은 어디인지 알 수 없다. 등 20여 성을 공격하여 빼앗고, 사자使者를 후당後唐에 보내어 스스로를 속국이라고 일컬었으니, 후당後唐에서는 그에게 검교태위 겸 시중판백제군사檢校太尉 兼 侍中判百濟軍事로 책봉하고, 예전대로 도독행 전주자사 해동사면도통 지휘병마판치 등사 백제왕都督行 全州刺史 海東四面都統 指揮兵馬判置 等事 百濟王이라 인정하고 식읍食邑을 1,500호戶로 하였다.

동광同光 4년926에 진호眞虎가 갑자기 죽자 견훤은 고려에서 고의로 죽였다고 의심하여 즉시 왕신王信을 가두고 사람을 보내어 지난해에 보냈던 총마를 돌려보내 주기를 청하자 태조는 웃으면서 돌려보내었다. 천성天成, 후당 명종의 연호 2년 정해년927년 9월에 견훤은 근품성近品城, 지금의 산양현(山陽縣)을 공격하여 빼앗고 그 성을 불지르니 신라의 왕은 고려 태조에게 구원을 요청했다. 태조가 출병出兵하려 하는데, 견훤은 고울부高鬱府, 지금의 울주(蔚州)를 습격해서 빼앗고 족시림族始林, 혹은 계림서교鷄林西郊라고도 한다.으로 진군하여 갑자기 신라 서울로 쳐들어갔다. 이때 신라의 경애왕은 왕비와 함께 포석정鮑石亭에 나가 놀이를 즐기다가 낭패를 당했다. 견훤은 왕비를 능욕하고, 왕의 족제族弟 김부金傅로 왕위를 잇게 하고는 왕의 아우 효렴孝廉과 재상 영경英景을 사로잡고, 또 신라의 보물과 무기와 자제들이며 여러 기술이 빼어난 이를 모두 데리고 돌아갔다.

태조는 잘 훈련된 기병騎兵 5천 명을 거느리고 공산公山, 지금의 대구 팔공산 아래에서 견훤을 맞이하여 크게 싸웠다. 태조의 장수 김락

金樂과 신숭겸申崇謙은 여기에서 죽었고 고려군이 크게 패했으며 태조도 겨우 죽음을 면하였다. 이제는 견훤에게 대항하지 못하므로 견훤이 죄악을 많이 범해도 내버려 둘 수밖에 없었다.

견훤은 공산 싸움에서 이긴 기세를 타고 대목성大木城, 지금의 약목(若木)과 경산부京山府, 지금의 성주와 강주康州, 지금의 진주를 약탈하고 부곡성缶谷城을 공격하자 의성부義城府의 태수 홍술洪術이 그를 맞아 싸우다가 죽었다. 태조는 이 소식을 듣고 말했다.

"짐의 오른손을 잃었구나."

42년 경인년930년에 견훤은 고창군古昌郡, 지금의 안동을 공격하려고, 군사를 이끌고 석산石山에 진을 쳤다. 태조는 백 보 가량 떨어진 북쪽 고을 병산甁山에 진을 쳤다. 여러 번 싸워 견훤이 패했고, 시랑侍郞 김악金渥을 포로로 잡았다. 그 이튿날 견훤이 군사를 거두어 순주성順州城, 순흥(順興)을 습격하여 성을 부수니 성주 원봉元逢은 막을 수가 없어 성을 버리고 밤에 달아났다. 태조는 크게 노하여 그 순주성의 격格을 낮추어 하지현下枝縣, 지금의 풍산현(豊山縣)이니 원봉(元逢)이 본래 순주성(順州城) 사람인 까닭이다.으로 삼았다.

신라의 임금과 신하들은 신라가 다시 일어서기 어려울 것을 알고 고려의 태조를 끌어들여 우호 관계를 맺고 후원을 삼으려 했다. 견훤이 이 소식을 듣고 또 신라의 서울에 쳐들어가 포악한 짓을 하려 했으나, 혹시 태조가 먼저 들어갈까 염려되어 태조에게 서신을 보냈다.

"지난번에 신라의 재상 김웅렴金雄廉 등이 장차 족하足下, 태조를 가리킴를 서울로 불러들이려 했던 것은 작은 자라가 큰 자라의 소리에 호응하고 종달새가 매의 날개를 찢으려 함이니 반드시 백성들을 도탄에 빠뜨리고 종묘와 사직을 폐허로 만들었을 것이오. 그러므로 나는 먼저 조적중국 동진(東晉)의 무장의 채찍을 잡고 홀로 한금호韓擒虎의 도끼를 휘둘러, 백관百官에게 밝은 해처럼 맹세하고 신라의 6부를 의리 있는 풍도로 설득했는데, 뜻밖에 간신은 달아나고 경애왕은 세상을 떠나셨소. 마침내 경명왕의 표제表弟, 외종제(外從弟), 즉 경순왕인 헌강왕의 외손을 받들어 왕위에 오르게 하니 위태롭던 나라가 다시 세워지고, 없던 임금이 있게 되었소. 그런데도 족하는 나의 충고를 살피지 않고 다만 떠도는 말만을 듣고 온갖 계책으로 몰래 나를 엿보고 여러 방법으로 나를 침노했으나, 아직껏 내 말머리도 볼 수 없었고 내 털 하나도 뽑을 수 없었소. 이 초겨울에는 도都의 우두머리 색상素湘이 성산진星山陣 아래에서 항복했고, 이번 달에는 좌장左將 김락金樂이 미리사美利寺, 경북 달성군 소재 앞에서 전사했으며, 그 밖에 죽인 사람도 많고 사로잡은 사람도 적지 않았소. 강하고 약함이 이와 같으니 누가 승리하고 누가 패할 것인가도 잘 알 수 있을 것이오. 내가 바라는 일은 내 활을 평양성의 문루에 걸고 내 말에게 대동강의 물을 마시게 하는 일이오. 그러나 지난달 7일에 오월국吳越國의 사신 반상서班尙書가 국왕의 조서詔書를 가지고 와서 전했는데, '경卿이 고려와 오랫동안 화호和好를 통하고 서로 이웃 나라와 맹약盟約을 맺은 줄 알고 있는데, 근래에 쌍방의 볼모가 다 죽은 일로 마침내 화친의 옛 정을 저버리고 서로 국경을 침범하며 전쟁이 그치지 아니하므로 지금 사신을 보내어 경卿을 본도本道로 보내고, 또 고려에도 글을 보내니 각기 서로 친목하여 영구히 평화를 도모하도록 하오' 라고 했소. 나는 왕실을 높이는 일에 뜻을 깊게 하고, 대국을 섬기기 때문에, 이제 오월 왕의 조유詔諭, 조칙으로 타이름를 듣고 즉시 그 명령을 공손히 받들려고 하오. 다만, 염려되는 것은 족하가 싸움을 그만

두려 해도 둘 수 없으므로 곤궁하면서도 오히려 싸우려 할까 염려되오. 이제 그 조서를 적어 보내니 자세히 살피기 바라오. 토끼와 사냥개가 다 피곤하면 마침내 반드시 비웃음을 받을 것이요, 조개와 황새가 서로 버티면 또한 남의 웃음거리가 되는 것이니, 마땅히 끝까지 어리석어 깨닫지 못하고 잘못을 거듭함을 경계하여, 후회하는 일은 스스로 초래하지 말도록 하오."

천성天成 2년927 정원에 태조가 답서를 보내었다.

"삼가 오월국 통화사通和使 반상서班尙書가 전한 조서의 글 1통을 받들었고, 족하足下, 견훤을 가리킴가 준 긴 편지 사연도 받아 보았소. 화려한 수레를 탄 오월국 사신이 조서를 가지고 와서 좋은 소식과 아울러 가르침도 입었소. 조서를 받고서 비록 감격을 더했으나, 족하의 편지를 읽어 보니 혐의를 떨치기 어려웠소. 이제 돌아가는 사신 편에 내 심정을 펼쳐 보이려 하오.

나는 위로 천명을 받들고 아래로 백성의 추대에 못 이겨 외람되게 장수의 권한을 맡아 천하를 다스릴 기회를 얻었소.

지난번 삼한三韓에 액운이 들어 구주九州, 모든 지역가 흉년으로 황폐해져 많은 백성들이 황건적黃巾賊, 도둑이 되고, 대부분의 전답은 추수할 곡식이 없는 빈 땅이었소. 이에 전란의 소란함을 그치게 하고 나라의 재난을 구하려고 스스로 이웃 나라와 친목하여 우호를 맺었더니, 과연 수천 리 국토가 농사를 짓는 즐거움을 누렸고, 7, 8년 동안 사졸士卒들은 한가롭게 쉴 수 있었소. 그런데 계유년에 이르러 10월에 갑자기 일이 생겨 싸움을 하기에까지 이르렀소.

족하는 적을 가벼이 여겨 곧장 달려드는 것이 마치 버마재비가 팔을 벌려 수레바퀴를 막는 것과 같더니, 마침내 어려움을 알고 급히 물러감은 마치 모기가 산을 짊어지는 것과 같았소.

　공손히 하늘을 가리켜 맹세하기를 오늘부터는 길이 화목하겠는데 혹시 맹세를 어긴다면 신이 벌을 줄 것이라 했소. 나도 역시 전쟁을 하지 않는 무武를 숭상하고 사람을 죽이지 않는 어짊을 기약하여, 마침내 여러 겹의 포위를 풀어 피곤한 병사들을 쉬게 하고 볼모를 석방함도 거절하지 않고, 다만 백성들을 편안케 하려 하였소.

　이것은 바로 내가 남방후백제 백성들에게 큰 덕을 베푼 것인데, 맹약盟約을 맺은 지 얼마 되지도 않아 흉악한 세력이 다시 일어나, 벌과 전갈 같은 독기로 백성을 해치고 이리와 호랑이 같은 난폭함으로 기전畿甸, 경기 땅을 가로막아 금성金城, 신라 서울이 궁색해지고 왕궁이 몹시 놀라게 될 줄이야 어찌 알기나 했겠소.

　의를 지키며 주 왕실周王室을 높였으니 그 누가 환공桓公·문공文公의 패업霸業과 같으며 기회를 타서 한 왕조漢王朝를 도모하니, 오직 왕망王莽·동탁董卓의 간계가 아닌가 생각하오.

　그러므로 지존한 왕으로서 몸을 굽혀 그대를 족하라고 일컫게 했으니, 존비尊卑는 차례를 잃어 상하가 같이 근심하여 말하기를, '원보元輔의 충순忠純함이 아니면 어찌 다시 나라를 편안하게 할 수 있으리요' 라고 하였소.

　나의 마음에는 악함이 없고 뜻은 왕실을 높임에 간절하므로, 장차 조정을 구원하고 나라를 위태로움에서 구하려고 했는데, 족하는 작은 이익을 보고 천지와 같은 후한 은혜를 잊고 임금을 무참히 죽이고, 궁궐을 불사르며, 대신을 죽이고, 일반 백성을 도륙하며, 궁녀는 잡아서 수레에 싣고, 보물은 약탈해 실으니, 그 흉악함은 걸왕桀王·주왕紂王보다 더하고, 어질지 못함은 경아비를 잡아먹는 짐승과 올빼미

어미를 잡아먹는 새보다도 심했었소.

　나는 하늘이 무너진 원한왕의 죽음을 뜻함이 극에 달했고, 노양공魯陽公이 전쟁할 때 창을 뒤로 돌린 깊은 정성으로 매가 참새를 좇듯이 나라에 충성을 다하려 했소.

　다시 군사를 일으킨 지 이미 두 해가 지났소. 육전陸戰에 있어서는 천둥 번개처럼 빨리 달렸고, 수전에 있어서는 마치 호랑이와 용처럼 용맹스럽게 쳐서 군사를 움직이면 반드시 공을 이루었고, 일을 도모해서는 헛됨이 없었소.

　윤경尹卿을 해안에서 쫓으니 무기가 산더미처럼 쌓였고, 추조雛造를 성성城 주위에서 잡았을 때는 엎어진 시체가 들판을 덮었으며, 연산군燕山郡에서는 길환吉奐을 군사들 앞에서 목 베었고, 마리성馬利城, 이산군(伊山郡)인 듯하다. 근처에서는 수오隨晤를 깃발 아래에서 죽였으며, 임존성任存成, 지금의 대흥군(大興郡)을 뺏던 날에는 형적刑積 등 수백 명이 목숨을 잃었고, 청천현淸川縣, 상주령(尙州領) 내의 현 이름을 함락했을 때는 직심直心 등 4, 5명이 머리를 바쳤었소.

　동수桐藪, 지금의 동화사(桐華寺)에 있던 군사들은 깃발만 바라보고도 달아나 흩어졌고, 경산京山, 성주星州은 입에 구슬을 머금고 항복했으며, 강주康州, 진주晉州는 남에서 와서 귀순했고, 나주羅州는 서에서 와서 소속되었소. 공략攻略한 곳이 이와 같았으니 수복될 날이 어찌 멀다 하겠소.

　기필코 저수低水 군영에서 장이張耳의 묵은 원한을 씻고 오강烏江 기슭에서 한왕漢王, 한나라 고조이 한 차례 승리한 일전一戰 마음을 이룩하여, 마침내 풍파를 그치게 하고 영원히 천하를 맑게 할 것이오.

　하늘이 우리를 도울 것이니, 천명이 어디로 돌아가겠소! 더구나 오월 왕 전하의 덕은 먼 지역에 있는 사람들을 포섭하고, 그 어짊은 작은 나라까지 감싸 주는데, 특히 대철에서 조서를 내려 동방에서 난리를 그치라고 조서를 내렸으니 가르침을 어찌 감히 받들지 않겠소.

만약 족하가 조서를 받들어 무기를 버린다면, 비단 상국上國, 오월국의 어진 은혜에만 보답하는 것이 아니라 동방의 끊어진 실마리를 계승할 수 있게 될 것이오. 만약에 허물을 짓고서도 고치지 않는다면 그때 가서 후회해도 소용이 없을 것이오이 글은 최치원(崔致遠)이 지은 것이다.”

장흥長興, 후당(後唐) 명종의 연호 3년928에 견훤의 신하 공직襲直은 용맹하고 지략智略이 있었는데, 태조에게 와서 항복했다. 견훤은 공직의 두 아들과 딸을 잡아다가 다리의 힘줄을 불로 지져 끊었다.

가을9월에 견훤은 일길一吉을 보내어 수군을 이끌고 고려 예성강禮成江에 들어와 3일 동안 머물면서 염주鹽州·백주白州·진주眞州 세 곳의 배 백 척을 불사르고 돌아갔다.

청태淸泰 원년 갑오년934년에 견훤은 태조가 운주運州, 자세히 알 수 없다.에 주둔하고 있다는 말을 듣고, 갑옷 입은 병사들을 뽑아 보냈다. 그러나 미처 진영에 도착하기도 전에 태조의 장군 유금필庾黔弼의 날랜 기병騎兵에게 공격당해 3천 명의 목을 베니, 웅진熊津, 지금의 공주 이북의 30여 성이 소문만 듣고 자진해서 항복했고, 견훤의 휘하에 있던 술사術士 종훈宗訓, 의원 지겸之謙, 용장 상봉尙逢과 최필崔弼 등이 태조에게 항복했다.

병신년 정월 견훤이 아들에게 말했다.

"노부老父, 견훤이 자기를 가리킴가 신라 말기에 후백제를 세워 지금 여러 해가 되었는데 군사가 북군고려군보다 배나 되면서 오히려 그들을 이기지 못하니, 아마 하늘이 고려를 돕는 것 같다. 어찌 북왕北王, 고려 왕에게 귀순하여 생명을 보전하지 않을 수 있겠는가?"

그러나 그 아들 신검神劍・용검龍劍・양검良劍 등 세 사람은 응하지 않았다.

『이제가기』에 이렇게 기록되어 있다.

"견훤에게는 자식이 9명 있었으니, 맏아들은 신검혹은 견성(甄城)이라고도 한다.이요, 둘째는 태사 겸뇌太師 謙腦요, 셋째는 좌승 용술左承 龍述이요, 넷째는 태사 총지聰智요, 다섯째는 대아간 종우大阿干 宗祐요, 여섯째는 이름이 전하지 않고, 일곱째는 좌승 위흥左承 位興이요, 여덟째는 태사 청구靑丘이며, 딸은 국대 부인國大夫人이니, 모두 상원부인上院夫人이 낳은 자식이다."

견훤은 아내와 첩이 많아서 아들 10여 명을 두었는데, 넷째 아들 금강金剛은 키도 크고 지혜가 많으므로 견훤이 특별히 그를 사랑하여 왕위를 그에게 전하려 마음먹었다. 그의 형 신검・양검・용검이 그것을 알고 매우 근심하고 번민했다.

이때 양검은 강주도독康州都督으로 있었고, 용검은 무주도독武州都督, 무진주(武珍州)에 있었으므로 신검만이 견훤의 곁에 있었.

이찬 능환能奐이 사람을 강주와 무주에 보내어 양검, 용검과 더불어 모의했다. 청태淸泰 2년 을미년935년 이른봄 3월에 영순英順 등과 함께 신검에게 권유하여 견훤을 금산사金山寺에 가두고 사람을 보내어 금강을 죽이고는 신검은 스스로 대왕이라 일컫고 경내境內의 모든 죄인을 사면해 주었다.

처음에 견훤이 아직 잠자리에서 일어나기 전인데 멀리 궁정에서 떠들썩한 소리가 들렸으므로 이것이 무슨 소리냐고 묻자 신검이 그 아버지에게 아뢰었다.

"왕께서 연로하셔서 정사에 어두우시므로 장차 신검이 부왕父王의 자리를 대리하여 다스리게 되니, 여러 장수들이 기뻐서 축하하는 소리입니다."

얼마 후에 신검은 아버지를 금산사로 옮기고 파달巴達 등 장사 30명으로 하여금 굳게 지키게 했다. 이때 이런 동요가 나왔다.

가엾은 완산完山 아이는
아비를 잃고 울고 있네.

견훤은 후궁과 나이 어린 남녀 두 명과 시비 고비녀古比女와 나인 능예남能乂男 등과 함께 갇혀 있었다. 4월이 되자 술을 빚어서 지키는 군사 30명에게 먹여 취하게 하고는 고려로 도망해 오자 태조가 소원보 향우小元甫 香又·오염吳琰·충질忠質 등을 보내어 바닷길로 가서 그를 맞이하게 했다.

견훤이 고려에 도착하자 태조는 견훤의 나이가 자기보다 10년이나 위이므로 존칭하여 상보尙父라 존칭하고 남궁南宮에 머물게 하고 양주楊州를 식읍, 전장田庄과 노비 40명과 말 아홉 필을 내리고, 후백제에서 먼저 와서 항복한 신강信康을 아전으로 삼았다.

견훤의 사위인 장군 영규英規가 그 아내에게 은밀히 말했다.

"대왕견훤께서 40여 년 동안 애쓰셔서 공업功業이 거의 이루어지려 했는데 하루 아침에 집안의 불화로 나라를 잃고 고려로 가시었소. 열녀烈女는 두 남편을 받들지 않으며, 충신은 두 임금을 섬기지 않는 법이오, 만약 내가 임금을 버리고 반역한 아들 신검을 섬긴다면 무슨 면목으로 천하의 의로운 사람들을 대할 수 있겠소. 더구나 내가 들으니, 고려 왕공王公, 태조은 어질고 후덕하며 근검하고 검소하여 민심을 얻었다 하니, 아마도 그는 하늘이 도와 반드시 삼한三韓의 임금이 될 것이오. 그러니 글을 보내어 우리의 임금을 위안하고, 또한 왕공에게도 은근히 하여 후일을 도모해야 하지 않겠소."

"당신의 말씀은 곧 제 뜻입니다."

천복天福 원년 병신년936년 2월에 사람을 보내어 태조에게 자신의 뜻을 전했다.

"임금께서 의로운 깃발을 들면, 저는 성 안에서 호응하여 왕사王師, 고려군를 맞이하겠습니다."

태조는 기뻐하여 그의 사신에게 예물을 후하게 내리고 돌려보내며 영규에게 감사를 표했다.

"만약 장군의 은혜를 입어 한번 합세하여 길에서 가로막힘이 없게 되면, 곧 먼저 장군을 뵌 다음에 당堂에 올라가서 부인께 절하여 장군을 형으로 섬기고 부인을 형수로 받들어 반드시 후히 보답하겠소. 천지신명도 모두 이 말을 들을 것이오."

6월에 견훤이 태조에게 말하였다.

"노신老臣이 전하께 항복해 온 까닭은 전하의 위엄으로써 반역한 자식을 죽이기 원해서입니다. 삼가 바라옵건대 대왕께서는 신병神兵을 빌려 주시어 그 적자賊子와 난신亂臣들을 죽이게 해 주십시오. 그러면 신은 비록 죽더라도 한이 없겠습니다."

태조가 말하였다.

"그들을 토벌하지 않으려는 것이 아니라, 그 시기를 기다리고 있는 것이오."

태조는 먼저 태자 무武와 장군 술희術希를 보내어 보병과 기병 10만 명을 거느리고 천안부天安府로 달려가게 했다.

가을 9월에 태조는 3군을 거느리고 천안에 이르러, 군사를 합하여 일선군一善郡으로 진군하여 주둔하자 신검이 군사를 거느리고 와서 막았다.

갑오일甲午日에 일이천一利川을 사이에 두고 서로 대치했는데, 고려군은 동북방을 등지고 서남방을 향해 진을 쳤다. 태조가 견훤과 함께 군軍을 사열하는데, 문득 칼과 창 모양으로 된 흰구름이 아군 진영 쪽에서 일어나 적군의 진영 쪽으로 향하여 갔다. 이에 북을 치고 나가자, 후백제의 장군 효봉孝奉·덕술德述·애술哀述·명길明吉 등이 고려 군사의 형세가 크고 질서가 정연한 것을 보고 그만 갑옷을 버리고 태조 앞에 와서 항복했다. 태조는 그들을 위로하고 신검 등이 있는 것을 묻자, 효봉孝奉이 말했다.

"원수元帥 신검은 중군中軍에 있습니다."

태조가 장군 공훤公萱 등에게 명령하여 삼군이 동시에 나아가 양쪽에서 들이치니, 후백제군의 진영이 무너지며 모두 달아났다. 황산 탄현黃山 炭峴에 도착하자 신검은 두 아우 양검·용검과 장군 부달富達·능환能奐 등 40여 명과 함께 항복했다. 태조는 그들의 항복을 받고, 나머지 모두를 위로하고는 처자와 함께 서울로 돌아가 살게 하였다.

태조는 능환에게 물었다.

"처음에 양검 등과 비밀리에 모의하여, 대왕견훤을 가두고 그들을 세운 일은 네 계책이니 신하된 도리로써 어떻게 그럴 수가 있었느냐?"

능환은 머리를 숙이고 대답을 하지 못했다. 태조는 그를 목 베어 죽였다. 또 신검은 자신이 왕위에 오른 것은 자신의 본심은 아니었다고 하고, 또 항복하여 죄를 뉘우치고, 목숨을 애걸하므로, 태조는 특별히 용서해 죽음만은 면케 했다. 그러자 견훤은 분하게 여겨 등창이 나서 며칠 만에 황산불사黃山佛舍에서 죽으니 이때가 9월 8일이며 나이는 70세였다.

태조는 군령軍令이 엄하고 분명하여, 사졸士卒들이 추호도 남의 것을 범하지 않았으므로, 주현州縣이 편안하여 늙은이와 어린아이가 모두 만세를 불렀다.

태조가 영규에게 일렀다.

"전왕前王, 견훤이 나라를 잃은 후, 그의 신하였던 사람 중에 한 사람도 그분을 위로해 주는 사람이 없었는데, 오직 경의 부부만이 천리 밖에서도 그분에게 서신을 보내어 성의를 보였고 아울러 짐에게 아름다운 명예를 돌리니, 내 어찌 그 의를 잊을 수 있겠소."

태조는 영규에게 좌승左承이란 벼슬과 밭 천 경頃을 내렸으며, 역마驛馬 35필을 빌려 주어 가족들을 맞아 오게 하고 그 두 아들에게도 벼슬을 내렸다.

견훤은 당의 경복景福 원년892년에 나라를 일으켜 진晉의 천복天福 원년936년까지 모두 45년 동안을 다스리다가 병신년에 멸망하였다.

『사론史論』에는 이렇게 말하였다.

"신라는 운이 다하고 도道를 잃어 하늘이 돕지 않고 백성들이 따르지 않게 되니 이에 뭇 도둑들이 틈을 타서 일어나 마치 고슴도치의 털처럼 되었는데, 그 중에 강한 도적은 궁예와 견훤 두 사람뿐이었다.

궁예는 본래 신라의 왕자였는데 도리어 제 나라를 원수로 삼아, 선조의 화상을 칼로 베기까지 했으니 그 어질지 못함이 너무 심했다. 견훤은 신라의 신하로서 일어나, 신라의 국록國祿을 먹고도 나쁜 마음을 품고, 나라의 위태로움을 기회 삼아, 신라의 수도로 쳐들어가 임금과 신하를 마치 짐승처럼 여겼으니, 그는 실로 천하의 원흉元兇이다.

그러므로 궁예는 그 신하에게서 버림을 받았고, 견훤은 그 아들에게서 화가 생겼으니 모두 스스로 만든 일이니 누구를 원망하겠는가? 비록 항우項羽나 이밀李密 같은 뛰어난 재주를 가진 장수들도 한漢나라와 당나라가 일어나매 대적하지 못했는데, 하물며 궁예나 견훤 같은 악한 인간이 어찌 고려 태조에게 대항할 수 있었겠는가."

가락국기駕洛國記

고려 문종文宗 때 대강大康, 요(遼) 흥종(興宗)의 연호 연간에 금관金官, 지금의 김해 지주사知州事로 있던 사람이 지었다. 여기에 그 글의 개요를 간추려 싣는다.

천지가 개벽한 이후로 이 땅에는 아직 나라의 이름도 없고, 또 왕과 신하의 칭호도 없었다. 이때 아도간我刀干·여도간汝刀干·피도간彼刀干·오도간五刀干·유수간留水干·유천간留天干·신천간神天干·오천간五天干·신귀간神鬼干 등의 9간이 있었다. 이들 추장들이 백성들을 다스렸는데, 모두 백 호 7만5천 명이었다.

그때 사람들은 거의 산과 들을 모여 살면서 우물을 파서 마시고 밭을 갈아 먹었다.

후한後漢의 세조 광무제世祖 光武帝 18년 임인년42년 3월 상사일上巳日, 계욕일禊浴日. 액땜을 하는 날로 목욕하고 물가에서 술을 마심. 3월 상사일에 함에 그들이 살고 있는 곳의 북쪽 구지龜旨, 이것은 산봉우리의 이름인데 거북이 엎드린 형상과 같았으므로 구지라 했다.에서 사람들을 부르는 소리가 들렸다. 그래서 마을 사람들 2~3백 명이 거기에 모이니, 사람소리 같기는 한데 그 모습은 보이지 않고 소리만 들렸다.

"여기에 누가 있느냐?"

9간 등이 대답했다.

"우리들이 있습니다."

"내가 있는 곳이 어디인가?"

"여기는 구지봉입니다."

또 말했다.

"하늘이 나에게 명하니 이곳에 내려와 나라를 새로 세우고 임금이 되라 하였다. 너희들은 이 산꼭대기에서 흙을 파며 '거북아, 거북아, 머리를 내밀어라. 만약 내밀지 않으면 구워 먹겠다' 라고 노래하며 춤을 추어라. 그러면 곧 하늘로부터 대왕을 맞이하여 너희들은 매우 기뻐서 춤추게 될 것이다."

9간 등은 그 말을 따라 마을 사람들과 함께 모두 기뻐하면서 노래하고 춤을 추었다.

얼마 후 하늘을 바라보니, 자줏빛 줄이 하늘로부터 드리워져 땅에 닿았다. 줄 끝을 찾아보니 붉은 보자기로 싼 금상자가 있었다. 열어 보니 황금색 알이 여섯 개가 있었는데 마치 해처럼 둥글었다. 사람들은 모두 놀라서 기뻐서, 함께 수없이 절했다. 얼마 후 보자기에 싸가지고 아도간我刀干의 집으로 돌아와 단 위에 두고 무리들은 모두 흩어졌다.

12일이 지나고, 그 이튿날 새벽에 마을 사람들이 다시 모여 상자를 열어 보니 알 여섯 개가 모두 어린아이로 변해 있었는데 용모가 매우 빼어났으며, 그들은 평상에 앉았다. 모인 모든 사람들이 절하고는 축하하고 극진히 공경했다. 그들은 나날이 자라 10여 일이 지나니 키가 9척이나 되어 은나라 천을天乙, 탕왕과 같았고, 얼굴 모습이 용 같았는데 마치 한나라 고조와 같았으며, 눈썹이 여덟 가지 색채인 것은 당나라 요임금과 같았고, 두 눈동자가 겹으로 된 것이 우나라의 순임금과 같았다. 그 달 보름에 왕위에 올랐다.

세상에 처음 나타났다고 하여 이름을 수로首露 혹은 수릉首陵, 수릉은 죽은 뒤의 시호다.이라 했다. 나라 이름은 대가락大駕洛 또는 가야국伽倻國이라고도 하니, 곧 여섯 가야국 중의 하나다.

나머지 다섯 사람도 각각 다섯 가야국의 임금이 되었다. 여섯 가야국은 동쪽은 황산강黃山江, 서남쪽은 창해滄海, 서북쪽은 지리산智異山, 동북쪽은 가야산伽倻山으로 경계를 삼았고, 남쪽이 나라의 끝이 되었다.

그는 임시로 궁궐을 세우게 하였는데, 특히 질박하고 검소하여 집의 이엉을 자르지 않았으며, 흙 계단은 겨우 석 자였다.

즉위 2년 계묘년43년 봄 정월에 왕이 말했다.

"이제 내가 도읍을 정해야겠다."

이내 임시로 지은 궁궐의 남쪽 신답평新畓坪, 이 땅은 예전에는 한전閑

田)이었는데, 새로 경작하기 시작했기 때문에 신답평(新畓坪)이라 한 것이다. 답(畓)자는 속자(俗字)다.에 행차하여 산악을 두루 돌아보고 가까이 모시는 신하에게 말했다.

"이 땅은 마치 여뀌잎처럼 좁기는 하나, 산천이 빼어나고 기이하니, 16나한十六羅漢이 머물 만한 곳이요, 하물며 1에서 3을 이루고 3에서 7을 이루매, 7성聖이 머물 만한 곳으로 정말로 적합하다. 그러니 이 땅에 의탁하여 강토疆土를 개척하면 마침내 좋은 곳이 될 것이다."

그래서 1,500 보步 둘레의 외성外城과 궁궐, 전당殿堂 및 여러 관청의 청사와 무기고, 곡식창고를 지을 장소를 마련한 후 일이 끝나자 궁궐로 돌아왔다.

널리 나라 안의 장정·인부·공장工匠들을 불러 모아 그 달정월 20일에 성곽 쌓는 일을 사작하여, 3월 10일에 이르러 역사役事가 끝났다. 궁궐과 옥사屋舍만은 농한기農閑期를 기다려 지었으므로 그 해 10월에 시작하여 갑진년44년 2월에 이르러서야 완성되었다.

좋은 날을 가려 새 궁으로 옮겨 가서 모든 정치의 기틀을 보살피고 여러 가지 일들을 처리하였다.

이때 완하국琓夏國 함달왕含達王의 부인이 아이를 배었다가 달이 차서 아이를 낳았는데, 알이 태어났는데 후에 알이 변하여 사람이 되었으므로 이름을 탈해脫解라 했다. 탈해가 바다를 따라 가락국으로 오니 그의 키가 3척이었고 머리의 둘레가 1척이나 되었다 그는 기뻐하며 대궐에 나아가서 왕에게 말했다.

"나는 왕의 자리를 빼앗으려고 왔소."

수로왕이 대답했다.

"하늘이 나에게 왕위에 오르게 했고, 나는 장차 나라를 안정시키고 백성을 편안하게 하려 한다. 감히 천명天命을 어기고 왕위를 남에게 넘겨 줄 수는 없으며, 또 감히 우리나라의 백성들을 너에게 맡길 수 없다."

"그렇다면 술법으로 승부를 결정하자."

"좋다."

잠깐 사이에 탈해가 변하여 매가 되자, 왕도 독수리로 변하였고 탈해가 참새로 변하자 왕은 새매로 변했다. 이 일은 아주 잠깐 사이로 거의 시간이 흐르지 않았다.

탈해가 본모습으로 돌아오자, 왕도 또한 본래의 모습으로 돌아왔다. 탈해는 이에 항복했다.

"제가 술법을 겨루는 도중에, 매가 독수리에게서, 참새가 새매에게서 죽음을 면함은 아마 성인왕을 일컬음께서 저의 죽음을 원치 않는 인덕仁德을 가지셨기 때문일 것입니다. 제가 왕과 왕위를 다투는 것은 진실로 어렵겠습니다."

곧 탈해는 왕을 하직하고 나갔다. 서울 변두리의 나루터에 이르러 중국 배가 오자 뱃길을 따라 떠났다. 왕은 탈해가 머물면서 반란을 꾸밀까 염려하여, 급히 수군을 실은 배 5백 척을 보내 그를 쫓았다. 탈해가 계림鷄林의 땅 안으로 도망하자, 수군은 모두 돌아왔다. 이 기사記事의 내용은 신라 쪽의 기사와 많이 다르다.

건무 24년 무신년48년 7월 27일에 9간 등이 왕에게 아뢰었다.

"대왕께서 내려오신 후로 아직도 좋은 배필을 아직 얻지 못하셨습니다. 신들이 고른 처녀 중에서 가장 좋은 사람을 궁궐로 들여 왕비로 삼으시기 바랍니다."

왕이 말했다.

"짐이 이곳에 내려온 것은 하늘의 명령이다. 왕후를 맞는 것 또한 하늘이 명령할 것이니, 그대들은 염려하지 말라."

그리고 유천간에서 명령하여 가벼운 배와 빠른 말을 가지고 망산도望山島, 서울 남쪽의 섬로 가서 기다리게 명하고, 또 신귀간에게 명령하여 승점연하의 나라으로 가도록 명했다. 그때 한 척의 배가 바다의 서남쪽으로부터 붉은 빛깔의 돛을 달고 북쪽을 향해 다가오고 있었다.

유천간이 먼저 망산도 위에서 횃불을 올리니 배 안의 사람들이 앞을 다투어 육지 쪽으로 달려왔다.

승점에 있는 신귀간 등이 이를 보고는 대궐로 달려와 그 사실을 아뢰니, 수로왕이 이 말을 듣고 기뻐했다.

얼마 후 9간 등을 보내어 목련牧蓮으로 만든 키를 바로잡고 좋은 계목으로 만든 노를 저어 그들을 맞이하여, 바로 대궐로 모셔 오려고 하였다.

그 배 안에 탔던 왕후가 말했다.

"나는 그대들을 알지 못하는데 어찌 경솔히 따라가겠느냐?"

유천간 등이 돌아와서 왕후의 말을 아뢰자 왕은 그 말이 옳다 여겨 유사有司, 일을 맡은 관원를 거느리고 행차하여 대궐 아래 서남쪽으로 60보쯤 떨어진 산 아래에 장막으로 임시 거처를 만들고 기다렸다. 이에 왕후도 산 밖의 별포別浦 나루에 배를 대고, 육지로 올라와 높은 언덕에서 쉬었다. 그리고 입고 있던 비단바지를 벗어 그것을 폐백 삼아 산신에게 바치는 것이었다.

그때 모시던 잉신시집갈 때 따라가는 시신侍臣 두 사람이 있었는데 이름은 신보申輔·조광趙匡이라 했고, 그들의 아내 두 사람은 모정慕貞·모량慕良이며, 노비까지 합해서 20여 명이었다. 가지고 온 금수錦繡와 능라綾羅와 옷과 필단疋緞, 금은주옥과 구슬로 만든 장신구 등은 이루 다 기록할 수 없을 정도이었다.

왕후가 수로왕이 있는 거처로 다가가니 왕이 친히 나와서 그녀를 맞이하여 함께 장막 궁전으로 들어갔다. 잉신 이하 여러 사람들은 섬돌 아래에서 왕을 만나고 즉시 물러갔다.

왕은 일을 맡은 관원에게 명령하여 잉신 부부를 데려오도록 명령하며 말했다.

"잉신 부부는 각 방에 머무르게 하고 그 이하의 노비들은 한 방에 5, 6명씩 들게 하라."

그리고 왕은 그들에게 좋은 음료와 술을 주고, 무늬가 있는 자리에 재웠으며, 의복·필단·보화까지도 주었다. 그리고 군사들로 하여금 그들을 보호하게 했다. 그런 후 왕은 왕후와 함께 침전寢殿에 들었다. 왕후가 조용히 왕에게 말했다.

"저는 아유타국阿踰陀國의 공주이옵고, 성은 허씨許氏이고 이름은 황옥黃玉이며 나이는 열여섯 살입니다. 본국에 있을 때, 금년 5월에 부왕父王과 모후母后께서 제게 말씀하시기를, '우리 내외가 어젯밤 꿈에 함께 상제上帝를 뵈오니 상제께서 「가락국 왕 수로는 하늘이 내려보내 왕위에 오르게 했으니, 신성한 분이다. 또 새로 나라를 세워, 아직 배필을 정하지 못했으니 그대들은 공주를 그에게 보내어 배필을 삼게 하라」 하시고 말을 마치자 하늘로 올라가셨습니다. 그런데 꿈을 깨고 난 뒤에도 상제의 말씀이 오히려 귀에 쟁쟁하니, 너는 서둘러 부모를 작별하고 가락국을 향해 떠나라' 하시었습니다. 그래서 저는 바다를 건너 멀리 신선이 먹는 과실을 찾고, 하늘로 가서 멀리 번도蟠桃, 3천 년 만에 한 번씩 열린다는 복숭아를 찾아, 지금 이 아름다운 모습을 갖추어 용안龍顔을 가까이 하게 되었습니다."

왕이 말했다.

"나는 태어나면서부터 자못 신성하여 공주가 먼 곳으로부터 올 것을 먼저 알았으므로, 신하들이 왕비를 맞이하자는 청이 있었으나 굳이 사양하고 따르지 않았소. 이제 현숙한 당신이 스스로 왔으니 참으로 나에게는 다행이오."

드디어 혼인하여 두 밤을 지내고 또 하루 낮을 지냈다. 그리고는 그들이 타고 왔던 배는 돌려보냈는데, 뱃사공이 모두 15명이었다. 각각 쌀 10석과 배 30필을 주어서 본국으로 돌아가게 했다.

8월 1일에 왕은 왕후와 함께 수레를 타고 대궐로 돌아왔다. 잉신 부부도 나란히 하고 수레를 타는데, 외국의 진기한 갖가지 물건을 모두 싣고 천천히 대궐로 들어오니, 정오가 다가오고 있었다. 왕후는 중궁中宮에 거처하고 잉신 부부와 그들의 노비들에게는 빈 집 두 채를 주어 살게 했다. 나머지 따라온 노비에게도 20여 칸이나 되는 빈 관賓舘 한 채에서 사람 수를 정하여 적당히 나누어 살게 하고, 사는 데 필요한 여러 물건들을 넉넉히 주었다. 또한 그들이 싣고 온 진귀한 보물은 내고內庫에 보관하여 왕후가 사철 비용으로 쓰게 했다.

어느 날 왕이 신하에게 말했다.

"9간들은 모두 여러 벼슬아치의 우두머리이지만, 그 직위와 명칭이다. 모두 소인, 농부의 호칭이지 결코 고관 직위의 호칭이 아니니 만약 이러한 사실이 외국에 알려지게 되면 반드시 웃음거리가 될 것이오."

마침내 아도我刀를 아궁我躬으로 하고, 여도汝刀를 여해汝諧로, 피도彼刀를 피장彼藏으로, 오도五刀를 오상五常으로 고쳤다. 유수留水와 유천留天은 아랫글자만 고쳐 각각 유공留功과 유덕留德으로 하고, 신천神天은 신도神道로, 오천五天은 오능五能으로, 신귀神鬼는 음은 바꾸지 않고 그 훈訓, 뜻만 고쳐 신귀臣貴로 하였다.

왕은 계림의 직제를 채용하여 각간角干·아질간阿叱干·급간級干 등의 품계를 두었고, 그 아래 관료는 주周의 규례規例와 한漢의 제도를 적절히 나누어 정했는데 이것은 옛 것은 고치고 새 것을 취하여 관직을 설치하고 직책을 나누는 방법이 아니겠는가?

이제 수로왕은 나라와 집을 달 다스리고 백성을 자식처럼 사랑하니 그 교화는 엄숙하지 않아도 위엄이 있었고, 그 정사는 엄격하지 않아도 잘 다스려졌다.

또한 왕이 왕후와 함께 사는 것은 마치 하늘과 땅이 마주해 있고, 해와 달이 있고, 양에 음이 있음과 같았다. 그 공은 도산씨塗山氏가 하夏나라 우왕禹王을 보필하고, 당원唐媛, 요임금의 딸이 순임금을 도와 교씨嬌氏를 일으킨 것과 같았다. 그 해 왕후는 곰을 얻는 꿈을 꾸어 태자 거등공居登公을 낳았다. 후한後漢의 영제靈帝 6년 기사년189년 3월 1일에 왕후가 세상을 떠나니 나이가 1백57세였다.

나라의 사람들은 마치 땅이 무너진 것처럼 슬퍼하고, 구지봉 동북쪽 언덕에 장사지냈다. 그리고 백성들을 사랑하던 왕후의 은혜를 잊지 않으려고, 왕후가 처음 배에서 내린 나룻가의 마을 도두촌渡頭村을 주포촌主浦村이라 하고, 비단바지를 벗은 산등성이를 능현綾峴이라 하고, 붉은 깃발이 들어왔던 해변을 기출변旗出邊이라 하였다.

잉신인 천부경泉府卿 신보申輔와 종정감宗正監 조광趙匡 등은 가락국에 온 지 20년 만에 각각 두 딸을 낳았는데 그들 부부는 1, 2년을 더 살다가 모두 세상을 떠났다. 그 밖의 노비들은 온 지 7, 8년이 지나도 자녀를 낳지 못하였다. 다만 고향을 그리워하는 슬픔을 품고 모두 고향을 생각하다가 죽었다. 그래서 그들이 살던 빈관賓舘은 텅 비어 아무도 없었다.

왕후가 세상을 떠나자 왕은 외로운 베개에 의지하여 지나치게 몹시 슬퍼하였다. 25년을 그렇게 살다가 헌제獻帝 건안建安 4년 기묘년199년 3월 20일 세상을 떠났다. 그때 나이가 158세였다. 나라 사람들은 마치 부모를 잃은 듯 비통해했으며, 왕후가 죽던 때보다 더 슬퍼했다. 마침내 대궐의 동북쪽 평지에 빈궁殯宮을 세웠는데 높이는 한 길이요, 둘레는 3백 보였다. 그곳에 장사지내고 수릉왕묘首陵王廟라 했다.

그 아들 거등왕居登王부터 9대손 구형왕仇衡王까지 이 묘廟에 배향配享하고 매년 정월 3일과 7일, 중하仲夏, 5월의 5일과 중추仲秋, 8월 5일과 15일에 정결한 제사를 지냈는데, 대대로 끊어지지 않았다.

신라 제30대 법민왕法敏王, 문무왕은 용삭龍朔, 당 고종의 연호 원년 신유년661년 3월 어느 날 조서를 내렸다.

"가야국 시조왕의 9대손 구형왕이 우리 나라에 항복할 때, 데리고 온 아들 세종世宗의 아들인 솔우공率友公의 아들 서운庶云 잡간의 딸 문명 황후文明皇后가 나를 낳았다. 때문에 시조왕수로왕은 나에게 있어서 15대의 시조가 된다. 그 나라는 이미 멸망했으나 그 묘廟는 아직 남아 있으니, 종묘에 합하여 계속 제사를 지내겠다."

이에 사자使者를 그 옛터에 보내 사당에 가까이 있는 가장 좋은 밭 30경頃을 바쳐 제사를 마련할 토지로 삼고 이를 왕위전王位田이라 부르고 본 위토位土에 귀속시켰다.

　수로왕의 17대손 갱세급간은 조정의 명령을 받들어 그 제전祭田을 관리하며 술과 단술을 빚고 떡과 밥과 다과 등 많은 음식을 갖추어 제사지내기를 빠뜨리지 않았다. 그리고 제삿날도 거등왕이 정한 연중 5일을 그대로 지켰다. 그리하여 그 정성어린 제사가 우리 후손에게 맡겨졌다.

　거등왕이 즉위한 기묘년199년에 편방便房, 임시로을 설치하고부터 구형왕 말기까지 330년 동안에 제사지내는 종묘의 제사는 항상 변함이 없었는데, 구형왕이 왕위를 잃고 나라를 떠난 후부터 용삭龍朔원년 신유년661년에 이르기까지 60년 동안은 간혹 제사를 거르기도 했다.

　아름답다! 문무왕법민왕(法敏王)의 시호다.이여! 먼저 조상을 받드니 효성스럽구나. 끊어졌던 제사를 다시 지내게 되다니!

　신사 말기에 잡간 충지忠至란 사람이 있었다. 금관성金官城을 공격해 빼앗아 성주 장군城主將軍이 되자, 이에 그 부하인 아간 영규英規란 사람이 장군의 위엄을 빌려 종묘의 제사를 빼앗아 함부로 제사를 지내더니 단오날에 사당에서 제사를 지내던 중, 사당의 대들보가 까닭 없이 무너져서 영규가 치여 죽었다. 이에 잡간 충지는 혼잣말로 말했다.

　"다행히 전세의 인연으로 성왕聖王, 수로왕이 계시던 국성國城에 제사를 받들게 되었다. 그러니 내가 마땅히 그 영정을 그려 모시고 향과 등燈으로 받들어 신하된 은혜를 갚아야 하겠다."

　마침내 교견鮫絹, 남해 지방에서 나는 비단 3척에 진영을 그려 벽 위에 모셔 두고 아침저녁으로 촛불을 켜놓고 경건히 받들었다. 그런 지 3

일째 되는 날 화상의 두 눈에서 피눈물이 흘러 땅 위에 흘러내렸는데 거의 한 말 가량이나 되었다. 장군은 너무 두려워서 그 진영을 받들어 사당으로 가서 불살라 버리고는, 즉시 수로왕의 직계손 규림圭林을 불러 말했다.

"어제 불상사가 있었는데 어찌하여 이런 일이 거듭 일어나는가? 이는 정녕 내가 영정을 그려 공양함이 불손하다고 크게 노하신 것 같다. 이미 영규가 죽었으므로 나는 매우 괴이하게 생각하고 두려워서, 화상을 불태웠으니 반드시 신의 벌을 받을 것이다. 그대는 왕의 직계 자손이니 그 전대로 제사를 옛날대로 제사를 받드는 것이 옳겠다."

이리하여 규림이 대를 이어 제사를 받들게 되었는데 88세에 죽었다. 그 아들 간원間元이 이어서 제사를 받들었다. 단오날 제사 때 영규의 아들 준필俊必이 또 미친 증세로 인하여 사당에 와서 간원이 차린 제수를 치우고 자기가 제수를 차려서 제사를 지내냈는데 술잔을 세 번 올리는 일을 마치기도 전에 갑자기 병을 얻어 집에 돌아가서 죽었다.

그래서 옛 사람이 말했다.

"분수 넘치게 지내는 제사는 복을 받지 못하고 도리어 재앙을 낳는다."

전에는 영규가 있었고, 후에는 준필의 일이 있었으니 이들 부자를 두고 이른 말이 아니겠는가?

또 도둑들이 사당 안에 금과 옥이 많으니 언젠가 훔쳐 가려 하였다. 처음에 도둑들이 들어오자 몸에 갑옷을 입고 투구를 쓰고 활에 살을 먹인 용사 한 사람이 사당에서 나와 화살을 비 오듯 쏘아서 7, 8명을 맞추자, 도둑들이 달아났다. 며칠 후에 다시 오니 큰 구렁이가 사당 옆에서 나타나는데, 길이는 30여 척이나 되고 눈빛은 번개 같았다. 구렁이가 8, 9명을 물어 죽이니, 겨우 죽음을 면한 자들도 엎어지면서 달아났다.

그러므로 능원의 안팎에는 반드시 신물神物이 있어 보호하고 있음을 알겠다.

건안建安 4년 기묘년199년에 처음으로 이 사당을 세운 이후로 문종의 즉위 31년인 대강大康 2년 병진년1076년까지 대략 878년이나 되었는데 제단을 쌓아올린 깨끗한 흙이 조금도 허물어지지 않았고, 심어 놓은 나무들도 시들거나 죽지 않았다. 더구나 그곳에 벌려 놓은 많은 옥조각도 또한 부서진 것이 없다.

이것으로 본다면 신체부辛替否가 말했던,

"예로부터 지금까지 어찌 멸망하지 않은 나라가 있으며 파괴되지 않은 무덤이 있겠는가?"

라고 말했는데, 오직 이 가락국만은, 옛날에 멸망한 것은 신체부의 말이 들어맞았지마는 수로왕의 사당이 지금까지 허물어지지 않은 것은 신체부의 말을 다 믿을 수 없다.

여기에 또 수로왕을 사모하는 놀이가 있다. 매년 7월 29일 이 지방의 백성과 관리, 군졸들은 승점乘岾에 올라가서 장막을 치고, 술과 음식을 먹으며 즐겁게 놀면서 동쪽과 서쪽을 바라보고 건장한 인부들은 좌우로 나누어 망산도望山島로부터 용맹한 말을 타고 육지로 달리고 뱃머리를 둥실 띄워 서로 물 위에서 서로 밀치며 북쪽의 고포古浦를 향해 내달린다. 이는 대개는 옛날에 유천간과 신귀간 등이 허황후가 오는 것을 바라보고 수로왕에게 급히 아뢰었던 유적이다.

가락국이 망한 후 대대로 이곳의 칭호는 같지 않았다. 신라 제31

대 정명왕政明王, 신문왕이 즉위한 개요開耀, 당나라 고종의 연호 원년 신사년681년에는 금관경金官京이라 부르고 태수太守를 두었으며, 그 후 259년이 지나 고려 태조가 후삼국을 통일한 후로는 대대로 임해현臨海縣이라 하고, 배안사排岸使를 설치하여 48년을 지냈다. 다음에는 임해군臨海郡이라 했고 혹은 금해부金海府라 하여 도호부都護府를 두고 27년을 지냈고 또 방어사防禦使를 두어 64년 동안을 지냈다.

순화淳化, 송 태종(太宗)의 연호 2년991에 김해부 양전사量田使, 전답의 측량을 조사하는 관리 중대부中大夫 조문선趙文善이 조사하여 보고했다.

"수로왕릉에 딸린 밭의 면적이 많으니 마땅히 15결(結)로써 하고 나머지는 부府의 역정役丁, 부역을 맡은 장정들에게 나누어주는 것이 좋겠습니다."

담당한 관서官署에서 그 장계를 올려 아뢰자, 그때 조정에서 명령을 내렸다.

"하늘에서 알을 내려 변해서 성군이 되었고, 왕위에 계시어 158세나 누리었으니, 저 삼황 이후 이에 견줄 만한 사람이 없다. 수로왕이 세상을 떠난 후 선대先代로부터 종묘에 딸려 있던 전답을 지금 줄임은 참으로 두려운 일이므로 허락하지 않는다."

왕은 허락하지 않았다. 양전사가 또 아뢰니, 조정에서는 그렇게 여겨, 그 절반은 능묘에 두어서 옮기지 아니하고 절반은 향인鄕人의 역정에게 주게 했다.

절사節使, 양전사의 별칭는 조정의 뜻을 받아들어 이에 절반은 능원에 소속시키고 절반은 부府에서 부역하는 호정戶丁에게 지급했다. 이 일이 거의 끝날 무렵에 이르러 양전사는 몹시 피곤해지더니 어느 날 밤 문득 꿈에 7~8명의 귀신이 나타나, 밧줄을 쥐고 칼을 들고 와서 말했다.

"네가 큰 죄를 지었으므로 베어 죽이겠다."

그 양전사는 형을 받고 아파하다가 놀라 깨었다. 이내 병이 나서 남에게 그 사실을 알리지도 못하고 밤에 도망치는데, 병이 낫지 않으므로 관문關門을 지나다가 죽었다.

그래서 양전사는 양전도장量田都帳, 토지 측량대장에 도장을 찍지 못했다. 그 뒤에 조정의 명을 받은 사자가 와서 그 밭을 검사해 보았더니 겨우 11결結·12부負·9속束일 뿐이고 3경 87부 1속이 부족하였다. 그래서 가로챈 것을 조사해서 중앙과 지방의 관서에 보고하여 왕명으로 그 모자라는 것을 능묘에 주게 했으니 또한 고금에 탄식할 일이다.

시조수로왕의 8대손 김질왕질지왕은 부지런히 나라를 다스렸고, 또 도道를 숭상하여 시조모始祖母 허 황후를 위해 명복을 빌기 위해 원가元嘉 29년 임진년452년에 수로왕과 허 황후가 결혼한 곳에 절을 세우고 왕후사王后寺라 했다. 그리고 사자를 보내어 절 근처에 있는 평전平田 10결을 측량하여 불·법·승 3보寶를 공양하는 비용으로 삼게 했다.

이 절이 생긴 지 5백 년이 지나자 또 장유사長遊寺를 세웠는데 절에 바친 전지와 채초지採樵地가 모두 3백 결이나 되었다. 이에 장유사의 삼강三剛, 승려들의 직명은 왕후사王后寺가 장유사의 동남쪽의 지역 안에 있으므로 왕후사를 없애고, 전장으로 만들어 추수한 곡식을 거두어서 저장하는 장소와 말과 소를 기르는 마구간으로 만들었으니 슬프도다.

시조 이하 9대손의 역수歷數를 아래에 자세히 기록했다.

사적을 새긴 문구는 이러하다.

태초가 처음 열리니 해와 달이 밝았고, 인륜人倫이 비록 생겼으나, 임금의 지위는 아직 이루어지지 않았다.

중국에서는 여러 대를 거듭했지만, 동국東國에서는 아직 서울이 나누었다. 신라는 먼저 정해지고, 가락은 후에 세워졌다.

세상을 다스릴 사람이 없느니, 누가 백성을 보살피랴. 드디어 상제上帝께서 저 창생蒼生들을 돌보아 주신다. 이에 부명符命을 주어 특별히 정령精靈을 보냈다. 산 속에 알을 내려보내오니, 안개 속에 그 형체를 감추었다.

안은 아득하고, 밖도 또한 캄캄했다. 바라보면 형상이 없는 듯했으나, 귀 기울여 들으면 소리가 있었다.

여러 사람들이 노래로써 아뢰고, 춤을 추었다. 7일이 지나니 한순간 조용하게 되었다.

바람이 불어 구름이 걷히자, 푸른 하늘에서 여섯 개의 둥근 알이, 한 가닥 자색 끈에 매여 내려왔다.

낯선 땅에 가옥이 즐비하게 되었다. 구경꾼은 담을 에워싸는 듯했고, 바라보는 이가 가득했다.

다섯 분은 각 고을로 흩어지고, 한 분만이 성성城에 남아 있었다. 같은 시각 같이한 자취는 아우와 형과 같았다.

참으로 하늘이 덕이 있는 이를 내어, 세상을 위해 질서를 지으셨다. 왕위에 처음 오르자, 세상은 곧 맑아지려 했다.

화려한 옛 제도를 따랐고, 흙 계단은 오히려 평평했다. 큰 정사에 힘쓰고, 서정庶政을 보살폈다.

길손은 길을 서로 양보하고, 농부는 농토를 서로 사양했다.
사방은 모두 안정을 찾고, 만민이 태평을 맞이했다.
갑자기 풀잎의 이슬처럼, 대춘大椿, 오래 사는 나무 같은 수명을 보전하지 못했다.
천지가 기운이 변하고, 조야朝野가 모두 통곡했다. 금 같은 그 발자취가 옥소리 같은 그 명성이었다.
후손이 끊어지지 않으니, 종묘의 제사가 향기롭다. 세월은 비록 흘러갔으나, 그 규범은 허물어지지 않았다.

거등왕居登王

아버지는 수로왕이고, 어머니는 허許 왕후이다. 건안建安 4년 기묘년199년 3월 13일에 왕위에 올라, 39년 동안 나라를 다스렸고, 가평嘉平, 위나라 제왕의 연호 5년 계유년235년 9월 17일에 세상을 떠났다.

왕비는 천부경泉府卿 신보申輔의 딸 모정慕貞이며, 태자 마품麻品을 낳았다.

『개황력開皇曆』에서는

"성은 김씨이니 대개 세조世祖, 시조가 금빛 알에서 난 까닭에 금을 성씨로 삼았다."

고 한다.

마품왕麻品王

혹은 마품馬品이라고도 하며 성은 김씨이다. 가평嘉平 5년 계유년 253년에 왕위에 올라 39년 동안 나라를 다스리고, 영평永平 원년 신해년291년 1월 29일에 세상을 떠났다. 왕비는 종정감宗正監 조광趙匡의 손녀 호구好仇이며, 태자 거즐미居叱彌를 낳았다.

거즐미왕居叱彌王

혹은 금물今勿이라고도 하며 성은 김씨이다. 영평 원년에 왕위에 올라, 나라를 다스린 지 56년 만인 영화永和 2년 병오년346년 7월 8일에 세상을 떠났다. 왕비는 아궁아간阿躬阿干의 손녀 아지阿志이며, 왕자 이품伊品을 낳았다.

이시품왕伊尸品王

성은 김씨이다. 영화 2년에 왕위에 올라, 나라를 다스린 지 62년 만인 의희義熙, 동진 안제의 연호 2년 정미년407년 4월 10일에 세상을 떠났다. 왕비는 사농경司農卿 극충克忠의 딸 정신貞信이며, 왕자 좌지坐知를 낳았다.

좌지왕坐知王

혹은 금즐金叱이라고도 한다. 의회 3년407에 왕위에 올랐다. 용녀傭女와 결혼한 후 외척의 무리를 벼슬아치로 삼았으므로 나라 안이 소란해졌다. 신라가 꾀로써 가락국을 치려고 했다. 이때 가락국에 박원도朴元道란 신하가 있었는데, 좌지왕에게 간하였다.

"유초遺草를 깎고 깎아도 또한 털이 나는데, 하물며 사람이야 어떻겠습니까? 하늘과 땅이 무너지면, 사람이 어느 곳에서 보전되겠습니까? 또 복사卜師가 점을 쳐서 해괘解卦를 얻었는데, 그 점괘의 말에 '소인을 없애면 군자君子인 벗이 와서 도울 것이다' 했으니 임금님께서는 주역의 괘를 살피시기 바랍니다."

왕이 사과했다.

"그 말이 과연 옳다."

용녀傭女를 내쳐 하산도荷山島로 귀양 보내고, 그 정치를 고쳐 행하여 오랫동안 백성을 편안하게 했다. 15년을 다스리고, 영초永初 2년 신유년421년 5월 12일에 세상을 떠났다. 왕비는 도녕 대아간道寧大阿干의 딸 복수福壽이며, 아들 취희吹希를 낳았다.

취희왕吹希王

혹은 질가叱嘉라고도 하며 성은 김씨이다. 영초 2년에 왕위에 올라, 31년 동안 나라를 다스리다가 원가元嘉 28년 신묘년451년 2월 3

일에 세상을 떠났다. 왕비는 각간 진은進恩의 딸 인덕仁德이며, 왕자 질지를 낳았다.

| 질지왕 |

혹은 김질왕이라고도 한다. 원가 28년에 왕위에 올랐으며 이듬해 세조世祖의 비 허황옥許黃玉 왕후의 명복을 빌기 위해 왕후가 처음 시조와 결혼했던 곳에 절을 지어 왕후사王后寺라 하고 밭 10결結을 내어 비용을 충당하게 했다. 나라를 다스리기 42년 만인 영명永明 10년 임신년493년 10월 4일에 세상을 떠났다. 왕비는 금상사간金相沙干의 딸 방원邦媛이며, 왕자 겸지鉗知를 낳았다.

| 겸지왕鉗知王 |

혹은 금겸왕金鉗王이라고도 한다. 영명 10년493에 왕위에 올라, 나라를 다스리기 30년 만인 정광正光 2년 신축년521년 4월 7일에 세상을 떠났다. 왕비는 출충 각간出忠 角干의 딸 숙淑이며, 왕자 구형仇衡을 낳았다.

| 구형왕仇衡王 |

성은 김씨이다. 정관 2년에 왕위에 올라, 나라를 다스리기 42년 만인 보정保定 2년 임오년562년 9월에 신라 제24대 진흥왕이 군사를 일으켜 가락국을 침공하자 왕이 친히 군사들을 지휘했으나 적은 군사가 많고 아군은 적어서, 대적할 수 없었다. 이에 왕은 동기同氣 탈지 이즐금脫知爾叱今을 보내 국내에 머물게 하고, 왕자 및 장손 졸지 공卒支公 등은 항복해서 신라로 들어갔다.

왕비는 분질수이질分叱水爾叱의 딸 계화桂花로서, 세 아들을 낳았는데, 첫째는 세종각간世宗角干이요, 둘째는 무도각간茂刀角干이요, 셋째는 무득각간茂得角干이었다.

『개황록開皇錄』에서는 이렇게 말하였다.

"양梁의 무제武帝 중대통中大通 4년 임자년532년에 구형왕이 신라에 항복했다."

고 했다.

다음과 같이 논평해서 말한다.

"『삼국사기』를 살펴보면 구형왕은 양나라 무제 중대통 4년 임자년 신라 법흥왕 34년에 국토를 바치고 신라에 항복했다 하였다. 그렇다면 수로왕이 처음 왕위에 오른 동한東漢 건무 18년 임인년42년부터 구형왕 말년 임자년532년까지 계산하면 490년이 된다. 만약 이 기록가락국기으로 미루어 살펴본다면 국토를 바침이 북주北周, 북위(北魏)의 후신 보정保定 2년 임오년562년이 되므로 30년이 더하게 되니 모두 520년이다. 이제 이 두 설을 다 기록한다."

제三권

흥법興法 제三

| 순도順道가 불교를 고구려에 처음 전하다 |

　도공道公, 순도順道의 다음으로는 법심法深·의연義淵·담엄曇嚴 등이 잇달아 불교를 일으켰으나 고전古傳에는 기록이 없으므로 여기서도 감히 순서에 의해 엮을 수가 없다. 자세한 것은 『승전僧傳, 해동고승전(海東高僧傳)』에 나타나 있다.

　『삼국사기』〈고구려본기本記〉에 이런 말이 있다.
　"소수림왕小獸林王 즉위 2년 임신년372년은 곧 동진東晋의 함안咸安, 간문제簡文帝(文帝)의 연호 2년이며, 효무제孝武帝가 즉위한 해이다. 전진前秦의 왕 부견符堅이 사신과 승려 순도를 시켜 불상佛像과 경문經文을 보내왔다이때 부견은 관중(關中), 즉 장안(長安)에 도읍해 있었다. 또 4년 갑술년374년에 아도阿道가 동진에서 왔다. 이듬해 을해년375년 2월에 초문사肖門寺를 지어 순도를 있게 하고, 또 이불란사伊弗蘭寺를 지어 아도를 그곳에 있게 했는데, 이것이 고구려 불법佛法의 시초이다."
　『해동고승전』에는 순도와 아도가 북위北魏에서 왔다고 한 것은 잘못이다. 실제로 전진에서 온 것이다. 또 초문사는 지금의 흥국사興國

寺이고, 이불란사는 지금의 흥복사興福寺라고 했는데, 이것 또한 틀린 말이다.
　살펴보면 고구려의 도읍은 안시성安市城, 안시성은 고구려의 도읍이 아니기에 이것은 잘못이다.이고, 다른 이름은 안정홀安丁忽이니 요수遼水의 북쪽에 있었다. 요수의 다른 이름은 압록鴨綠이라고도 하며, 지금은 안민강安民江이라 부른다. 어찌 송경松京, 개성 흥국사의 이름이 여기에 있을 수 있겠는가.
　다음과 같이 이렇게 읊는다.

　　압록강의 봄이 깊어 물풀은 선명한데,
　　백사장의 갈매기는 한가롭게 졸기만 하네.
　　문득 저 멀리 노를 젓는 소리,
　　어느 곳 고깃배인지 길손이 안개 속에서 오네.

| 마라난타摩羅難陀가 백제의 불교를 열다 |

〈백제본기〉에 이런 말이 있다.
　"제15대『승전』에서는 14대라 했으나 잘못이다 침류왕枕流王이 즉위한 갑신년384년, 동진 효무제(孝武帝)의 대원(大元), 9년에 호胡의 중 마라난타摩羅難陀가 동진에서 오자, 그를 맞이하여 궁중에 머물게 하고 예로써 공경했다."
　이듬해 을유년385년에 새 도입인 한산주漢山州에 절을 세우고 도승

度僧, 나라에서 도첩(度牒)을 내린 중 열 명을 두었는데, 이것이 백제 불법의 시초이다.

또 아신왕阿莘王이 즉위한 태원太元 17년392 2월에 왕이 명령을 내려 백성들에게 불법을 믿어 복을 구하라고 했다. 마라난타는 번역하면 동학童學, 그의 기이한 행적은 『승전』에 자세히 나타나 있다.이다.

다음과 같이 기리어 읊는다.

하늘의 조화는 처음부터 전해 오니
대개 잔재주를 부리기가 어려워라.
늙은이는 스스로 노래와 춤으로
옆사람을 이끌어 눈뜨게 하네.

아도阿道가 신라 불교의 초석을 닦다

『삼국사기』 〈신라본기〉 제4권에 이렇게 말하였다.

"제19대 눌지왕訥祗王 때 사문沙門 묵호자墨胡子가 고구려에서 일선군一善郡, 경북 선산에 이르자, 그 고을 사람 모례毛禮, 혹은 모록(毛祿)이라고도 쓴다.는 자기 집 안에 굴을 파서 방을 만들고 그가 있도록 했다.

이때 양梁나라에서 사신을 보내 의복과 향물香物, 고득상(高得相)의 영사시(詠史詩)에서는 '양에서 원표(元表)를 보내어 명단(溟壇)과 불경·불상을 보내왔다'고 했다.을 보내왔는데, 임금과 신하들은 그 향의 이름과 사용법을 알지 못했다. 그래서 사람을 시켜 향을 가지고 나라 안을 두루두루 다니면서 묻도록 했다.

묵호자가 이것을 보고 말했다.

"이것은 향이라 하는데 불을 태우면 아름다운 향내를 풍깁니다. 이것이 신성神聖에까지 이르기 때문입니다. 신성은 삼보三寶보다 나은 것이 없으니, 만약 이것을 불에 태워 소원을 빌면 반드시 영험이 있을 것입니다눌지왕은 진나라 송 시대에 재위했는데 양나라에서 사자를 보냈다고 함은 아마 잘못일 것이다."

이때 왕의 딸이 병이 위독해서 묵호자를 불러다가 향을 피우고 축원하니, 공주의 병이 즉시 나았다. 왕이 기뻐하여 예물을 후히 주었는데, 잠시 후 어디로 갔는지 그의 간 곳을 알 수 없었다.

또 제21대 비처왕毗處王 때에 아도 화상我道和尙이 시종을 데리고 역시 모례의 집으로 왔는데 그 모습이 묵호자와 비슷했다. 그는 몇 해 동안 이곳에 살다가 별다른 병도 없이 죽었다. 그의 시종 세 사람은 남아 있으면서 경經, 부처의 설과 율律, 계율의 규범을 가르치니, 가끔 믿는 사람이 있었다주에 "본비(本碑) 및 모든 전기와는 사실이 전혀 다르다"고 했다. 또 『고승전』에서는 "서천축(西天竺), 즉 인도 사람이다"라고 했고, 어떤 이는 오나라에서 왔다고 했다

〈아도본비〉에 따르면 아도는 고구려 사람이요, 그의 어머니는 고도령高道寧이다. 정시 연간正始年間, 240~248년에 조위曹魏 사람 아我, 아는 성 굴마가 사신으로 고구려에 왔다가 고도령과 사통하고 돌아갔는데, 이로 인하여 그녀는 아기를 갖게 되었다.

아도가 태어난 지 다섯 해가 되자 그의 어머니가 그를 출가시켰다. 그는 열여섯 살 때에 위나라로 가서 아버지 아굴마를 만나 보고, 현

창화상玄彰和尙의 문하에서 불법을 배웠다. 열아홉 살이 되자 고구려에 돌아와서 어머니를 만났는데, 어머니가 그에게 말했다.

"이 나라는 아직까지도 불법을 모르지만 앞으로 3천여 달이 지나면, 신라에 성군이 나서 불교를 크게 일으킬 것이다. 그 나라 서울 안에는 일곱 군데의 절터가 있는데, 하나는 금교金橋 동쪽 천경림天鏡林, 지금의 흥륜사이다. 금교는 서천교(西川橋)로써 우리말로는 솔다리라고 부른다. 이 절은 아도가 처음으로 터를 잡았는데 중간에 중지되었다가 법흥왕 14년 정미년에 공사를 다시 시작하여 법흥왕 22년 을묘년에 공사를 크게 일으켜 진흥왕 때에 와서 비로소 완성되었다.이요, 둘째는 3천三川의 갈래요지금의 영흥사(永興寺)로서 흥륜사와 같은 시대에 세워졌다, 셋째는 용궁龍宮 남쪽지금의 황룡사이며, 553년 진흥왕 계유년에 착공되었다. 『삼국사기』〈신라본기〉 진흥왕 14년 기록에 의하면, 신궁을 지었는데 그곳에서 황룡이 나와 절로 개축하고 황룡사라 이름지었다 한다.이요, 넷째는 용궁 북쪽지금의 분황사로써 선덕왕 3년 갑오년 634년에 착공되었다이요, 다섯째는 사천沙川의 끝지금의 영묘사(靈妙寺)로서 선덕왕 4년 을미년 635년에 비로소 착공되었다이요, 여섯째는 신유림神遊林, 지금의 천왕사로 문무왕 19년 기묘년 679년에 착공되었다이요, 일곱째는 서청전壻請田, 지금의 담엄사(曇嚴寺)이다. 이것은 모두 전불前佛, 석가모니 이전에 이 세상에 와서 도를 이루고 돌아간 부처를 이르는 말로, 가섭불을 뜻한다. 여기서는 석가모니와 가섭불 모두를 가리킨다. 시대의 가람터이며, 불법이 길이 전해질 곳이다. 네가 그곳으로 돌아가서 불교를 전파하면 마땅히 불교의 개조開祖가 될 것이다."

어머니의 가르침을 받은 아도는 신라에 도착하여서 왕성의 서쪽에 살았는데, 그곳이 지금의 엄장사嚴莊寺이며, 미추왕味鄒王 즉위 2년 계미년263년이었다.

아도가 대궐로 들어가 불교를 시행하였으나, 그 당시 세상에서 보지 못했던 것이라 하여 꺼리고 심지어 그를 죽이려는 사람까지 있었다. 그래서 아도는 달아나 속림續林, 지금의 일선현一善縣 모록毛祿, 록(祿)은 예(禮)와 글자 모양이 비슷한 데서 생긴 잘못일 것이다. 〈고기(古記)〉에 따르면, 법사가 처음 모록의 집에 오니 그때 천지가 진동했다고 한다. 그러나 당시 사람들은 승(僧)이란 명칭을 몰라 그를 아두삼마(阿頭三摩)라 했다. 삼마란 우리 말에서 승(僧)을 가리키며, 사미와도 같은 말이다.에 숨었다.

미추왕 3년 성국成國 공주가 병이 들었는데, 무당과 의원이 치료해도 효험이 없자, 사방으로 칙사를 보내 의원을 구하게 했다. 아도가 급히 대궐로 들어가 치료하자 공주의 병이 나았으므로 왕이 크게 기뻐하며 그의 소원을 묻자 법사는 이렇게 대답했다.

"소승은 아무런 청도 없사옵니다. 다만 천경림에 절을 짓고 불교를 크게 일으켜서 국가의 복을 빌고자 합니다."

왕은 이를 허락하고 공사에 착수하도록 명령했다. 그때의 풍속은 질박하고 검소해서 띠를 엮어 지붕을 덮고 그곳에 살면서 불법을 전파하니 간혹 천화天花가 땅에 떨어졌다. 그래서 그 절의 이름을 흥륜사라 했다.

모록의 누이동생 사씨史氏는 법사에게 의탁하여 여승이 되어 삼천의 갈래에 절을 짓고 살았는데 그 절 이름을 영흥사라 했다.

얼마 후에 미추왕이 세상을 떠나자 사람들이 법사를 해치려 했다. 법사가 모록의 집으로 돌아가 스스로 무덤을 만들고, 그 속에 들어가서 문을 닫고 세상을 떠났다. 그는 다시는 세상에 나타나지 않았다. 이리하여 불교 또한 폐지되었다.

제23대 법흥대왕法興大王이 소량簫梁, 중국 남조의 양나라를 말하며, 그

왕조를 일으킨 사람이 양무제 소연(簫衍)이기 때문에 이렇게 부르는 것이다. 천감天監 13년 갑오년514년에 왕위에 올라 불교를 일으켰는데, 이는 미추왕 계미년262년에서 252년이나 된다. 앞서 고도령이 3천여 달 뒤에 성군이 나타나 불교가 번성하리라 했던 말이 들어맞았다고 하겠다.

이렇게 보면 〈본기本記〉와 〈본비本碑〉의 두 가지 설이 서로 어긋나서 다름이 이와 같다.

내가 생각건대, 양나라와 당나라의 두 『승전』과 『삼국본사三國本史』에는 모두 고구려와 백제 두 나라 불교의 시작이 동진東晉 말기의 태원 연간太元年間, 376~396년으로 기록하는데, 순도와 아도 법사는 소수림왕 갑술년374년에 고구려에 온 것이 분명하므로 이 전기는 잘못되지 않았다.

만약 비처왕 때 처음 신라에 왔다고 한다면, 그것은 아도가 고구려에서 백 년간 머물다 온 것이 되므로, 비록 대성의 행동거지가 세상에 숨었다 나타났다 하는 것이 평범하지 않았다고 하지만 반드시 모두 그렇지는 않을 것이다. 그리고 아마 신라에서 불교를 믿은 것이 그처럼 늦지는 않았을 것이다.

또 만약 미추왕 때에 있었다고 한다면, 이것은 오히려 고구려에 들어왔던 갑술년372년보다도 백여 년이나 앞서게 된다.

그리고 이때는 신라에 아직 문물과 예교禮敎가 없었고, 나라의 이름도 정하지 않았을 때인데, 무슨 겨를에 아도가 와서 부처를 받드는 일을 했겠는가? 또 고구려에도 이르지 않고 이를 건너뛰어 신라에 왔다는 것은 맞지 않다. 설령 불교가 잠시 일어났다가 곧 없어졌다 하더라도 어찌 그 중간에 아무런 소문이 없이 잠잠했을 것이며, 그때까지 향의 이름조차 몰랐겠는가?

하나는 어찌 그렇게도 뒤지고, 또 다른 한쪽은 어째서 그렇게도 앞섰을까?

생각해 보면 불교가 동방에 점점 퍼지던 형세는 틀림없이 고구려와 백제에서 시작되어 신라에서 그쳤을 것이다. 신라의 눌지왕과 고구려의 소수림왕의 연대가 서로 가까우니, 아도가 고구려를 떠나 신라로 온 것도 눌지왕 때였을 것이다.

또 공주의 병을 고친 것도 모두 아도가 한 일이라고 전하니, 이른바 묵호라는 이름은 진짜 이름이 아니라 아도의 별칭이었을 것이다. 양나라의 사람이 달마達摩를 가리켜 벽안호碧眼胡라 하고, 진晉나라에서 승려 도안道安을 조롱하여 칠도인漆道人이라 부르는 것과 같다.

아도가 세상을 피하면서 자기 이름을 말하지 않았던 것이다. 아마도 신라의 사람들은 자신들이 들은 바에 따라 묵호자니 아도니 하는 두 가지 이름으로 불러 마치 한 사람이 두 사람인 것처럼 전한 것이다. 더구나 아도의 겉모습이 묵호자와 비슷하다고 전하는데, 이것을 볼 때에도 그가 한 사람임을 알 수 있다.

고도령이 일곱 군데를 차례로 지목한 것은 바로 절을 세울 순서에 따라 예언한 것인데 두 전기를 모두 잃었으므로 여기서는 사천의 끝을 다섯 번째에 실은 것이며, 3천여 달이란 말도 반드시 전부 믿을 수는 없다. 눌지왕 때부터 법흥왕 정미년527년에 이르기까지는 무려 백여 년이나 되니, 만약 천여 달이라 했다면 거의 비슷하게 맞을 것이다. 성은 아我이고 외자 이름을 쓴 것은 거짓인 듯하나 확실하지는 않다.

또 원위元魏, 북조 탁발씨의 왕조의 승 담시曇始, 혹은 혜시(惠始)라고도 한다.의 전기를 살펴보면 관중關中 사람인 담시는 출가한 뒤 수많은 이적異迹을 남겼다. 동진 효무제 태원 9년384 말에 담시는 경장과 율장 수십 부를 가지고 요동遼東으로 가서 불교를 전파했다. 여기서 그는 삼승三乘, 열반에 이르는 세 가지 교법을 가르쳐 즉시 불계佛戒에 귀의하게 하였으니, 대개 이것이 고구려에서 불교를 접한 시초일 것이다.

의희義熙, 동진 안제의 시호 초년405년에 담시는 다시 관중으로 돌아가서 삼보三輔, 한나라 때 장안 부근을 일컫던 말에 불교를 전파시켰다. 담시는 얼굴보다도 발이 희었으며, 진흙탕 속에 건너더라도 발이 더러워지거나 젖지 않았으므로 세상 사람들이 그를 가리켜 백족 화상白足和尙이라 불렀다고 한다.

진나라 말년 북방의 흉노匈奴 혁련발발赫連勃勃, 진나라 때 5호 16국 가운데 하나인 하나라의 임금. 흉노의 후손으로 후진 요흥 때 북방을 지키다가 반란을 일으켜 스스로 대하천왕(大夏天王)이라 하며, 후에 장안에 들어가 황제라 참칭하고 통만(統萬)에 도읍을 정했다.이 관중을 함락시키고 수많은 사람을 죽였다. 그때 담시도 역시 화를 당했으나 칼날이 그를 해치지 못했다. 발발은 탄식하면서 승려들을 모두 용서하고 한 사람도 죽이지 않았다. 담시는 이에 몰래 산림 천택川澤으로 도망하여 동냥중의 노릇을 하였다. 척발도拓跋燾가 다시 장안을 쳐서 수복하고 관중과 낙양洛陽에까지 위세를 떨쳤다. 이때 박릉博陵에 최호崔晧가 있었는데, 그는 좌도左道, 아도라는 말로 도교를 가리킨다.를 조금 익혀 불교를 시기하고 미워하고 있었는데 재상의 지위에 올라 척발도의 신임을 받게 되자, 천사天師 구겸지寇謙之와 함께 척발도를 설득하였다.

"불교는 세상에 이익을 주지 못하며 오히려 백성들에게 해를 입힐 따름입니다."

그는 불교를 폐하도록 권했다고 전한다.

태평太平, 양나라 경제의 연호 말년에 담시는 비로소 척발도를 귀화시킬 때가 왔음을 알고 원회일元會日, 정월 초하룻날에 돌연 지팡이를 짚고 대궐문에 이르렀다. 그러자 척발도는 그를 베어 죽이라고 명령했다. 그러나 아무리 여러 번 베어도 베어지지 않았다. 척발도가 나서서 제 손으로 직접 그를 베었으나 역시 상하지 않았다. 이에 북쪽 동산에 기르고 있던 범에게 먹이로 주었으나, 범 또한 감히 가까이 하지 못했다. 척발도는 매우 부끄럽고 두려워하다가, 뒤에 역질疫疾에 걸리고 말았다. 또한 최호와 구겸지 두 사람도 잇달아 몹쓸 병에 걸렸다. 척발도는 이 죄과가 그들 때문에 생긴 것이라 생각하여 두 집안을 모두 죽여 없애고, 나라 안에 선포하여 불교를 크게 퍼뜨렸다. 담시가 그 뒤 어디에서 죽었는지 알 수 없었다 한다.

다음과 같이 논평하여 말한다.

담시는 태원 말년에 해동海東에 왔다가 의희 초년에 관중으로 돌아갔으니 이곳에 10여 년 동안 머물렀다는 얘기인데, 어찌 동국 역사에는 그 기록이 실리지 않았단 말인가? 담시는 이미 괴이하여 헤아릴 수 없는 사람이었으나, 아도·묵호자·난타와 연대와 그 사적이 서로 같으니 아마 세 사람 가운데 한 사람의 이름이 이름을 바꾼 것으로 보인다.

다음과 같이 기리어 읊는다.

금교金橋에 눈이 쌓여 아직 녹지 않으니,
계림鷄林의 봄빛은 돌아오지 않았네.
봄의 신神은 재주도 많도다.
모랑毛郞 집의 매화는 먼저 꽃피었네.

원종原宗, 법흥왕은 불법을 일으키고 눌지왕 때로부터 백여 년이 되다.

| 염촉厭髑, 이차돈이 몸을 바치다 |

〈신라본기〉에 '법흥왕 즉위14년527에 소신小臣 이차돈이 불법을 위하여 제 몸을 바쳤다' 고 하였다.

곧 소량蕭梁으로 따지면 보통普通 8년 정미년527년은 서천축의 달마가 금릉金陵, 중국 남경의 옛 이름에 왔던 해이기도 하다. 또한 이 해에 낭지 법사郎智法師가 처음으로 영취산靈鷲山에 머물면서 설법하기도 했다. 이로써 불교의 흥하고 쇠하는 것도 반드시 먼 곳중국과 가까운 곳신라에서 같은 시기에 서로 감응했던 것을 알 수 있다.

원화 연간元和年間, 당 헌종의 연호이며, 806년에서 820년까지를 말한다.에 남간사南澗寺, 경북 월성군 대남면에 있던 절의 승녀 일념一念이 〈촉향분례불결사문髑香墳禮佛結社文〉을 지었는데, 이 사실을 자세히 실었다. 그 대략의 내용은 이렇다.

예전에 법흥대왕이 자극전紫極殿, 대궐에서 왕위에 올랐을 때 동쪽의 지역을 살펴보고 말했다.

"예전에 한 명제漢明帝가 꿈에 감응되어 불법이 동쪽으로부터 흘러들어왔다. 내가 왕위에 오르면 백성들을 위해 복을 닦고 죄를 없애는 곳을 마련하려 한다."

이에 조신朝臣, 향전에는 공목(工目)과 알공(謁恭) 등이라고 했다.들은 그 깊은 뜻을 헤아리지 못하고 채 나라를 다스리는 대의大義만을 지켜 절을 세우겠다는 신령한 생각을 따르지 않았다.

그러자 대왕이 탄식하면서 말했다.

"아! 덕이 없는 내가 왕업을 이어받으니, 위로는 음양의 조화가 모자라고 아래로는 백성들의 즐거움이 없도다. 정사를 보살피는 틈틈이 석가의 교화에 마음을 두고 있거늘, 누가 나와 더불어 일을 하리오?"

이때 소신이 있었는데, 성은 박朴이고, 자는 염촉厭髑, 혹은 이차(異次)라 하거나 이처(伊處)라고도 했는데 이는 방음(方音)이 다르기 때문이다. 한역(漢譯)하여 염이라 한다. 촉(厭), 돈(頓), 도(道), 도(覩), 독(獨) 등은 모두 글 쓰는 사람의 편의에 따른 것이니 곧 조사(助辭)이다. 이제 윗글자는 한역하고 아랫글자는 한역하지 않았으므로, 염촉 또한 염도(厭覩) 등으로 쓴 것이다.이라 했다.

그의 아버지가 누군지는 알 수 없고, 할아버지는 아진阿珍 종宗으로서 습보習寶 갈문왕葛文王의 아들이다신라의 관작(官爵)은 모두 17등급인데 제4등급을 파진찬(波珍湌), 또는 아진찬(阿珍湌)이라고도 한다. 종은 그 이름이며, 습보도 또한 이름이다. 신라 사람들은 추봉(追封)한 왕을 모두 갈문왕이라 했는데, 그 이유는 사신(史臣)도 자세히는 모른다고 했다. 또 김용행(金用行)이 지은 『아도비(阿道碑)』를 살펴보면, 사인(舍人)은 그때 나이가 26세였으며, 아버지는 길승(吉升), 할아버지는 공한(功漢), 증조는 걸해대왕(乞解大王)이라 했다.

염촉은 대나무와 잣나무과 같은 자질에 물과 거울 같은 뜻을 지니고 있었다. 그 선업을 쌓은 가문의 증손으로서 궁 안의 임금의 보좌역이 되기를 희망했고, 성조聖朝의 충신으로서 하청이 되기를 바랐다. 그때 그의 나이 22세로 사인舍人, 신라 관작에 대사(大舍), 소사(小舍) 등이 있었는데, 대개 하사(下士)의 등급이다.의 자리에 있었다.

왕이 그의 얼굴을 쳐다보더니 그 속내를 눈치 채고 그가 아뢰었다.

"신이 듣자오니 옛 사람은 꼴 베고 땔나무하는 비천한 사람에게도 계책을 물었다고 했습니다. 큰 죄를 무릅쓰고 아뢰겠습니다."

왕이 말했다.

"네가 할 수 있는 말이 아니다."

이에 사인이 다시 아뢰었다.

"나라를 위해 몸을 바치는 것은 신하의 큰 절개이고, 임금을 위해 목숨을 바침은 백성의 곧은 의리입니다. 거짓된 말을 전했다고 하여 신의 목을 치신다면, 만백성이 모두 굴복하고 감히 왕명을 어기지 못할 것입니다."

왕이 말했다.

"살을 베이고 몸이 고문당해도 새 한 마리를 살리려 하였고 피를 뿌리며 스스로 목숨을 끊어도, 짐승 일곱 마리를 불쌍히 여겼다. 내 뜻은 백성들을 이롭게 함이자 하는데, 어찌 무고한 사람을 죽이겠는가? 너는 오로지 공덕을 쌓으려고 하지만 죽음을 피하느니만 못할 것이다."

왕이 만류하자, 사인이 다시 아뢰었다.

"버리기 어려운 것 중에 자신의 목숨보다 더한 것은 없습니다. 그러하오니, 소신이 저녁에 죽어 불교가 아침에 행해지면 불법은 다시 일어나고 성스러운 임금께서는 길이 편안하실 것입니다."

이에 왕이 말했다.

"난새와 봉황의 새끼는 어릴 적부터 하늘 높은 곳에 마음이 있고, 기러기와 고니의 새끼는 날 때부터 물결을 헤칠 기세를 품는다 했는데, 네가 그렇게 할 수 있다면 가히 보살의 행동이라 할 수 있겠다."

이에 대왕은 짐짓 위의威儀를 갖추고 무시무시한 형구刑具를 사방에 벌여 놓고, 여러 신하들을 불러 물었다.

"경들은 내가 절을 지으려 하는데 일부러 늦추려는 이유는 무엇인가?〈향전(鄕傳)〉에는 염촉이 왕명이라 하면서 그 역사(役事)를 일으켜 절을 세운다는 뜻을 전하였는데, 여러 신하들이 와서 간했으므로 왕은 이에 노하면서 왕명을 거짓으로 꾸며 전달했다고 염촉에게 책임을 지워 처형한 것이라고 했다."

그러자 여러 신하들이 벌벌 떨면서 정성스럽게 맹세하고 손으로 동쪽과 서쪽을 가리키자, 왕은 사인을 불러 이 일을 문책했다. 사인은 얼굴빛이 변하면서 아무 말도 하지 못했다.

대왕은 크게 분노하여 그를 베어 죽이라고 명령하자 유사有司가 그를 묶어 관아로 끌고 갔는데, 사인은 맹세하고 글을 지었다. 옥리가 그의 목을 베니 흰 젖이 한 길이나 솟아올랐다〈향전에 따르면 사신이 맹세하기를 "대성법왕(大聖法王)께서 불교를 일으키려 하시므로 내가 몸과 목숨을 돌보지 않고 세상의 인연을 버리오니, 하늘은 상서를 내리어 만백성에게 두루 보여 주십시오"했다. 이에 그의 머리가 날아가서 금강산, 경주 북쪽의 산꼭대기에 떨어졌다고 한다.

이에 하늘이 어두워지면서 석양이 그 빛을 감추고 땅은 진동하면서 천화가 내렸다. 임금은 슬퍼하여 눈물이 용포를 적시었고 재상은 상심하여 땀이 쓰고 있던 사모에 배었다. 감천甘泉이 갑자기 마르니 물고기와 자라가 다투어 뛰어오르고, 곧은 나무가 저절로 부러지니 원숭이가 떼지어 울었다.

춘궁春宮, 세자궁에서 말고삐를 나란히 하던 동료들은 피눈물을 흘리면서 서로 마주보고, 월정月庭, 춘궁과 같은 뜻에서 소매를 잡고 놀던 친구들은 창자가 애끊는 이별을 슬퍼했다. 관을 바라보며 우는 소리는 마치 부모의 상을 당한 것 같았다.

그들은 모두 말했다.

"개자추介子推가 다리의 살을 벤 것도 염촉의 고절苦節엔 비할 수 없을 것이며, 홍연弘演이 배를 가른 일도 어찌 염촉의 장렬함에 비할 수 있으랴. 이것은 곧 대왕의 신력을 붙들어서 아도의 본심을 이룬 것이니 참으로 성스러운 분이로다."

마침내 북산의 서쪽 고개곧 금강산이다. 향전에서는 "머리가 날아가 떨어진 곳, 그곳에 장사지냈다"고 했는데, 그곳을 밝히지 않았으니 그 무슨 까닭인가?에 장사지냈다.

아내가 이를 슬퍼하여 좋은 터를 가려서 절을 짓고 그 이름을 자추사刺楸寺라 했다. 이에 집집마다 부처를 공경하면 반드시 대대의 영화를 얻게 되었고, 사람마다 도를 행하면 마땅히 불법의 이로움을 깨닫게 되었다.

진흥대왕 즉위 5년 갑자년544년에 대흥륜사大興輪寺를 지었다. 『국사國史』와 향전에 의하면, 실은 법흥왕 14년 정미년 527년에 처음으로 터를 닦고 21년 을묘년 535년에 천경림天鏡林의 나무를 베어 그 역사를 시작하였는데, 기둥과 들보에 쓸 재목은 모두 이 숲에서 충분하였고, 주춧돌과 돌함도 다 갖추었다. 진흥왕 5년 갑자에 절이 낙성되었으므로 갑자라고 한 것이다. 승전僧傳에 7년이라고 한 것은 잘못이다.

양 무제 태청太淸 초년547년에 양나라의 사신 심호沈湖가 사리舍利를 가져왔고, 진문제陳武帝 천가天嘉 6년565년에 진나라의 사신 유은劉恩은 명관明觀과 함께 불경을 받들고 왔다. 절들은 별처럼 늘어서 있고, 탑들이 기러기처럼 연이어 섰다. 법당法堂을 세우고 범종도 달았다.

고명한 승려들이 천하의 복전福田이 되고, 대승大乘·소승小乘의 불법은 서울의 자비로운 구름이 되었다. 다른 지방의 보살이 세상에 나타나고 분황의 진나(陳那), 부석의 보개(寶蓋), 낙산의 오대(吾臺) 등이 그것이다, 서역의 명승들이 이 땅에 오니, 이로 말미암아 삼한이 합쳐 한 나라가 되고 온 세상을 감싸 한집이 되었다.

그러므로 공덕을 천구의 나무에 쓰고, 신성한 행적은 은하수에 비추니 이것이 어찌 세 성인아도 · 법흥왕 · 염촉을 이른다의 위덕威德으로 이룬 것이 아니겠는가!

훗날 국통 혜륭惠隆과 법주法主, 불법을 잘 아는 고승 효원孝圓, 김상랑金相郎과 대통 녹풍鹿風과 대서성大書省 진서眞恕와 파진찬 김의 등이 사인의 무덤을 수축하고 큰 비석을 세웠다.

원화 12년 정유년817년 8월 5일은 곧 제41대 헌덕대왕憲德大王 9년이다. 홍륜사의 영수선사永秀禪師, 이때 유가(瑜伽)의 여러 승을 모두 선사라 일컬었다는 이 무덤에 예불할 향도香徒들을 모아 매달 5일에 영혼의 묘원妙願을 위해 단을 쌓고 법회를 열었다.

또 향전에는 이렇게 말하였다.

"고을의 노인들이 그의 제삿날이 되면 홍륜사에 모임을 가졌다."

8월 초닷새는 곧 사인이 목숨을 바쳐 불법에 순응하던 날이다.

아! 이러한 임금이 없었으면 이러한 신하도 없었을 것이고, 이러한 신하가 없었으면 이러한 공덕도 없었을 것이며, 유비가 제갈량을 만남과 같으며, 구름과 용이 서로 감응한 아름다운 일이다.

법흥왕은 이미 폐지된 불법을 일으켜 절을 세우고, 절이 완성되자 면류관을 벗고 가사를 입었으며, 궁에 있는 왕의 친척을 절의 종으로 삼게 하고절의 종은 지금까지도 왕손이라 일컫는다. 뒤에 태종왕 때에 이르러 재상 김양도(金良圖)가 불법을 믿었는데 화보(花寶)와 연보(連寶) 두 딸을 절에 바쳐 종으로 삼았다. 또 역시 모척(毛尺)의 가족을 잡아와서 절의 종으로 삼았는데, 이 두 가족의 후손이 지금까지 끊어지지 않았다. 그 절에 살면서 몸소 불교를 널리 교화시켰다.

진흥왕은 선왕인 법흥왕의 덕을 이은 성군이었다. 왕위에 올라 구오九五, 임금의 자리의 위엄으로 백관을 통솔하니 호령을 갖추었으며 왕은 이내 이 절에 대왕흥륜사란 이름을 내렸다.

법흥왕의 성은 김씨요, 출가한 이름은 법운法雲이요, 자는 법공法空이다승전과 여러 설에 따르면, 왕비도 출가하여 이름을 법운이라 했고 법흥왕도 법운이라 했다 하니 의심스럽다. 『책부원구册府元龜』에 법흥왕의 성은 모募요, 이름은 진秦이라 했다.

처음 역사를 일으켰던 을묘년법흥왕 22년 535에 왕비도 또한 영흥사永興寺를 세우고, 모록의 누이동생인 사씨의 유풍을 사모하여 법흥왕과 같이 머리를 깎고 여승이 되어 법명을 묘법妙法이라 하고 그녀는 영흥사에서 몇 년 머물다가 세상을 떠났다.

『국사』에는 건복建福 31년614에 영흥사의 소상塑像이 저절로 무너지더니 얼마 되지 않아 진흥왕비였던 여승이 세상을 떠났다고 했다.

살펴보면, 진흥왕은 법흥왕의 조카요, 왕비 사도 부인思刀夫人 박씨는 모량리牟梁里 영실각간英失角干의 딸로서 그녀 역시 출가하여 여승이 되었다. 그러나 영흥사를 세운 주인은 아니다.

그렇다면 진眞, 진흥왕비의 진자는 마땅히 법法자로 고친다면 이것은 법흥왕의 왕비 파조 부인이 여승이 되어 세상을 떠난 것을 가리킨다. 이것은 곧 그 절을 짓고 불상을 세운 주인이기 때문이다.

법흥, 진흥 두 왕이 왕위를 버리고 출가한 것을 사관史官이 쓰지 않은 것은 출가한 일이 세상을 다스리는 교훈이 아니기 때문이다. 또

대통 원년 정미년527년에는 양 무제를 위해 웅천주熊川州에 절을 세우고 그 절의 이름을 대통사大通寺라 했다웅천은 바로 공주이다. 이때는 신라에 속했기 때문이다. 그러나 정미년의 일은 아닌 것 같다. 이 절은 중대통 원년 기유년(528년)에 세운 것이다. 흥륜사를 처음 세우던 정미년에는 아직 다른 군에 절을 세울 틈이 없었다.

다음과 같이 기리어 읊는다.

성인의 지혜는 만세의 계책이며
구구한 여론은 보잘것없다.
법륜法輪이 풀려 금륜金輪을 따라 구르니
태평성세가 불교로 인해 이루어진다.

이것은 법흥왕을 찬미해서 지은 것이다.

의義에 죽고 생生을 버림도 놀라운 일인데,
하늘꽃天花과 흰 젖의 이적異蹟이 더욱 다정하구나.
갑자기 한칼에 몸은 비록 죽었으나
절마다 울려 퍼지는 종 소리는 서울을 뒤흔든다.

이것은 염촉을 위해 지은 것이다.

법왕法王이 살생을 금하다

백제 제29대 법왕의 이름은 선宣이며, 효순孝順이라고도 한다. 그는 개황開皇, 수나라 문제의 연호 10년 기미년599년에 왕위에 올랐다. 이 해 겨울에 조서를 내려 살생을 금지시키고, 민가에서 기르던 매 같은 새들을 놓아주게 하고, 고기를 잡는 도구를 불살라 살생을 일체 금지시켰다.

이듬해 경신년에는 30명에게 승려가 되는 것을 허락하고, 당시 서울인 사비성지금의 부여에 왕흥사王興寺를 세우려 했다. 그러나 겨우 틀을 세우고 터만 잡은 채 세상을 떠났다. 무왕武王이 왕위를 이어 선왕의 사업을 이어받아 절 짓기를 계속해 몇 십 년 후에 완성시키고 그 절을 미륵사彌勒寺라 하였다. 산을 등지고 물을 내려다보는 곳에 있었는데, 꽃과 나무가 빼어나게 아름다워 사계절의 아름다움을 다 갖추었기에 왕은 언제나 배를 타고 깅물을 따라 질에 들어가 그 지형과 경치의 장엄하고 수려함을 감상했다고기(古記)에 기록된 것과는 조금 다르다. 무왕(武王)은 가난한 어머니가 연못의 용과 관계하여 낳은 이다. 어릴 때는 서동(薯童)이라 불렀는데 즉위한 뒤에 시호(諡號)를 무왕이라 했다. 이 절은 처음에는 왕비와 더불어 창건한 것이라고 했다.

다음과 같이 기리어 읊는다.

짐승들에게도 관대하게 베푸니 그 은혜 천구千丘에 미치고,
돼지와 물고기까지 흡족하니, 덕택과 어짐이 사해四海에 넘치네.
성군 법왕이 갑자기 돌아가신 걸 말하지 마오.
천상의 도솔천엔 이제 봄이 한창일지니.

보장왕寶藏王이 도교를 받들고 보덕 화상普德和尙이 암자를 옮기다

〈고구려 본기〉에 이렇게 말하였다.

고구려 말기인 무덕武德, 당 고조의 연호 정관貞觀 연간에 나라 사람들이 오두미교五斗米敎, 도교를 다투어 신봉했다. 당나라 고조는 이 소식을 듣고 도사를 시켜 천존상天尊像을 보내고, 고구려에 가서 『도덕경道德經』을 가르치게 하자, 왕은 백성과 함께 그것을 들었는데 그때가 곧 제27대 영류왕榮留王 즉위 7년인 무덕武德 7년 갑신년624년이었다.

이듬해 고구려는 당나라에 사신을 보내어 불교와 도교를 배우기를 청하자, 당나라 황제고조를 이른다는 이를 허락했다.

보장왕은 즉위하여정관 16년 임인년 462, 유교·불교·도교를 모두 일으키고자 하였다. 그때 왕의 총애를 받던 재상 개소문蓋蘇文이 왕을 설득하여 말했다.

"유교와 불교는 다 강성하나 도교는 왕성하지 못하니, 특별히 당나라에 사신을 보내어 도교를 구하도록 하십시오."

그때 반룡사盤龍寺에 머물러 있던 보덕 화상은 도교가 불교와 맞서게 되면 국운이 위태로워질 것을 염려하여 여러 번 왕에게 간했으나 왕은 이를 듣지 않았다. 이리하여 신력神力으로 방장方丈, 중의 처소을 남쪽으로 날려 완산주完山州, 지금의 전주 고대산孤大山으로 옮겨 거기서 살았다. 이때는 영휘永徽 원년 경술년650년 6월이었다또 『본전(本傳)』에서는 건봉(乾封) 2년 정묘년 667년 3월 2일이라 했다.

얼마 후 나라가 망했다총장(總章) 원년 무진년 668년에 나라가 망했으니, 헤아려 보면 19년 뒤가 된다. 지금 경복사景福寺에 날아온 방장方丈이 그

때의 것이라 한다 이것은 『국사國史』에 전한다. 진락공眞樂公 이자현李資
玄은 그를 위해 시를 써서 당堂에 남겨 두었고, 문열공文烈公 김부식
은 그의 전기를 지어 세상에 전했다.

또 『당서唐書』에 의하면, 이보다 먼저 수나라 양제가 고구려의 요
동을 정벌할 때 부장副將에 양명羊皿이란 자가 있었는데, 그가 전쟁
에 패하여 바야흐로 죽게 되자 이렇게 맹세하여 말하였다.

"내 반드시 고구려의 신임을 받는 신하가 되어 그 나라를 멸망시키
겠다."

개씨蓋氏가 정권을 차지하자 개蓋로 성을 삼았으니 곧 양명羊皿이
라는 두 글자가 개蓋라는 글자와 맞아떨어진 것이다.

또 고구려 『고기』에 이런 말이 있다.

수나라 양제가 대업大業 8년 임신년612에 30만 명의 군사를 거느
리고 바다를 건너 쳐들어왔다. 10년 갑술년614 10월에 고구려 왕그때
는 제36대 영양왕 즉위 25년이었다이 국서國書를 보내어 항복을 청하였
다. 이때 한 사람이 몰래 작은 활을 품속에 지니고 사신을 따라 양제
가 탄 배 안으로 들어갔다. 그리고 양제가 한참 국서를 읽을 때, 갑자
기 활을 쏘아 황제의 가슴을 맞혔다. 양제는 즉시 군사를 돌리려고
측근의 신하들에게 말했다.

"천하의 군주인 내가 몸소 작은 나라를 정벌하려 했으나 이기지 못
했으니, 이것은 만대의 웃음거리이다."

이때 우상右相 양명이 아뢰었다.

"신이 죽으면 고구려의 대신이 되어 반드시 그 나라를 멸망시켜 폐
하의 원수를 갚겠습니다."

양명은 양제가 죽은 후에 과연 고구려에 태어났다. 나이 15세가 되

니 총명하고 신기한 무용武勇을 지녔다. 이때 무양왕武陽王,『국사』에서는 영류왕의 이름을 건무(建武) 혹은 건성(建成)이라 하였는데, 여기에는 무양왕이라 했으니 자세히 알 수 없다.이 그가 어질다는 말을 듣고 조정에 불러들여 신하로 삼았다. 그는 스스로 성을 개蓋, 이름은 금金이라 하였다. 벼슬이 소문蘇文에까지 이르렀다. 소문은 바로 시중侍中의 직책이다.『당서』에서는 개소문이 스스로 막리지(莫離支)라 일컬었는데, 이는 당의 중서령(中書令)과 같다 했다. 또『신지비사(神誌秘詞)』의 서문에 따르면, '蘇文大英弘 序幷註'라 했으니 소문이 곧 관직명인 증거이다. 전(傳)에 이르기를 문인(文人) 소영홍(蘇英弘) 서문이라 했으니, 어느 것이 옳은지 알 수 없다.

개금蓋金이 왕에게 아뢰었다.

"솥에는 세 발이 있고, 나라에는 세 가지 교敎가 있는 법입니다. 신이 보기에는 이 나라에는 오직 유교와 불교만 있고 도교가 없기 때문에 나라가 몹시 위태롭습니다."

왕은 그 말을 옳다고 여겨 당나라에 도교를 청하자, 당 태종은 숙달叔達 등 도사 8인을 보냈다.고구려『고기』에 따르면, 무덕 8년 을유년 625년에 당에 사신을 보내 불교와 도교를 구하자 당의 황제가 이를 허락했다고 한다. 이 기록에 의하면, 양명은 갑술년 614년에 죽어 고구려에 태어났다. 그렇다면 그의 나이 겨우 십여 세에 재상이 되고, 또 왕에게 말해 당에 사신을 보내어 도교를 청한 것이니, 그 연월 중 분명히 한 군데는 잘못이 있을 것이다. 그러므로 지금 여기에 두 가지 모두를 기록한다.

왕은 기뻐하며 절을 도관道舘으로 만들고 도사를 높여 유사儒士의 위에 앉게 했다. 도사들은 나라 안의 유명한 산천을 돌아다니며 기운을 진압시켰다. 옛 평양성은 형세가 신월성新月城, 반월성이었다. 그래서 도사들은 주문을 읽어 남하南河의 용에게 주문을 읽어 성을 더

늘려 쌓게 하여 만월성滿月城을 쌓아 성의 이름을 용언성龍堰城이라 한다. 비결讖을 지어 용언도龍堰堵 또는 천년보장도千年寶藏堵라 했다. 혹 영석靈石, 민간에서는 도제암(都帝嵒) 또는 조천석(朝天石)이라고도 하는데 옛날에 성제(聖帝)가 이 돌을 타고 올라가 상제(上帝)를 뵈었기 때문이다. 을 파서 깨뜨리기도 했다.

개금이 또 왕에게 건의하여 동북쪽과 서남쪽에 긴 성을 쌓았는데, 이때 남자들은 부역에 나가고 여자들이 농사를 지었다. 그 공사는 16년 만에 끝났다.

보장왕 때에 당 태종이 친히 6군六軍을 거느리고 고구려에 쳐들어 왔으나 또 이기지 못하고 돌아갔다.

당나라 고종 총장總章 무진년668년에 당나라의 우상右相 유인궤劉仁軌와 대장군 이적李勣, 신라 김인문金仁問 등이 고구려를 쳐서 멸망시켰다. 그들은 보장왕을 사로잡아 당나라로 돌아가고, 보장왕의 서자인 안승安勝은 4천여 가구를 이끌고 신라에 항복했다.『국사』와 조금 다르므로 아울러 기록한다.

대안大安, 요(遼) 도종(道宗)의 연호 8년 신미년1092년에 고려의 우세승통祐世僧統, 대각국사 의천이 고대산 경복사 비래방장飛來方丈에 이르러 보덕성사普德聖師의 영정에 예를 올리고 시를 지었다.

열반의 평등한 가르침은
우리 스승님으로부터 전수되었다 하네.
애석하다, 방장이 날아온 후,
동명왕의 옛 나라가 위태로워졌다네.

그 발문에는 이런 말이 있다.

"고구려 보장왕이 도교에 미혹되어 불법을 믿지 않으므로, 법사가 방장을 날려 남쪽의 이 산에 옮겨 놓았다. 후에 신령스런 사람이 고구려 마령馬嶺에 나타나서 사람들에게 '너희 나라가 망할 날이 며칠 안 남았다'고 말했다."

이런 것은 국사와 내용이 같고, 그 나머지는 『본전本傳』과 〈승전僧傳〉에 자세히 기록되어 있다.

보덕 법사에게는 11명의 고명한 제자들이 있었다. 그 가운데 무상화상은 제자 김취金趣 등과 함께 금동사金洞寺, 평남 안주군 오도산에 있다를 세웠고, 적멸寂滅과 융의融義 두 법사는 진구사珍丘寺, 전북 임실군에 있다.를 세웠으며, 지수智藪는 대승사大乘寺, 경북 문경군 산북면 전두리 사불산에 있던 절를 세웠다. 또한 일승一乘은 심정心正, 대원大原 등과 대원사大原寺, 전주 서남쪽에 있는 모악산에 있던 절을 세웠고, 수정水淨은 유마사維摩寺, 전북 정읍군 칠보산에 있던 절를 세웠으며, 사대四大는 계육契育 등과 함께 중대사中臺寺, 전북 진안군 성산에 있던 절를 세웠다. 그리고 개원 화상開原和尙은 개원사開原寺, 충북 단양군 금수산에 있던 절를 세웠고, 명덕明德은 연구사燕口寺를 세웠다.

개심開心과 보명普明도 『전傳』이 있는데 다 『본전』과 같다.

다음과 같이 기리어 읊는다.

불교는 드넓고 끝이 없는 바다로다.
백 갈래 유교, 도교 다 받아들이네.
우습구나, 여왕麗王은 웅덩이를 가로막았지만
와룡臥龍이 바다로 옮겨간 것을 알지 못하였네.

탑상塔像 제四

| 동경東京 흥륜사 금당金堂의 10성聖 |

동쪽 벽에 앉아서 서쪽으로 향한 진흙상(泥塑)은 아도·염촉·혜숙惠宿·안함安含·의상義湘이다.

서쪽 벽에 앉아서 동쪽으로 향한 진흙상은 표훈表訓·사파蛇巴·원효元曉·혜공惠空·자장慈藏이다.

| 가섭불迦葉佛의 연좌석宴坐石 |

『옥룡집玉龍集, 우리나라의 고대 기록』과 『자장전慈藏傳』, 또는 제가諸家의 전기에서 다음과 같이 말했다.

"신라의 월성 동쪽 용궁의 남쪽에는 가섭불迦葉佛, 석가모니의 10대 제자 가운데 한 부처의 이름이며, 과거 7불 가운데 여섯 번째 부처이다. 사람의 나이로 2만 살이 되었을 때 세상에 나서 정각(正覺)을 이루었다고 한다.의 연좌석宴坐石, 좌선하던 돌이 있는데, 그 터는 곧 전 세상 부처님의 절터이다. 지금 황룡사의 터는 일곱 가람伽藍, 절 가운데 하나이다."

『국사』에 의하면, 진흥왕 14년인 개국 3년 계유년553년 2월, 월성 동쪽에 궁궐을 새로 지었는데 여기에 황룡皇龍, 黃龍이 그곳에 나타났다고 한다. 왕은 이를 의아스럽게 여겨 신궁을 고쳐서 황룡사로 삼았다 한다.

연좌석은 불전 뒷면에 있었다. 전에 한 번 본 적이 있는데 돌의 높이는 5~6척이나 되지만, 그 둘레는 겨우 세 아름 정도이었고 우뚝 서 있는 그 꼭대기는 평평했다.

진흥왕이 절을 세운 뒤로 두 번이나 화재가 나 돌에 갈라진 곳이 생겼다. 그래서 절의 중이 쇠를 붙여 돌을 보호했다.

이것을 기리어 이렇게 읊었다.

> 부처님의 빛이 가려지고 드러남은 기억할 수 없는데
> 오직 연좌석만은 의연히 남았구나.
> 뽕나무밭이 몇 번이나 벽해가 되었는데,
> 애석하구나, 우뚝 선 그 자리에 아직도 남아 있네.

얼마 후 몽골의 큰 병란 이후 불전과 탑은 모두 불타 버리고, 이 돌도 또한 파묻혀 겨우 땅과 함께 평평해졌다.

『아함경阿含經, 석가모니의 언행록이며 소승불교의 경전』을 보면 가섭불은 현겁賢劫, 세 주겁(住劫)의 하나로, 현재 주겁을 이른다. 구류불손·구나함불·가섭불·석가모니불 등 많은 부처가 나타난다고 해서 현겁이라 한다.의 세 번째 부처이니, 사람의 나이로 치면 2만 살 때에 세상에 나타났다 한다. 이에 의거하여 증감법으로 계산한다면, 언제나 성겁成劫, 불교에서 이르는 가장 긴 시간의 하나. 세계가 성립되어 인류와 축생이 생성하는 시기의 처음에는 모두 무량수無量壽, 한량없는 수명를 누리다가 점점 줄어들어 수수壽가 8만 세에 이르면 그때가 주겁住劫, 사 겁의 하나로 인류가 세계에 안주하는 시기의 시초가 된다. 이때로부터 백 년에 한 살씩 줄어들어 나이가 10세가 되었을 때 일감一減이 되며, 다시 사람의 나이로 증가하여 8만 세에 이르면 일증一增이 된다. 이렇게 20번 줄었다가 20번 불었다가 하면 한 주겁이 된다. 이 한 주겁 동안에 1천의 부처가 세상에 나타나는데 지금의 본사本師 석가불은 네 번째 부처이다. 이 네 번째의 부처는 모두 제9감 중에 나타나게 된다. 석가세존이 백여 세부터 가섭불이 2만 세를 누렸던 때까지는 2백만여 세나 되니 현겁 시초의 첫째 부처였던 구류손불拘留孫佛, 부처의 이름. 과거 일곱 부처의 한 분이며, 현겁 천 부처의 한 분이다. 시대까지 이르면 또 수만 세가 된다. 구류손불 때로부터 거슬러올라가 겁초劫初, 이 세상이 처음 생길 때 무량 세의 수를 누리던 때까지는 또 얼마나 될 것인가?

  석가불로부터 내려와 지금의 지원至元, 원 세조의 연호 18년 신사년 1281년까지가 벌써 2천2백30년이나 되니, 구류손불로부터 가섭불 시대를 거쳐 지금에 이르기까지는 몇만 년이나 된다.

  고려의 명사 오세문吳世文이 『역대가歷代歌』를 지었는데, 거기에 보면 금金나라 정우貞祐, 금 선종의 연호 7년 을묘년1219년에서 거슬러올라가 계산하여 4만9천6백여 세에 이르면, 곧 반고씨盤古氏, 중국에서 천지개벽하고 처음 세상에 나왔다고 하는 제왕가 천지개벽을 한 무인년이 된다고 했다.

  또 연희궁延禧宮 녹사錄事 김희녕金希寧이 지은 『대일역법大一歷法』에서는 천지개벽의 상원上元, 술수가들은 60갑자를 9궁宮으로 분류할 때 180년 후에 반드시 도수가 다하게 된다고 해서, 제1갑자의 60년을 상원이라 하고, 제2갑자를 중원, 제3갑자를 하원이라 했다 갑자甲子로부터 원풍元豊, 송 신종의 연호 7년 갑자1084년에 이르기까지가 1백93만7천6백41 세라 했다.

또 『찬고도纂古圖, 중국의 역사책』에서는 천지개벽에서 춘추 시대 획 린獲麟, 춘추시대 노애공(魯哀公) 14년(B.C. 477년) 봄에 서쪽으로 사냥을 나갔 다가 기린을 잡은 때를 이른다. 때까지가 2백76만 세라고 했다. 여러 경 전을 살펴보면 가섭불 때로부터 지금에 이르기까지 이 연좌석의 나 이가 있다고 했으니, 겁초의 천지개벽 때와는 서로 떨어져 있는 것이 어린애 돌의 나이에도 미치지 못하니, 그들은 천지개벽의 설에 있어 서는 무척 소홀했던 것이다.

요동성의 육왕탑育王塔

『삼보감통록三寶感通錄』에 다음과 같이 기록되어 있다.

고구려 요동성 옆에 있는 탑은 옛날 노인들이 전하는 말에 의하면 다음과 같다.

옛날 고구려 성왕聖王이 국경 지방을 순행하다가 이 성에 이르렀 다. 그런데 이곳에서 오색 구름이 땅에 드리워진 것을 보고 그 구름 속으로 들어가 보니 어떤 중이 지팡이를 짚고 서 있었다.

그런데 그곳 가까이 가서 보면 갑자기 사라지고, 멀리서 보면 다시 나타나는 것이었다. 그 곁에 삼중三重으로 된 토탑土塔이 있었는데, 위는 가마솥을 덮은 듯하여 그것이 무엇인지 알 수 없었다. 그래서 다시 가서 중을 찾아보았으나, 다만 풀만이 무성할 뿐이었다. 그곳을 한 길쯤 파자 지팡이와 신이 나왔다.

또다시 파 보니 명銘이 나왔는데, 그릇 위에는 범서梵書, 인도의 산스크리트 문자로 기록된 글자 있었다.

옆에서 시중을 들던 신하가 그 글을 알아보고 말했다.

"이것은 불탑입니다."

왕이 자세히 묻자 신하가 말했다.

"옛날 한나라 때 있었던 것입니다. 그 이름은 포도왕蒲圖王, 본디는 휴도왕(休屠王)이라고 쓰는데 하늘에 제사지내는 부처이다.이라 합니다."

성왕은 이로 인하여 불교를 믿을 마음이 생겨 곧 칠중목탑七重木塔을 세웠고, 그 후에 불법이 전래되자 그 탑과 불교에 대해 자세히 알게 되었다.

지금은 탑의 높이가 줄어들고 본래의 탑은 썩어 무너졌다. 아육왕阿育王, 인도 마우리아 왕조의 제3대 아소카왕. B.C. 272년경에 즉위하여 인도를 통합하였다. 불교를 독실히 믿고 크게 장려하였으며, 불적(佛蹟)을 순례하여 기념탑과 석주(石柱)를 각지에 세웠다.이 통일했던 염부제주閻浮提洲, 인도에는 곳곳에 탑을 세웠으니 이상할 것이 없다.

또 당 고종의 용삭龍朔 연간661~662년에 요동에서 전쟁이 있었다. 이때 행군 설인귀薛仁貴는 수주隋主, 수 양제가 정벌했던 요동의 옛 땅에 이르러 산에 있는 불상을 보았는데, 모두 텅 비었고 매우 적막하여 사람의 왕래가 없었다.

한 노인에게 묻자 이렇게 대답했다.

"이 불상은 선대先代에 나타난 것이오."

그래서 불상을 그려서 서울로 돌아갔다약자함(若字函), 천자문 순서에 따라 약(若) 자에 해당하는 대장경의 보관함 속대장경에 자세히 씌어 있다.

　전한前漢과 삼국의 지리지地理志를 살펴보면 요동성은 압록강 밖에 있으며 한나라 유주幽州에 속해 있다고 되어 있다.

　고구려 성왕聖王은 어떤 임금인지 알 수 없다. 혹 동명성제東明聖帝, 주몽라 하나 그렇지는 않은 것 같다.

　동명성제는 전한의 원제元帝 건소建昭 2년B.C. 39년에 즉위하여 성제成帝 홍가鴻嘉 2년 임인년B.C. 19년에 세상을 떠났으니, 그때는 한나라도 아직 불경을 보지 못했는데 어찌 해외의 신하가 벌써 범서梵書를 알 수 있으랴. 그러나 부처를 포도왕蒲圖王이라 했으니, 아마 서한西漢, 전한 시대에도 서역 문자西域文字를 혹 아는 이가 있어 범서라고 했을 것이다.

　고전을 살펴보면 아육왕이 귀신의 무리들에게 명하여 9억 명이 사는 곳마다 탑 하나씩을 세우게 했다고 한다. 이렇게 하여 염부계閻浮界, 인도 안에 8만4천 개를 세워 큰 바위 속에 숨겨 두었다고 한다. 지금 곳곳마다 나타난 것이 한두 번이 아니니, 대개 진신眞身, 부처의 영원한 본체의 사리란 그 감응을 헤아리기 어려운 것이다.

　이것을 기리어 다음과 같이 읊는다.

> 아육왕의 보탑寶塔은 속세의 곳곳에 세워져
> 비에 젖고 구름에 파묻혀 또 이끼까지 끼였구나.
> 그때 길손의 눈길을 생각해 보면,
> 몇 사람이나 제신번祭神墦, 무덤을 가리키며 제사지냈을까.

금관성의 파사석탑婆娑石塔

금관金官, 김해에 있는 호계사虎溪寺의 파사석탑은 옛날 이 고을이 금관국金官國일 때, 수로왕의 후비 허 황후 황옥黃玉이 후한 건무建武 24년 무신년48년에 서역 아유타국阿踰陀國에서 배에 싣고 온 것이다. 처음에 공주허황후가 부모의 명을 받들고 바다를 건너 동쪽으로 향하려 하다가 수신水神의 노여움을 사서 건너가지 못하고 되돌아와 부왕父王에게 이를 아뢰자 부왕이 탑을 싣고 가라고 했다. 탑을 실으니 배가 순조롭게 바다를 건너 금관국의 남쪽 해안에 무사히 도착하였다.

그 배에는 붉은 돛과 붉은 기를 달고, 주옥珠玉 등을 싣고 있었기 때문에 지금 그곳을 주포主浦라 한다. 처음에 공주가 비단 바지를 벗었던 언덕을 능현綾峴이라 하고, 붉은 기가 처음 해안에 들어선 곳을 기출변旗出邊이라 한다.

수로왕이 허 황후를 맞아들여 나라를 다스린 것이 150여 년이나 된다. 그러나 그때까지도 해동海東에는 아직 절이 세워지지 않았으며, 불법佛法을 받드는 일도 없었다. 아마도 불교가 전해지지 않았고, 그곳에 살던 사람들도 믿지 않았기에 『가락국 본기』에도 절을 세웠다는 기록은 없다.

제8대 질지왕 2년 임진년452년에 이르러 처음으로 그곳에 절을 짓고, 또 왕후사王后寺를 세워이것은 아도와 눌지왕의 시대에 속하는 것으로, 법흥왕 이전의 일이다. 지금까지도 복을 빌고 그리고 남쪽 왜국倭國을 진압시켰는데 그 사실이 『가락국 본기』에 자세히 쓰여 있다.

탑은 사각형에 5층으로, 그 조각이 매우 기묘하고, 돌에는 희미한 붉은 무늬가 있는데 그 질은 매우 좋았으며 우리나라에서 나는 것은 아니다. 『신농본초神農本草』에서 말한 닭볏의 피를 찍어서 시험했다고 하는 돌이 바로 이것이다. 금관국은 또한 가락국이라고도 하는데, 자세한 것은 『가락국 본기』에 기록되어 있다.

   이것을 기리어 다음과 같이 읊는다.

     석탑을 실은 붉은 돛단배의 깃발이 가벼워라.
     신령에게 빌어 거친 바다 물결 헤쳐 왔다네.
     어찌 황옥黃玉만을 도우려 해안에 닿았으랴.
     천 년 동안 왜국의 침략을 막아왔구나.

| 고구려의 영탑사靈塔寺 |

『고승전』에서는

"승려 보덕普德의 자字는 지법智法이며, 이전 고구려 용강현龍岡縣 사람이다."

라고 했다. 자세한 것은 『본전』에 자세하게 기록되어 있다.

   보덕은 늘 평양성에 살았는데, 어느 날 산골의 노승老僧이 찾아와서 불경을 강론해 주기를 청했다. 보덕은 굳이 사양하다가 마지못해 가서 『열반경涅槃經, 석가모니가 세상을 떠날 때의 설법을 기록한 경전』 40여 권을 강론했다.

   강론을 마치고 성의 서쪽 대보산大寶山 바위굴 밑에 이르러 참선했는데 신인神人이 찾아와서 이곳에 사는 것이 좋겠다고 말했다. 그러더니 지팡이를 앞에 놓고 그 땅을 가리키면서 말했다.

"이 아래에 8면 7층 석탑이 있을 것이다."

이리하여 땅을 파 보니 과연 그러했기 때문에 그곳에 절을 세워 영탑사靈塔寺라 하고 그곳에서 살았다.

황룡사皇龍寺의 장륙존상丈六尊像

신라 제24대 진흥왕 14년 계유년553년 2월에 용궁 남쪽에 대궐을 지으려 하는데, 그곳에서 황룡이 나왔다. 그래서 거기에 절을 짓고 황룡사라 했다. 진흥왕 30년 기축년569년에 담장을 쌓고 17년 만에 공사를 겨우 끝마쳤다.

그리고 얼마 뒤에 바다 남쪽에서 커다란 배 한 척이 나타나 하곡현河曲縣 사포絲浦, 지금의 울주(蔚州) 곡포(谷浦)에 닿았다. 이 배를 살펴보니 공문公文에 이렇게 씌어 있었다.

서축의 아육왕이 황철黃鐵 5만7천 근과 황금 3만 푼을 모아서『별전(別傳)』에는 철 40만7천 근과 금 1천 냥이라 했으나, 이는 아마 잘못된 것 같다. 혹은 3만7천 근이라고도 한다. 세 개의 석가존상을 만들려 하다가 이루지 못했다. 그래서 그것을 배에 실어 바다에 띄우면서 '인연이 있는 나라에 가서 장륙존상丈六尊像, 1장 6척의 불상을 이루어 달라' 고 축원하고 아울러 견본으로 된 한 개의 부처와 두 개의 보살상도 함께 실려 있었다.

하곡현의 관리가 장계를 올려 아뢰었다. 왕은 그에게 명을 내려 그 고을 성 동쪽의 높고 메마른 땅을 골라 동축사東竺寺, 경남 울진군 방어진읍에 있는 절을 세우고 세 존상을 모시게 했다. 그리고 금과 철은 서울로 옮겨 대건大建, 남조 진선제의 연호 6년 갑오년574년 3월「사중기(寺中記)」에는 계사년 10월 17일이라 했다.에 장륙존상을 주조했는데 공사가 바로 진행되었는데 그 무게는 3만5천7근으로 황금 1만1백98푼이 들었으며, 두 보살상에는 쇠 1만1만2천 근과 황금 1만1백36푼이 들었으며 장륙존상을 황룡사에 모셨더니, 그 이듬해에 불상에서 눈물이 발꿈치까지 흘러내려 땅이 한 자 가량이나 젖었다. 그것은 대왕이 세상을 떠날 조짐이었다. 혹은 불상이 진평왕 때에 만들어졌다 하지만 그것은 그릇된 말이다. 다른 책에서는 다음과 같이 말했다.

아육왕은 서축 대향화국大香華國의 왕인데 불타佛陀가 세상을 떠난 뒤 백 년 되는 해에 태어났다. 그는 생전에 부처에게 공양하지 못함을 한스럽게 여겨 금과 쇠를 조금씩 거두어 세 번씩이나 불상을 주조했으나 성공하지 못했다. 그때 태자가 그 일에 참례하지 않았다. 그래서 왕이 그 까닭을 묻자 태자가 아뢰었다.

"혼자의 힘으로는 성공하지 못할 것을 이미 알고 있었기 때문입니다."

왕은 태자의 말이 옳다고 여기고 그것을 배에 실어 바다에 띄워 보냈다. 그 배는 남염부제南閻浮提, 남인도 16대국大國과 5백 중국中國, 1만 소국小國, 8만 촌락을 두루 돌아다녔으나, 모두 불상을 만드는 데 성공하지 못했다.

마지막에 신라국에 이르렀는데, 진흥왕이 문잉림文仍林에서 그것을 주조하여 불상을 완성하자 모습이 제대로 갖추어졌다. 아육왕은 이에 근심이 사라지게 되었다.

　그 뒤에 대덕大德, 지혜와 덕망이 높은 스님 자장慈藏이 중국으로 유학 가서 오대산五臺山, 중국 산시성 오대현 동북쪽에 있는 절에 이르자, 문수보살文殊菩薩이 나타나 비결을 주며 그에게 부탁했다.

　"너희 나라의 황룡사는 곧 석가와 가섭불이 강연했던 곳이므로 아직도 연좌석이 있다. 그러한 까닭에 인도의 아육왕이 황철 약간을 모아 바다에 띄웠는데 1천3백여 년이나 지나서야 너희 나라에 도착되어 불상이 만들어져 그 절에 안치된 것이다. 대개 위덕威德의 인연이 그렇게 한 것이다『별기別記』에 실려 있는 것과 똑같다."

　불상이 다 만들어진 후에 동축사의 3존불도 역시 황룡사로 옮겨 안치했다.

　『사기寺記』에는

　"진평왕 6년 갑신년584년에 금당이 만들어졌으며, 선덕왕 때 초대 주지는 진골眞骨 환희사歡喜師였고, 제2대 주지는 국통 자장, 그 다음은 국통 혜훈, 그 다음은 상률사였다."

라고 적고 있다. 이제 병화兵火, 고려 고종 때의 몽골 침입을 말한다.가 있은 후 큰 불상과 두 보살상은 모두 녹아 없어지고, 작은 석가상만이 아직 남아 있다.

　이것을 기리어 다음과 같이 읊는다.

　　이 세상 어느 곳이 참된 고향이 아니련만,
　　향화香火의 인연은 우리나라가 으뜸일세.
　　그것은 아육왕이 손을 대지 못한 것이 아니라
　　월성 옛 터를 찾아다니느라 그랬던 것이네.

황룡사의 9층탑

신라 제27대 선덕왕 5년인 당 태종 정관貞觀 10년 병신년636년에 자장 법사가 중국에 유학 가서 오대산에서 문수보살의 불법에 감화되어 깨달음을 얻었다자세한 것은 『본전』에 보인다.

문수보살이 자장 법사에게 이렇게 말했다.

"너희 나라의 왕은 천축 찰리종족刹利種族, 고대 인도의 네 가지 계급 가운데 두 번째 계급인 크샤트리아로 무사 계급을 말함.의 왕으로 이미 불기佛記를 받았으므로 특별히 인연이 있으며, 동이공공東夷共工, 중국 강회 지방에서 살았던 종족으로, 여기에서는 동이족의 뜻.의 종족과는 같지 않다. 그래서 산천이 험준하기 때문에 사람들의 성품이 거칠고 사나워서 사교邪敎를 많이 믿기 때문에 간혹 천신天神이 재앙을 내리기도 한다. 그러나 법문을 많이 들어 알고 있는 승려들이 나라 안에 있으므로 군신이 편안하고 백성이 화평하다."

말을 마치자 문수보살은 이내 사라졌다. 자장은 이것이 보살의 변화인 줄 알고 슬피 울면서 물러갔다. 법사가 중국의 태화太和 연못가를 지나가니 문득 신인이 나와서 물었다.

"어떻게 이곳에 왔는가?"

자장 법사가 대답했다.

"보리菩提, 불타에 이르는 길를 구하기 위해서입니다."

신령한 사람은 그에게 절을 한 다음 다시 물었다.

"너희 나라에 무슨 어려운 일이 있는가?"

"우리나라는 북쪽으론 말갈靺鞨과 이웃해 있고, 남쪽으론 왜국과 인접해 있으며, 고구려와 백제 두 나라가 번갈아 국경을 침범하여 이웃의 구적寇賊의 침입이 횡행하니, 이것이 백성들의 걱정입니다."

"지금 그대의 나라는 여자가 왕위에 있기에, 덕은 있어도 위엄이 없으므로 이웃 나라가 침략을 도모하니, 그대는 빨리 고국으로 돌아가라."

자장이 물었다.

"고국에 돌아가서 어떤 일을 해야 이익이 됩니까?"

"황룡사의 호법룡護法龍은 내 맏아들인데 범왕梵王의 명령을 받고 그 절에 가서 보호하고 있으니, 그대는 빨리 고국으로 돌아가서 절 안에 9층탑을 세우면 이웃 나라들은 항복해 오고 동방의 아홉 나라가 조공을 바칠 것이니, 왕이 없이도 길이 태평할 것이다. 탑을 세운 뒤에는 팔관회八關會를 베풀고 죄인을 풀어주면 외적이 침해하지 못할 것이다. 또한 나를 위하여 경기 남쪽 언덕에 정사精舍 한 채를 지어 내 복을 빌어 주면 나 또한 그 은덕을 반드시 갚을 것이다."

말을 마친 신령한 사람은 옥을 바치더니 이윽고 사라져 보이지 않았다 『사중기(寺中記)』에서는 당나라 장안에 있는 산인 종남산(終南山)의 원향선사(圓香禪師)의 처소에 탑을 세워야 하는 이유를 들었다고 했다.

정관 17년 계묘년643년 16일에 자장 법사는 당나라 황제가 준 불경·가사·폐백幣帛 등을 가지고 본국으로 돌아와서 왕에게 탑을 세울 것을 청하였다. 선덕여왕이 여러 신하에게 이 일을 의논하자 여러 신하들이 말하였다.

"백제의 공장工匠을 청해야만 될 것입니다."

선덕여왕은 사신에게 보물과 비단을 가지고 백제에 가서 청했다. 이리하여 아비지阿非知라는 공장이 신라에 와서 목재와 석재를 다듬고 이간伊干 용춘龍春이 그 일을 주관했는데 거느린 수하 공장이 2백

명이나 되었다. 처음 탑의 기둥을 세우던 날, 아비지는 백제가 멸망하는 꿈을 꾸었다. 그래서 그는 마음속에 의심이 나서 일손을 멈추었다. 그러자 갑자기 땅이 진동하며 주위가 어두워지면서 노승 한 사람과 장사壯士 한 사람이 금당문金堂門에서 나오더니 그 기둥을 세우고는 사라졌다. 이를 본 아비지는 마음을 고쳐먹고 그 탑을 완성시켰다.

『찰주기刹柱記』에는 "철반鐵盤 이상의 높이는 42척이고, 이하는 1백83척"이라 했다. 자장은 오대산에서 받은 사리 백 개를 그 탑 기둥 속과 통도사 계단戒壇, 스님이 계를 받는 제단과 대화사大和寺 탑에 나누어 모셨다. 이는 연못에 있던 용의 청에 따른 것이었다대화사는 지금의 울주蔚州인 아곡현阿曲縣 남쪽에 있는데, 그 절 또한 자장 법사가 세운 것이다.

탑을 세운 이후에 천지가 형통亨通하고 삼한이 통일되었으니, 이것이 어찌 탑의 영험함이 아니겠는가?

그 뒤 고구려 왕이 신라를 치려고 계획을 세우고 말했다.

"신라에는 세 가지 보물이 있어 침범할 수 없다 하니 그 세 가지 보물이란 무엇인가?"

"황룡사의 장륙존상과 9층탑, 진평왕의 천사옥대天賜玉帶입니다."

이 말을 듣고 고구려의 왕은 신라를 침범할 계획을 멈추었다. 주나라에 구정九鼎, 중국 하나라 우왕 때 9주州에서 쇠를 모아서 9주를 상징하는 솥을 만들었는데 이를 가리킨다. 하나라 · 은나라 · 주나라 이후 계속 전해 내려오는 나라의 중대한 보물이 있기 때문에 초나라가 감히 주나라를 엿보지 못했던 것과 마찬가지이다.

이것을 기리어 다음과 같이 읊는다.

귀신이 부축한 듯 수도 장안을 누르니,

휘황찬란한 금색 치장으로 처마가 움직이네.
이곳에 올라 아홉 나라의 항복만을 볼 것이랴,
건곤이 특히 평안함을 비로소 깨달았네.

또 해동의 명현名賢 안홍安弘이 지은 『동도성립기東都成立記』에 이렇게 씌어 있다.

"신라 제27대 왕에 여왕이 등극하니, 비록 도는 있어도 위엄이 없어 아홉 나라들이 침범하게 되었다. 대궐 남쪽 황룡사에 9층탑을 세운다면 이웃 나라가 쳐들어오는 재앙을 억누를 수 있을 것이라 하여 탑을 세웠다. 제1층은 일본日本을, 제2층은 중화中華를, 제3층은 오월吳越을, 제4층은 탁라托羅를, 제5층은 응유鷹遊를, 제6층은 말갈靺鞨을, 제7층은 단국丹國, 거란(契丹)을, 제8층은 여적女狄, 여진(女眞)을, 제9층은 예맥濊貊을 억누른다."

또 『국사國史』 및 『사중고기寺中古記』를 살펴보면 이렇게 기록되어 있다.

"진흥왕 14년 계유년553년에 황룡사를 세운 후에 선덕왕 때인 정관 19년 을사년645년에 9층탑이 처음으로 세워졌다. 32대 효소왕孝昭王 7년인 성력聖曆 원년 무술년698년 6월에 벼락을 맞았다『사중고기』에서 성덕왕 때라 한 것은 잘못이다. 성덕왕 때는 무술년이 없다. 제33대 성덕왕 경신년720년에 이를 다시 지었고, 48대 경문왕景文王 무자년868년 6월에 두 번째 벼락을 맞아 그 임금 때에 세 번째 다시 중축했다. 본조本朝, 고려 광종光宗 즉위 5년 계축년953년 10월에 세 번째 벼락을 맞았는데, 현종顯宗 13년 신유년1021년에 네 번째 다시 중축했다. 또 정종靖宗 2년 을해년1035년에 네 번째 벼락을 맞았는데, 문종文宗

18년 갑진년1064년에 다섯 번째 다시 중축했다.

또 헌종獻宗 말년 을해년1095년에 다섯 번째 벼락을 맞았는데, 숙종肅宗 원년 병자년1096년에 여섯 번째 다시 중축했다. 그러다가 고종高宗 16년 무술년1238년 겨울에 몽골의 침입으로 탑과 절, 장륙존상과 절의 전각들이 모두 불에 타버렸다.

| 황룡사의 종, 분황사의 약사여래불상, 봉덕사의 종 |

신라 제35대 경덕대왕이 천보天寶, 당 현종의 연호 13년 갑오년754년에 황룡사의 종을 주조하였다. 그 길이는 1장3촌이고, 두께는 9촌, 무게는 49만7천5백81근이었다. 시주施主는 효정이왕孝貞伊王 삼모 부인三毛夫人이고, 장인匠人은 이상택里上宅 하전下典, 노복이었다. 당나라 숙종肅宗 때에 새 종을 다시 만들었는데, 길이가 6척 8촌이었다.

그리고 이듬해 을미년755년에 분황사의 약사여래불藥師如來佛의 동상을 만들었는데, 그 무게는 30만6천7백 근이고, 장인은 본피부本彼部의 강고내미强古乃未이었다.

또 경덕대왕은 황동黃銅 12만 근을 들여 그의 아버지 성덕왕을 위해 큰 종을 하나 만들려고 하였으나 그 뜻을 이루지 못하고 세상을 떠났다. 그의 아들 혜공대왕惠恭大王 건운乾運, 혜공왕의 아들이 대력大曆 경술년770년 12월에 유사有司에게 명하여 장인들을 모아 종을 완성하고 봉덕사奉德寺에 안치하였다.

봉덕사는 효성왕孝成王이 개원開元 26년 무인년738년에 그의 아버지 성덕대왕의 복을 빌기 위하여 세운 것이므로 그 종 이름을 '성덕대왕聖德大王 신종지명神鐘之銘'이라 했다.성덕대왕은 경덕대왕의 아버지 전광대왕(典光大王)이다. 종은 본래 경덕대왕이 그 아버지 성덕대왕을 위해 시주한 금으로 만들었기에 성덕왕의 종이라 한 것이다.

조산대부朝散大夫 전태자사의랑前太子司議郎 한림랑翰林郎 김필해金弼奚가 왕명을 받들어 이름을 지었는데, 글이 너무 길고 복잡해서 여기에 싣지 않는다.

영묘사靈妙寺의 장륙존상

성덕왕이 절을 세우고 불상을 만든 인연은 『양지법사전良志法師』에 자세히 기록되어 있다.

경덕왕 즉위 23년764에 장륙존상에 금칠을 다시 하였는데, 그 비용이 조租 2만3천7백 석이었다.『양지전』에는 불상을 처음 만들 때의 비용이라고 씌어 있다. 그래서 이 두 가지 설을 모두 싣는다.

사불산四佛山·굴불산掘佛山·만불산萬佛山

죽령竹嶺 동쪽 백여 리 가량 되는 곳에 높이 솟은 산이 있었는데, 진평왕 9년 갑신년587년에 문득 사방이 한 발이나 되는 한 큰 돌이 나타났다. 그 돌에는 사방여래四方如來상이 새겨져 있었고, 붉은 비단으로 싸여 하늘에서 그 산 꼭대기로 떨어진 것이었다. 왕이 이 소식을 듣고 그곳에 거둥하여 돌을 보고 절을 한 후 돌 곁에 절을 짓고 대승사大乘寺라 하였다. 그 이름은 전하지 않으나 『법화경法華經』을 외우는 중을 청하여 주지로 하고 깨끗이 쓸고 돌을 공양하며 향불이 끊이지 않도록 하였다. 그 산은 역덕산亦德山, 혹은 사불산四佛山이라고도 한다. 그 중이 죽어서 장사지냈는데 그 무덤 위에서 연꽃이 피어났다.

또 경덕왕이 백률사栢栗寺에 거둥하여 산 아래 이르렀을 때, 땅 속에서 염불하는 소리가 들렸다. 사람을 시켜 땅을 파 보니 큰 돌이 나왔는데 네 면에 사방불四方佛이 새겨져 있었다. 이로 인해 그곳에 절을 세우고 굴불사掘佛寺라 불렀으나 지금은 잘못 전해져 굴석사掘石寺라고 한다.

경덕왕은 또 당나라 대종황제代宗皇帝가 불교를 받든다는 소식을 듣고 황제를 위해 장인에게 명하여 오색 빛깔의 모직물을 만들고, 또 침단목沈壇木, 향목나무를 조각하여 명주明珠와 미옥美玉으로 꾸며 높이가 한 발 남짓한 가산假山을 만들게 해 그것을 담요 위에 놓았다.

가산에는 높은 바위와 괴이한 돌과 동굴이 각 구역으로 나누어져 있었고, 각 구역 안에는 노래하고 춤추며 노는 모습과 여러 나라들의 산천의 형상이 있었다. 미풍이 불어오면 벌과 나비가 날고 제비와 참새가 춤을 추었으므로, 얼핏 보아서는 진짜인지 가짜인지 분간할 수가 없었다.

또 그 산 한가운데에는 만 개의 부처가 모셔져 있었는데, 큰 것은 넓이가 한 치가 넘고 작은 것은 8, 9푼쯤 되었다. 그 머리는 어떤 것은 큰 기장만하고 혹은 콩알 반쪽만 하였으며 꼬불꼬불한 흰 털과 눈썹, 그리고 눈이 선명하여 형상이 다 갖추어져 있었다. 그 형상은 단지 비슷하게 말할 수는 있어도 자세히는 설명하기 어렵다. 그러므로 그 산을 만불산萬佛山이라 했다. 다시 금과 옥을 새겨 유소번개流蘇幡蓋, 다섯 가지 색실로 만든 깃발과 일산.와 암라菴羅, 망고라는 과일·담복 치자·화과花果의 장엄한 백 보 누각百步樓閣·대전臺殿·당사堂謝를 만들었다.

이 모든 것이 비록 작기는 했으나 기세가 모두 살아 움직이는 것 같았다. 앞에는 비구승상 천여 개가 있고, 아래에는 자금종紫金鐘 3좌座를 배열했는데, 모두 종각鐘閣이 있고 종을 치는 방망이는 고래 모양으로 만들었다. 바람이 불어 종이 울리면 비구승들이 모두 엎드려 머리를 땅에 대고 절하고, 염불하는 소리가 나는 듯하니, 이 까닭은 종에 있었다. 비록 그 이름은 만불이라고는 했으나, 실제로는 이루 다 기록할 수가 없다.

만불산이 완성되자 사신을 당나라로 보내 황제에게 그것을 바치니, 대종은 이것을 보고 감탄하여 이렇게 말했다.

"신라 사람의 기교는 하늘이 만든 것이지 사람의 기교가 아니다."

이에 구광선九光扇을 그 바위 사이에 두고 이것을 불광佛光이라고 했다. 4월 8일에 대종은 두 거리의 승도僧徒에게 명하여 내도량內道場, 대궐 안에 있는 불도를 닦는 곳에서 만불산에 예배하고, 삼장불공三藏不空, 삼장 법사(三藏法師), 호는 불공(不空)·경(經)·율(律)·논(論)을 밝히 알고 이를 널리 알린 스님에게 명하여 밀부密部, 부처의 원만한 얼굴을 비유의 진전眞銓, 진리을 천 번 외워서 경축하게 하니, 보는 사람들이 모두 그 정교함에 탄복했다.

다음과 같이 기리어 읊는다.

하늘은 만월滿月, 부처의 원만한 얼굴 같은 사방불을 마련했고,
땅은 명호明毫, 부처의 눈썹 사이에 있는 백모를
하룻밤 사이에 피었구나.
교묘한 솜씨는 다시 만불을 새겼으니,
진풍眞風을 삼재三才, 천(天)·지(地)·인(人)에 두루 퍼지게 하리.

생의사生義寺의 석미륵石彌勒

선덕왕 때의 승려 생의生義는 언제나 도중사道中寺에서 살았다. 꿈에 어떤 중이 그를 데리고 남산으로 올라가서 풀을 매어 표시하도록 하더니 산 남쪽 골짜기에 와서 이렇게 말했다.

"내가 이곳에 묻혀 있으니, 스님은 이를 꺼내어 고개 위에 편히 묻어 주시오."

생의는 꿈에서 깨자 친구를 데리고 표시해 둔 곳을 찾아 그 골짜기에 이르러 땅을 파니 거기에서 돌로 된 미륵이 나와 그것을 삼화령三花嶺 위에 모셨다.

선덕왕 13년 갑진년644년에 그곳에 절을 지어 살았는데, 뒤에 절의 이름을 생의사生義寺라고 했다지금은 잘못 전해져 성의사(性義寺)라고 한다. 충담사(忠談師)가 해마다 3월 3일과 9월 9일에 차를 달여 공양한 분이 바로 이 부처였다.

흥륜사興輪寺의 보현보살普賢菩薩

제54대 경명왕景明王 때 흥륜사의 남문 및 좌우 행랑채가 불에 탔는데 미처 수리하지 못하고 있었다. 정화靖和와 홍계弘繼 두 승려가 인연이 있는 사람의 시주를 받아 장차 수리하려고 했다.

후량後梁 말제末帝의 정명貞明 7년 신사년921년 5월 15일에 제석신帝釋神이 흥륜사의 왼쪽 불경을 쌓아 둔 누각에 내려와서 열흘 동안 머물렀다. 그런데 전탑殿塔과 풀·나무·흙·돌들이 모두 이상한 향기를 풍기고, 오색 구름이 절을 덮고, 남쪽 연못의 고기와 용이 기뻐서 뛰놀았다. 백성들이 모여서 이를 구경하면서, 전에는 없었던 일이라고 감탄하면서 옥과 비단과 곡식을 산더미처럼 시주하였다.

그리고 장인들이 스스로 절을 찾아와서 일하자 하루 만에 수리가 다 완성되었다. 공사를 끝마치자 천제天帝가 도로 돌아가려고 하자, 두 승려가 아뢰었다.

"천제께서 만약 궁으로 돌아가시려고 한다면 천제의 얼굴을 그려 공양함으로써 하늘의 은혜에 보답하게 하고 또한 영정을 여기에 모셔 두게 하여 길이 이 세상을 보살피게 하십시오."

"내 원력願力은 저 보현보살普賢菩薩이 깊고 오묘한 조화력을 두루 펴는 것보다도 못 하니, 그 보살의 영정을 그려 공손히 끊임없이 하는 것이 나을 것이다."

두 승려는 천제의 명을 받들어 보현보살의 영정을 벽에 공손히 그렸는데, 지금까지 그 화상이 남아 있다.

| 삼소관음三所觀音과 중생사衆生寺 |

『신라 고전古傳』에 이런 기록이 씌어 있다.

중국의 천자에게 총애하는 한 여자가 있었는데 그녀는 몹시 아름다웠었기에 천자는 늘 이렇게 말했다.

"고금의 그림에도 이 같은 사람은 없었다."

천자는 그림 잘 그리는 사람에게 명하여 그 실제의 모습을 그리게 했다(화공의 이름은 전하지 않는데, 혹은 장승요(張僧繇)라 한다. 그렇다면 이는 오나라 사람으로, 양나라 천감(天監) 연간(年間) 무제 때에 무릉 왕국의 시랑 직비각지화사(直秘閣知畵事)가 되었고, 우장군과 오흥吳興 태수를 역임하였다. 그러므로 여기에서 말하는 천자는 양나라와 진나라 그 사이의 천자일 것이다. 그런데 전(傳)에 당나라의 황제라 한 것은 조선 사람이 중국을 모두 당(唐)이라 한 까닭이다. 사실은 어느 시대의 제왕인지 알 수 없다. 그래서 여기에는 그 두 가지 설을 모두 적어 둔다.

화공은 천자의 명을 받들어 그림을 그려 완성했는데 마지막에 붓을 잘못 떨어뜨려 배꼽 밑을 붉게 더럽혔다. 그가 이것을 고치려 했으나 도무지 고쳐지지 않았다. 그는 속으로 아마 그 붉은 점은 틀림없이 태어날 때부터 있었을 것이라 생각하고는, 천자에게 그림을 바쳤다. 그림을 자세히 보고 나서 황제가 말했다.

"그림의 모습은 실물과 아주 똑같지만, 배꼽 밑의 점은 속에 감추어진 것인데, 네가 그걸 어떻게 알고서 그것까지 그렸느냐?"

황제는 크게 화가 나서 화공을 옥에 가두고 형벌을 주려고 했다. 그때 승상이 나서서 아뢰었다.

"그는 무척 정직한 자이오니 부디 용서해 주시기 바랍니다."

황제가 말했다.

"만일 그가 어질고 정직하다면, 내가 어젯밤 꿈에 본 사람의 모습을 짐에게 그려 바치게 하라. 그림이 내가 꿈에 본 모습과 똑같다면 그를 용서하겠다."

이에 그 화공이 11면관음보살十一面觀音菩薩의 상을 그려 바치자 황제가 꿈에 보았던 모습과 똑같았기 때문에 황제는 그제야 마음이 풀려 그를 용서해 주었다.

화공은 사면되자 박사博士 분절芬節과 약속했다.

"제가 들은 바로는 신라국에서 불법을 신봉한다 하니, 당신과 함께 배를 타고 그곳에 가서 불사佛事를 닦아 동방東邦, 신라을 널리 이롭게 하는 것도 좋은 일이 아니겠소."

드디어 두 사람은 함께 신라국에 가서, 신라 중생사의 관음보살상을 만들었는데 신라의 백성들이 모두 이를 우러러 공경하고 기도하여 복을 얻었는데, 이루 다 기록할 수 없을 정도다.

신라 말기 후後唐 천성天成, 후당 명종의 연호 연간926~929년에 정보正甫 최은함은 나이가 많아 아들이 없었다. 그런데 이 절의 관음보살 앞에 와서 기도했더니 부인에게 태기가 있어 아들을 낳았다. 그 후 석 달이 채 못 되어 후백제의 견훤이 서울로 쳐들어와 성 안이 크게 어지러웠다. 최은함이 아이를 안고 이 절에 와서 말했다.

"이웃 나라 군사가 갑자기 쳐들어와 일이 다급해졌습니다. 어린 자식 때문에 죽음을 면하기 어려울 것입니다. 진실로 대성大聖께서 아기를 점지해 주셨다면 큰 자비의 힘을 내리시고 우리 부자를 다시 만나게 해 주십시오."

그가 슬피 울면서 세 번 아뢰고 나서 아이를 포대기에 싸서 관음상이 앉아 있는 자리 밑에 감추고 몹시 안타까워하면서 떠나갔다. 반달이 지나 적병이 물러간 뒤 다시 돌아와 아이를 보니 아이의 살결은 마치 금세 목욕한 것과 같고, 모습도 더 좋아 보였으며, 입에서는 젖냄새가 아직 남아 있었다. 아이를 안고 집에 돌아와 기르니, 장년이 되자 총명하고 슬기로움이 남보다 뛰어났다. 이 사람이 곧 최승로崔承老인데, 벼슬이 정광正匡에 이르렀다. 최승로가 낭중郎中 최숙崔肅을 낳았고, 최숙崔肅은 낭중 최제안崔齊顔을 낳았다. 이로부터 후손이 이어져 대가 끊이지 않았다. 최은함은 경순왕을 따라 고려에 들어와서 가문을 이루었다.

또 통화統和, 거란 성종의 연호 10년992 3월에 주지 성태性泰가 보살 앞에 꿇어앉아 아뢰었다.

"저는 이 절에 오랫동안 살면서 정성을 다해 향을 받들기를 밤낮을 게을리하지 않았습니다. 그러나 절의 땅에 나는 것이 없어 향화를 계속 받들 수가 없게 되었습니다. 그래서 이제 다른 곳으로 옮기려고 하여 이렇게 말씀드립니다."

이 날 성태는 깜박 졸다가 꿈을 꾸었는데, 꿈에서 관음대성이 말하였다.

"법사는 이곳에 머물러 있을 것이며 멀리 떠나지 말라. 내가 시주를 모아 제사에 쓸 비용을 넉넉히 마련해 주겠다."

성태는 기뻐하고 꿈에서 깨어나 그 절을 떠나지 않았다. 그 뒤 13일째 되는 날, 마침내 두 사람이 말과 소에 짐을 가득 싣고 절의 문 앞에 이르렀다. 성태는 그들을 맞아 어디서 왔느냐고 물었다.

"저희들은 금주金州, 김해에 사는 사람입니다. 지난번에 스님 한 분이 저희를 찾아와 말씀하시기를, '나는 동경 중생사에 오랫동안 있없는데, 4사四事, 공양에 쓰이는 네 가지 물건. 북·음식·침구·탕약을 말한다.가 곤란하여 시주를 받으려고 이곳에 이르렀다' 하였습니다. 그래서 우리들이 이웃 마을에 가서 시주를 모아 쌀 여섯 섬과 소금 넉 섬을 얻어 싣고 왔습니다."

"이 절에는 시주를 구하러 나간 스님이 없으니, 그대들이 아마 잘못 온 것 같소."

"그 스님께서 저희를 데리고 이 신견정神見井 가에 도착하여 절이 여기서 멀지 않으니, 내가 먼저 가서 기다리겠다고 하셨습니다. 그래서 저희들이 뒤따라 왔습니다."

스님이 그들을 데리고 법당 안으로 들어가자 그들은 관음대성을 보고 절을 하더니 서로 말했다.

"이 부처님이 시주를 구하러 왔던 바로 그 스님의 모습입니다."

그들은 깜짝 놀라 감탄해 마지 않았다. 이 일로 이 절에는 해마다 쌀과 소금을 시주하는 사람이 끊이지 않았다.

또 어느 날 저녁에는 절의 문간에 불이 났는데 마을 사람이 달려와서 불을 껐다. 그런데 법당에 올라와 보니 관음상이 없어졌으므로 놀라 살펴보니 관음상은 뜰 한가운데 놓여 있었다. 누가 밖에 내놓았느냐고 물었으나, 아무도 알지 못했다. 그제서야 모두들 그것이 관음대성의 신묘神妙스러움을 알았다.

또 대정大定, 금나라 세종의 연호 13년 계사년1173년 연간에 점숭占崇이란 스님이 이 절에 살고 있었다. 그는 비록 글을 알지 못했으나 본래 성품이 순수하여 향을 부지런히 받들었다. 그때 어떤 중이 그 절을 빼앗아 살려고 친의 천사에게 호소했다.

"이 절은 나라에서 은혜와 복을 비는 곳이니, 마땅히 글을 읽을 줄 아는 사람을 가려 뽑아 그에게 절을 맡기는 것이 마땅합니다."

그 말을 옳게 여긴 천사는 점숭을 시험하려고 소문疏文을 거꾸로 하여 그에게 주었다. 그는 이를 받자마자 줄줄 읽어 내려갔다. 천사는 마음속으로 감탄하고 방 안으로 물러앉아 그에게 다시 읽어 보라고 했다. 그러나 점숭은 입을 다물고 말이 없었다. 이를 보고 천사가 말했다.

"대사는 참으로 관음대성이 지켜 주는 사람이로군요."

그래서 결국 절을 빼앗지 않았다. 그 당시에 점숭과 함께 이 절에 살던 처사處士 김인부金仁夫는 그 이야기를 고을의 노인들에게 전해 그것이 기록에 남게 되었다.

백률사栢栗寺

계림의 북쪽 산을 금강령金剛嶺이라 했는데 그 산의 남쪽에는 백률사가 있다. 그 절에는 대비상大悲像이 하나 있는데, 언제 처음 만들었는지 알 수 없으나 자못 영험이 꽤 알려져 있었다.

어떤 이는 "이것은 중국의 뛰어난 신장神匠이 중생사의 관음소상을 만들 때에 함께 만든 것이다"라고 했다. 민간에서는 이렇게 말하였다. "이 부처님이 일찍이 도리천에 올라갔다가 돌아와 법당으로 들어갈 때 밟았던 돌 위의 발자국이 지금까지 남아 있다"라고 한다. 또한 어떤 이는 "부처님이 부례랑夫禮郎을 구출해 돌아올 때 보였던 자취이다"라고도 한다.

천수天授, 당 무측천(武則天)의 연호 3년 임진년692년 9월 7일에 효소왕孝昭王은 대현살찬大玄薩湌, 대현은 이름이고, 살찬은 신라 17관등 가운데 여덟 번째인 사찬(沙湌)을 말한다.의 아들 부례랑을 국선國仙으로 삼았는데, 그를 따르는 사람이 천 명이나 되었으며, 그 중에서도 안상安常과는 매우 절친했다.

천수 4년장수(長壽) 2년 계사년693년 3월 부례랑은 무리를 거느리고 금란金蘭, 강원도 통천에 놀러 갔다. 그런데 북명北溟, 지금의 원산만의 경계에 이르렀다가 그는 적적狄賊, 말갈에게 잡혀 가자 그의 무리들은 모두 어찌할 줄 모르고 그대로 돌아왔다. 그러나 안상은 혼자서 그를 뒤쫓아갔으니, 이때가 3월 11일이었다. 대왕은 이 소식을 듣고 놀라움을 금치 못하며 말했다.

"선왕께서 신령스러운 피리를 얻어 나에게 전해 주셨는데 지금 거문고와 함께 궁궐의 내고內庫에 보관해 두었는데, 무슨 일로 국선이 갑자기 적에게 잡혀 갔단 말이더냐? 이 일을 어찌하면 좋겠느냐?"거문고와 피리에 대한 일은 『별전』에 모두 자세히 기록되어 있다.

이때 상서로운 구름이 천존고天尊庫를 덮었다. 왕은 더욱 놀라고 두려워하며 그곳을 조사하게 하니, 창고 안에 두었던 거문고와 피리 두 보물이 없어졌다. 이에 왕이 말했다.

"내가 복이 없어 어제는 국선을 잃고, 이제 또 거문고와 피리까지 잃었구나."

왕은 즉시 창고를 지키던 관리 김정고金貞高 등 다섯 명을 옥에 가두었다. 왕은 4월에 나라 안의 사람을 모집했다.

"거문고와 피리를 찾아오는 사람은 1년 치의 조세를 상으로 주겠다."

5월 15일 부례랑의 부모가 백률사의 부처님 앞에 나아가 여러 날 기도를 올리자 난데없이 향탁香卓 위에 거문고와 피리 두 보물이 놓여 있고, 부례랑과 안상 두 사람도 불상 뒤에 와 있었다. 부례랑의 부모는 매우 기뻐하며 어찌된 일인지 묻자 부례랑이 대답했다.

"저는 그들에게 잡혀 간 후부터 적국의 대도구라大都仇羅의 집에서 말을 돌보는 일을 하였습니다. 대오라니大烏羅尼, 다른 책에는 도구(都仇)의 종이 되어 대마(大磨)의 들에서 말을 먹였다고 했다.라는 들에서 말에게 풀을 뜯기고 있는데, 홀연 용모가 단정한 스님 한 분이 손에 거문고와 피리를 들고 와서 저를 위로하면서 '고향 생각을 하느냐?' 고 묻기에 저는 미처 깨닫지 못하고 그 앞에 꿇어앉아 '임금과 부모를 그리워하는 마음을 어찌 다 말할 수 있겠습니까?' 라고 말했습니다. 그러자 스님은 '그렇다면 나를 따라오라' 하더니 저를 데리고 바닷가로 갔는데 그곳에서 안상과도 만나게 되었습니다. 스님은 피리를 둘로 쪼개어 우리 두 사람에게 각각 한 쪽씩 타게 하였습니다. 스님은 거문고를 타고 바다를 건너 순식간에 이곳에 와 닿았습니다."

이 사실을 부례랑의 아버지는 왕에게 알렸다. 왕은 크게 놀라며 사람을 시켜 그들을 맞이하였다. 부례랑은 거문고와 피리를 가지고 대궐 안으로 들어갔다. 왕은 금은으로 만든 그릇 다섯 개씩 두 벌과 마납가사磨衲袈裟 다섯 벌, 대초 3천 필, 밭 만 경頃을 백률사에 시주해 부처님의 은덕에 보답했다. 또 나라 안에 대사령을 내리고, 관리들에게는 관작을 3급씩 높여 주고, 백성들에게는 3년 동안의 조세를 면제해 주었으며, 그 절의 주지스님은 봉성사奉聖寺로 옮기도록 하였다.

부례랑을 대각간신라의 재상으로 삼고, 그의 아버지 대현아찬大玄阿飡은 태대각간太大角干으로, 그의 어머니 용보 부인龍寶夫人은 사량부沙梁部의 경정 궁주鏡井宮主로 삼았다. 안상을 대통大統으로 삼고, 창고를 맡았던 다섯 명의 관리들은 모두 풀어주고 각 사람에게 5급의 벼슬을 내렸다.

6월 12일에 혜성이 동쪽 하늘에 나타나고 17일에 또 서쪽 하늘에 다시 나타나자 일관日官이 왕께 아뢰었다.

"이것은 거문고와 피리를 봉작하지 않아 생긴 것입니다."

이에 피리를 만만파파식적滿滿波波息笛이라 했는데, 혜성은 그제서야 사라졌다. 그 후에도 신령스럽고 이상한 일이 많았으나 번거로워 다 적지 않는다.

세상에서는 안상을 준영랑俊永郎의 무리라 했으나, 이 일은 자세히 알 수 없다. 준영랑의 무리에서는 다만 진재眞才와 번완繁完 등의 이름만 알려져 있으나, 이들 또한 알 수 없는 사람들이다 자세한 것은 『별전』에 기록되어 있다.

| 민장사敏藏寺 |

우금리隅金里에 사는 가난한 여자 보개寶開에게 장춘長春이란 아들이 있었는데 그는 바다의 장사꾼을 따라다녔는데, 오랫동안 소식이 없었다. 그의 어머니는 민장사이 절은 곧 민장각간이 자기 집을 내놓아 절로 세운 것이다 관음보살 앞에 나가 7일 동안 기도를 드리자, 장춘이 갑자기 돌아왔다. 어떻게 된 일인지 묻자 장춘이 대답했다.

"바다 한가운데서 회오리바람을 만나 배가 부서져 동료들은 모두 죽음을 면치 못했는데 저는 판자 조각을 타고 오나라 바닷가에 닿았습니다. 오나라 사람은 저를 데려다가 들에서 농사를 짓게 했습니다. 그러던 어느 날 이상한 스님이 한 분 오시더니 고향에서 온 것처럼 저를 은근히 위로하더니 저와 동행했습니다. 앞에 깊은 개천이 나타나자, 스님은 저를 겨드랑이에 끼고 개천을 뛰어넘었습니다. 정신이 혼미한 가운데 우리 시골에서 듣던 말 소리와 우는 소리가 들려 정신을 차리고 살펴보니, 벌써 여기였습니다. 신시申時에 오나라를 떠났는데 이곳에 다다른 것은 겨우 술시戌時쯤이었습니다."

그때는 곧 천보天寶 4년 을유년745년 4월 8일이었다. 경덕왕은 이 소식을 듣고 민장사에 밭을 시주하고 재물을 바쳤다.

| 앞뒤에서 가지고 온 사리舍利 |

『국사』에 이런 기록이 있다.

진흥왕 때인 대청大淸, 양 무제의 연호 3년 기사년549년에 양나라에서 사신 심호沈湖를 통해 사리 몇 알을 보내왔다. 선덕왕 때인 정관貞觀 17년 계묘년643년에 자장 법사가 당나라에서 부처의 두개골과 어금니와 사리 백 알과 부처가 입던 붉은 비단에 금색 점이 있는 가사 한 벌을 가지고 왔다. 그 사리는 셋으로 나누어 하나는 황룡사의 탑에 보관하고, 하나는 태화사太和寺의 탑에 보관하고, 또 하나는 가사와 함께 통도사의 계단戒壇에 보관하였다. 그 나머지는 어디에 두었는지 알 수가 없다. 통도사의 계단은 두 층으로 되어 있는데, 위층 가운데에는 마치 가마솥을 엎어 놓은 것과 같은 돌뚜껑이 있다.

세속에서는 이런 이야기가 있다.

옛날 고려에서 전후로 두 안렴사按廉使, 고려 때의 지방 장관가 와서 계단에 예를 올리고, 돌뚜껑을 들고 안을 들여다보니 처음엔 큰 구렁이가 돌함函 속에 있는 것을 보았고, 다음에 열었을 때는 큰 두꺼비가 돌 밑에 웅크리고 있는 것을 보았으므로 그 뒤로는 그 돌뚜껑을 감히 열지 못했다고 한다.

요사이 상장군上將軍 김이생金利生과 시랑侍郞 유석庾碩이 고종의 명령으로 강동江東, 낙동강 동쪽을 지휘할 때에 부절符節을 갖추어 절에 와서, 돌뚜껑을 들고 절하려고 하자 절의 중은 그 이전의 일 때문에 이를 난처하게 여겼으나 김이생과 유석이 굳이 군사를 시켜 돌뚜껑을 들어내게 하였다. 그 속에는 작은 돌함이 있고, 돌함 속에는 유리통이 들어 있는데, 통 속에는 사리 네 알뿐이었다. 서로 이것을 돌려서 보며 예를 표했는데, 통이 약간 손상되어 금간 곳이 있었다. 이때 유공이 마침 수정함水精函 하나를 가지고 있었는데, 이를 시주하여 함께 간수해 두게 하고 그 사실을 기록했다. 이때가 강도江都, 강화도로 서울을 옮긴 지 4년째인 을미년1235년이었다.

『고기古記』에는 사리 백 개를 세 곳으로 나누어 보관해 두었다고 씌어 있는데, 이제 다만 남은 건 네 개뿐이라고 하니, 이는 보는 사람에 따라 숨기도 하고 다시 나타나기도 하므로 수가 많고 적음을 이상하게 여길 것이 없다.

또 속설에서는 황룡사의 탑이 불타던 날 돌함의 동쪽 부분에 처음으로 큰 얼룩이 생겼는데, 지금까지도 그대로 남아 있다고 한다. 그때가 바로 요遼의 응력應曆 3년 계축년953년이며, 고려 광종光宗 5년으로 탑이 세 번째 불탔을 때였다. 조계曹溪 무의자無衣子, 고려의 진각국사. 법명은 혜심. 조계종 수선사의 제2세이다.가 남긴 시에서 "듣건대 황룡사의 탑이 불타던 날, 불이 번져 탔던 한쪽 면에도 틈난 데가 없었다"고 말한 것이 바로 이것이다.

지원至元, 원(元) 세조(世祖의 연호) 갑자년1264년 이래로 원나라 사신과 본국의 사신이 앞다투어 찾아와서 그 돌함에 절하고 사방의 행각승行脚僧들도 몰려와서 참배했는데 어떤 사람들은 그 돌함을 들어보기도 하고, 그렇지 않기도 했다. 진신 사리 네 개 이외에도 변신變身사리가 있었는데, 모래알처럼 부서져 돌함 밖으로 나와 있었다. 여기에서 이상한 향기가 강렬하게 풍겨 며칠 동안 없어지지 않는 일이 종종 있었다. 이는 말세에 한 지방에서 일어난 기이한 일이었다.

당나라 대중大中, 당(唐) 선종(宣宗)의 연호 5년 신미년851년에 당나라로 갔던 사신 원홍元弘이 부처의 어금니지금은 있는 곳을 알 수 없으니, 신라 문성왕 때의 일이다.와 후당 동광同光 원년 계미년923년, 곧 고려 태조 즉위 6년에 당나라로 보냈던 사신 윤질尹質이 온 5백 나한상五百羅漢像을 가지고 왔는데 지금 북숭산北嵩山 신광사神光寺에 있다. 송나라의 선화宣和 원년 기묘년예종 15년, 1119에 입공사入貢使 정극영鄭克永과 이지미李之美 등이 가지고 온 부처의 어금니는 현재 내전에 모셔 두었는데, 이것이 바로 그것이다.

전해 오는 이야기가 있다.

옛날 의상 법사가 당나라에 들어가 종남산 지상사至相寺 지엄존자至嚴尊者, 화엄종의 2대조가 있는 곳에 이르자, 그 이웃에 도선율사道宣律師, 당대 남산율종의 개조가 있었다. 그는 늘 하늘로부터 공양을 받았는데, 재를 올릴 때마다 하늘의 주방부엌에서 음식을 보내왔다. 하루는 도선율사가 의상 법사를 재에 청했다. 의상이 와서 자리를 잡고 앉은 지 오래되었는데도 하늘에서 보내는 공양은 때가 지나도 오지 않았다. 의상이 빈 바리때만 가지고 돌아가자 그제서야 하늘의 사자가 내려왔다. 율사가 물었다.

"오늘은 어째서 이렇게 늦었소?"

하늘의 사자가 대답했다.

"온 고을에 신병神兵이 가로막고 있으므로 미처 들어오지 못했습니다."

율사는 의상 법사에게 신의 호위가 있음을 알고, 그의 도력이 자기보다 나음에 탄복하여 하늘에서 보낸 음식을 그대로 남겨 두었다. 또 이튿날 다시 지엄과 의상 두 대사를 재에 청하여 그 사유를 자세히 말했다.

의상 법사가 율사에게 조용히 말했다.

"율사께서는 이미 천제의 존경을 받고 계십니다. 들건대 제석궁에는 부처님의 이 40개 가운데 어금니 하나가 있다고 들었습니다. 우리들을 위해 천제께 청해서 그것을 인간에게 내려보내어 복 받게 하는 것이 어떨는지요?"

율사는 그 뒤에 하늘의 사자와 함께 그 뜻을 상제에게 전했다. 그러자 상제는 7일을 기한으로 하여 의상에게 이를 보내 주었다.

의상은 예를 마친 뒤에 이것을 맞이하여 대궐에 모셨다.

그 후 송나라의 휘종徽宗 때 사도邪道, 도교를 받드니, 그때 나라 사람들은 도참설圖讖說, 미래의 길흉화복에 관한 예언.을 퍼뜨렸다.

"금인金人이 나라를 멸망시킬 것이다."

황건黃巾, 도교를 가리킨다. 무리들이 일관一官을 충동질하여 왕에게 아뢰었다.

"금인이란 불교를 말하는 것이니, 장차 국가에 이롭지 못할 것입니다."

그리하여 장차 불교를 없애기로 하고, 승려를 모두 죽이고, 경전을 불사르고, 따로 부처의 어금니를 실어 바다에 띄워 인연이 있는 곳으로 보내려고 하였다.

그때 마침 고려의 사신이 송나라에 갔다가 그 사실을 듣고, 천화용天花茸, 하늘타리, 즉 천화의 싹 50령領과 저포 3백 필을 배를 호송하는 내사內史, 관원에게 뇌물로 주고, 몰래 부처의 어금니만 받고 빈 배만 바다에 띄워 보냈다.

고려의 사신들은 부처의 어금니를 얻어 가지고 돌아와 그 사실을 왕에게 아뢰었다. 그러자 예종睿宗은 크게 기뻐하며 그것을 십원전十員殿 왼쪽에 있는 소전小殿에 모신 다음 소전의 문을 항상 자물쇠로 잠가 두고, 밖에는 향과 촛불을 밝혀 왕이 친히 거둥하는 날에만 문을 열고 예를 올렸다.

임진년 고종 19년1232에 강화로 서울을 옮길 때, 내관이 급한 마음에 부처의 어금니를 잊어버리고 미처 챙기지 못했다.

병신년고종 23년 4월에 왕의 원당願堂인 신효사神孝寺의 승려 온광蘊光이 부처의 어금니에 예를 올리려고 왕에게 청하자 왕은 내신內臣)을 시켜 궁중을 두루 찾아보도록 하였으나 끝내 찾아내지 못했다. 이때 어사대御史臺 시어사侍御史 최충崔冲이 설신薛伸에게 명하여 급히 여러 알자謁者, 고려의 관명으로 내시부의 종7품 벼슬의 방을 수색하면서 묻자, 모두들 알지 못한다고 했다. 이때 내신 김승로金承老가 아뢰었다.

"임진년 서울을 옮길 때의 궁중일기를 조사해 보십시오."

그 말에 따라 살펴보니 일기에는 "입내시 대부경入內侍大府卿 이백전李白全이 부처의 어금니가 든 함을 받았다"고 씌어 있었다. 그래서 이백전을 불러 물었다.

"집에 돌아가서 제 일기를 찾아보도록 하겠습니다."

그는 집 가서 찾아보고는 좌번左番을 알자 김서룡金瑞龍이 부처의 어금니가 든 기록을 가져다 바쳤다. 이에 김서룡을 불러 물었으나 아무런 대답을 하지 못했다. 또 김승로가 임진년에서 병신년까지 어불당御佛堂과 경령전景靈殿을 지켰던 자들을 잡아 가두고 심문했으나 이렇다 할 결말이 나지 않았다.

그 후 사흘이 지나 밤중에 김서룡의 집 담 안으로 물건을 던지는 소리가 났다. 불을 켜고 살펴보니, 부처의 어금니가 든 함이었다. 함은 본디 가장 안쪽 겹은 침향합沈香合이고, 다음 겹은 순금합純金合이며, 다음 겹은 백은함白銀函이고, 다음 바깥 겹은 유리함이며, 그 다음 바깥 겹은 나전함螺鈿函이었다. 그리고 각 함의 폭은 서로 꼭 맞게 되어 있었으나 지금은 유리함과 부처의 어금니 외에는 남은 게 없다. 김서룡은 함을 찾은 것을 기뻐하며 대궐에 들어가서 왕에게 아뢰었다. 담당 관리는 죄를 물어 김서룡과 어불당과 경령전에서 수직했던 상수들을 모두 죽이려 하였다. 이에 진양부晉陽府, 고려 고종 때의 권신 최우의 막부에서 아뢰었다.

"부처의 일 때문에 많은 사람을 다치게 하는 건 옳지 않습니다."

그래서 그들을 모두 놓아주었다. 다시 명하여 십원전 뜰에다 특별히 부처님의 어금니를 모신 불아전佛牙殿을 만들어 모시게 하고, 장사를 두어 지키게 했다. 또 길일을 택해 신효사의 상방上房, 선종에서 주지를 이름 온광을 청하여 승도 30명을 데리고 궁 안에 들어와서 재를 올리게 했다. 그 날 숙직한 승선承宣 최홍崔弘과 상장군 최공연崔公衍, 이영장李令長과 내시, 다방茶房 등이 불아전 뜰에서 왕을 모시고 서서 차례로 불아함을 머리에 이고 예불했는데 불아함 속에 들어 있는 사리는 그 수효를 헤아릴 수도 없을 정도로 많았다. 진양부에서는 백은합白銀合에 그것을 담아 모셨다.

이때 왕이 신하들에게 말했다.

"내가 부처의 어금니를 잃어버린 이후 네 가지 의심이 생겼소. 첫째는 천궁天宮에서 정해 준 7일 기한이 차서 하늘로 올라갔을까? 하는 것이고, 둘째는 국란이 이처럼 심하니 부처의 어금니는 신성한 것이었으므로 인연 있는 평화로운 나라로 옮겨 갔을까? 하는 것이고, 셋째는 재물을 탐낸 소인小人이 그 함을 도둑질했다가 함은 갖고 부처님의 어금니는 구덩이에 버렸을까? 하는 것이고, 넷째 의심은 도둑이 보물을 훔쳐 갔으나, 밖에 드러내놓을 수 없으니 집 안에 감추어 두었을까? 했었는데 이제 네 번째 의심이 들어맞았소."

그리고 왕이 소리내어 크게 울자, 온 뜰에 있던 사람들도 모두 눈물을 흘리면서 만수를 빌었는데, 이마와 팔을 불에 태운 사람도 이루 헤아릴 수가 없었다.

이 실록實錄은 그 당시 내전에서 향을 사르고 기도하던 전 기림사祇林寺 대선사 각유覺猷, 고려 예종 때 기림사의 주지에게서 얻은 것인데 그는 그때 직접 본 일이라 하면서 나에게 기록하게 했다.

또 경오년원종(元宗) 11년, 1270 강화에서 개경으로 환도할 때의 난리는 낭패가 몹시 심하여 천도하던 임진년보다도 더했다. 십원전의 감주監主였던 선사 심감心鑑은 죽음을 무릅쓰고 불아함을 가지고 나와 적란賊難, 삼별초의 난을 면하게 하였다. 이 사실이 대궐에 알려지자, 왕은 그 공로를 크게 포상하여 이름 있는 절로 옮겨 살게 하였는데, 심감은 빙산사氷山寺에 살고 있다. 이 일도 또한 각유에게서 직접 들은 것이다.

신라 진흥왕 때인 천가天嘉, 진(陳) 문제(文帝)의 연호 6년 을유년565년에 진나라 사신 유사劉思는 승려 명관明觀과 함께 불경의 경론經論 1천7백여 권을 보내왔다. 정관 17년643년에는 자장 법사가 3장三藏 4백여 함을 싣고 와서 통도사에 모셔 두었다.

흥덕왕 때인 태화太和, 당 문종의 연호 원년 정미년827년에는 고구려의 학승인 구덕丘德이 불경과 함을 가지고 오자 흥덕왕은 여러 절의 승려와 함께 흥륜사 앞길까지 나가 그를 맞이했다. 그리고 대중大中, 당 선종의 연호 5년851년에 당나라에 갔던 사신 원홍元弘이 불경과 축軸을 가지고 왔다. 신라 말기에는 보요 선사普耀禪師가 두 번씩이나 오월국吳越國, 남쪽 중국에 가서 대장경을 가지고 오니, 그가 곧 해룡왕사海龍王寺를 처음으로 세운 사람이다.

송나라의 원우元祐 갑술년1094년에 어떤 사람이 보요 선사의 모습을 다음과 같이 기려 읊었다.

거룩하도다, 시조 스님!
빼어나시구나, 그 참 모습!
두 번씩이나 오월에 가셔서
대장경을 무사히 가져오셨네.
보요란 작호를 내리시고,
네 번이나 조서詔書를 내리셨네.

만일 그 덕을 논할 것이면
명월과 청풍이 그것이라 하오.

또 금金의 대정大定 연간1161~1189년에 한남漢南의 관기官記, 문독을 관리하는 벼슬 이름 팽조적이 다음과 같이 시를 지었다.

수운水雲 고요한 절간에 부처님 계시는데,
더욱이 신룡神龍이 있어 이곳을 보호하네.
마침내 이 이름난 절 어느 것이 이와 같으랴.
처음으로 전한 불교는 남방에서 왔네.

그 발문은 다음과 같다.
옛날 보요 선사가 처음 남월에서 대장경을 구해 가지고 돌아올 때, 바다에서 바람이 문득 일어 작은 배가 뒤집힐 것 같았다. 선사는 곧 말했다.
"아마도 이는 신룡神龍이 대장경을 이곳에 머물게 하려는 것이 아닐까 합니다."
드디어 선사는 주문을 정성껏 외워 용까지 함께 받들고 돌아오니, 이에 바람은 자고 물결도 가라앉았다. 본국에 돌아와 산천을 두루 살펴보면서 대장경을 안치할 만한 곳을 구하다가 이 산에 이르렀다. 그런데 문득 상서로운 구름이 산 위에서 일어나는 것을 보고 수제자 홍경弘慶과 함께 절을 세웠다. 불교의 동방 전래는 실로 이때부터 시작되었던 것이다. 한남 관기 팽조적은 이렇게 말한다.
"이 해룡왕사에는 용왕당龍王堂이 있는데, 아주 신령스럽고 이상한 일이 많았다. 용왕은 그때 대장경을 따라와 이곳에 머물러 있었는데, 그 용왕당은 지금도 남아 있다."

또 천성天成, 후당 명종의 연호 3년 무자년928년에도 묵默 화상이 당나라에 들어가서 역시 대장경을 가지고 왔다. 고려 예종 때에는 혜조국사慧照國師가 조서를 받들고 중국으로 유학을 가서 요본遼本 대장경 3부를 가지고 왔다. 그 한 본은 지금 정혜사定惠寺에 있다해인사에 한 본이 있고, 허 참정(許參政) 댁에 또 한 본이 있다.

그리고 대안大安, 요 도종의 연호 2년1086, 고려 선종宣宗 때에는 우세祐世, 의천의 호 승통僧統 의천이 송나라에 가서 천태종天台宗 교관教觀, 천태종의 교상(教相)·관심(觀心) 두 부문의 서적을 이른 것에 관한 책을 많이 가지고 왔다. 이 밖에 서책에 실리지 않은 수많은 고승 거사들이 왕래하면서 가지고 온 것은 상세히 기록할 수도 없다.

불교의 동방 전래는 그 앞길이 무척 밝았으니 경사로운 일이다.

이것을 기리어 다음과 같이 읊는다.

중화와 동방은 아득히 떨어졌는데
불타佛陀 떠나신 지 어느덧 2천 년이 되었구나
이 땅에 전해지니 진실로 경사스럽다.
동진東震, 우리 나라과 서건西乾, 인도이 한세상이 되었구나.

이 기록이 실린 『의상전義湘傳』을 살펴보면,
"영휘永徽 초년650년에 의상이 당나라에 가서 지엄 법사를 뵈었다."
고 되어 있다.

그러나 부석사浮石寺의 『본비本碑』에 의하면 다음과 같다.

"의상은 무덕武德, 당 고조의 연호 8년625에 태어나 어린 나이에 출가했으며, 영휘 원년 경술년650년에 원효와 함께 당에 들어가려고 고구려까지 이르렀으나 어려운 일을 당해 그대로 돌아왔다. 그 뒤 용삭龍朔 원년 신유년661년에 당나라에 가서 지엄 법사에게 배웠다. 총장總章 원년668년에 지엄 법사가 세상을 떠나자, 함형咸亨 2년671에 의상은 신라로 돌아와서 자안 2년 임인년702년에 세상을 떠났다. 이때 나이 78세였다."

아마 의상이 지엄과 함께 선율사가 있는 곳으로 재를 올리고, 천궁의 부처님의 어금니를 청했던 일은 신유년661년에서 무진년668년까지의 7~8년 동안이 될 것이다.

고려의 고종이 강화로 들어간 임진년1232년에 왕이 하늘에서 정한 7일 기한이 다 찼다고 의심한 일은 잘못된 것이다. 아마도 도리천의 하루는 인간 세계의 백 년에 해당되는데, 의상 법사가 처음 당나라에 들어간 신유년661년에서부터 고려 고종의 임진년1232년까지를 계산하면 693년571년, 다음의 730년도 609년이어야 한다이고, 고종의 경자년1240년에 이르러야 비로소 7백 년이 되며, 7일 기한이 차는 것이다. 강화도에서 개경으로 환도하던 지원至元 7년 경오년1270년까지는 730년이니, 만약 천제의 말처럼 7일 후에 부처님의 어금니가 천궁으로 돌아갔다고 한다면, 선사 심감이 개경으로 환도할 때 가지고 와서 바친 것은 아마 진짜 부처님의 어금니가 아닐 것이다.

이 해 봄 개경으로 환도하기 전에, 왕은 대궐에서 모든 종파의 고승들을 모아놓고 부처님의 어금니와 사리를 빌어 구하기에 온갖 정성을 다했으나 하나도 얻지 못했다. 이에 7일 기한이 차서 하늘로 올라간 듯하다.

지원 21년 갑신년1284년에 국청사國淸寺의 금탑을 보수하고, 충렬왕은 장목 왕후莊穆王后와 함께 묘각사妙覺寺에 거둥하여 신도를 모아놓고 축원독경을 하였다. 이 일이 끝나자 심감이 바친 부처님의 어금니와 낙산사洛山寺의 수정 염주와 여의주如意珠를 왕과 여러 신하들 그리고 많은 신도들이 함께 경배한 뒤에 모두 금탑 안에 넣었다.

나도 또한 이 모임에 참여하여, 이른바 부처님의 어금니라는 것을 직접 보았는데, 길이는 3치 가량 되었으며, 사리는 없었다. 이는 무극無極, 고려 스님 보감 국사의 호. 일연 선사의 제자이 기록한다.

| 미륵 선화彌勒仙花 미시랑未尸郎과 진자사眞慈師 |

신라 제24대 진흥왕의 성은 김씨이고, 이름은 삼맥종, 심맥종深麥宗이라고도 한다. 양梁나라의 무제武帝 대동大同 6년 경신년450년에 왕위에 올랐다. 왕은 큰아버지 법흥왕法興王의 뜻을 사모해서, 한결같이 불교를 섬기며, 여러 곳에 절을 세우고, 많은 사람들에게 중이 되도록 허락했다.

또 천성이 풍류를 즐겨 신선神仙을 크게 숭상하여, 민가의 아름다운 처녀를 뽑아 원화原花로 삼았다. 이것은 무리를 모으고 그 중에서 인물을 선발하고 또 그들에게 효孝·제悌·충忠·신信을 가르치려 함이었고, 또한 나라를 다스리는 대요大要이기도 하였다.

이에 남모랑과 교정랑, 두 원화原花를 뽑으니, 모여든 무리가 3~4백 명이나 되었다. 그런데 교정랑이 남모랑을 질투하여 술자리를 베풀어 남모랑에게 술을 먹여 취하게 한 후 몰래 북천北川으로 데리고 가서 돌 밑에 묻어 죽였다. 남모랑의 무리들은 남모랑의 행방을 알지 못해 슬피 울면서 흩어졌다. 그 음모를 아는 사람이 있어 노래를 지어 거리의 어린아이들을 꾀어 부르게 하였다. 남모랑을 따르는 무리들이 그 노랫소리를 듣고 마침내 시체를 북천北川 속에서 찾아내고는 교정랑을 죽였다.

그러자 왕은 영을 내려 원화를 폐지하였다.

그 후 여러 해가 지나자 왕은 또, 나라를 흥성하게 하려면 반드시 풍월도風月道를 일으켜야 된다고 생각하여, 다시 명령을 내려 양가良家의 덕행이 있는 사내를 뽑아, 그 명칭을 고쳐 화랑이라 고치고 무리를 모았다. 처음에 설원랑薛原郎을 받들어 국선國仙으로 삼았는데, 이것이 화랑 국선의 시초다. 비碑, 기념비를 명주溟州, 강릉에 세웠는데 사람들에게 악을 고쳐 선을 행하게 하였다. 이때부터 윗사람을 공경하고 아랫사람에게 순하게 하니, 오상五常, 인(仁)·의(義)·예(藝)·지(智)·신(信)·육예六藝와 삼사三師, 제왕을 보좌하는 최고 관직인 태사, 태부, 태보·육정六正이 왕의 시대에 널리 행해졌다『국사(國史)』에 진지왕(眞智王) 대건(大建) 8년 경신년에 처음으로 화랑을 받들었다 함은 아마 『사전(史傳)』의 잘못일 것이다.

진지왕 때에 이르러 흥륜사의 중 진자眞慈, 혹은 정자(貞慈)라고도 한다가 언제나 법당法堂의 주인인 미륵상彌勒像 앞에 나아가 소원을 빌었다.

"부처님께서는 화랑으로 화신化身하시어 이 세상에 나타나 주십시오. 그리하여 제가 늘 부처님의 얼굴을 뵈옵고 곁에서 시중을 들도록 하여 주십시오."

그 정성스럽고 간절한 소원이 날로 더욱 마음속에 독실해지더니, 어느 날 밤 꿈에 한 스님이 나타나서 그에게 말했다.

"네가 웅천熊川, 지금의 공주 수원사水源寺로 가면 미륵 선화彌勒仙花를 보게 될 것이다."

진자는 꿈에서 깬 후 놀라고 기뻐서 당장 열흘 동안 길을 걸어서 그 절을 찾아갔다. 걸음마다 한 번씩 절하며 그 절에 이르렀다.

절 문 밖에 한 소년이 있었는데, 얼굴이 잘 생기고 섬세함이 잘 드러나 있었다. 그를 맞이해 작은 문으로 데리고 들어가 객실로 모셨다. 진자는 올라가 읍하면서 말하였다.

"그대와 나는 평소에 모르는데, 어찌 나를 대접함이 이렇게 정중하는가?"

"저 역시 서울 사람입니다. 스님이 먼 곳에서 오시는 것을 보고 위로했을 뿐입니다."

얼마 후 소년은 문 밖으로 나갔는데 어디로 갔는지 알 수 없었다. 진자는 그저 이상하게 여기지 않고, 다만 절의 중들에게 지난번 꿈과 자기가 온 뜻만 간단히 이야기하였다.

"잠시 이곳에서 미륵 선화를 기다리고 싶은데, 어떻겠소?"

절의 중들은 그의 마음이 흔들리고 있음을 알았지만 그의 태도가 근실하고 정성스러움을 보고 말했다.

"여기에서 남쪽으로 가면 천산千山이 있는데, 예로부터 현인과 철인이 숨어 살고 있어 은밀한 감응이 많다고 하오. 그곳으로 가 보지 않겠소?"

진자는 그 말대로 그 산 아래에 이르자, 산신령이 노인으로 변신하여 그를 맞이하면서 말했다.

"이곳에 와서 무엇을 하려느냐?"

"오직 미륵 선화를 뵙고 싶을 뿐입니다."

"지난번 수원사 문 밖에서 이미 미륵 선화를 보지 않았느냐, 이제 또 무엇을 구하느냐?"

진자는 그 말을 듣고 깜짝 놀라 땀을 흘리며 서둘러 절로 돌아왔다. 그런 지 한 달 후에 진지왕이 그 소식을 듣고 진자를 불러들여 그 이유를 물었다.

"그 소년이 스스로 서울 사람이라 했으니, 성인은 거짓말을 하지 않는 법이니, 성 안에서 찾아보지 않겠느냐?"

진자는 왕명을 받들어 무리를 모아 마을을 두루 다니면서 찾았다. 이윽고 단정하고 미목眉目이 수려한 그 소년을 영묘사靈妙寺 동북쪽 길가 나무 밑에서 찾았는데 진자는 깜짝 놀라면서 말했다.

"이분이 미륵 선화이시다."

이에 그에게 나아가서 물었다.

"당신의 집은 어디 있으며, 성씨는 무엇입니까?"

소년이 말했다.

"내 이름은 미시未尸입니다. 하지만 어릴 때 부모님이 다 세상을 떠났으므로 성은 무엇인지 알지 못합니다."

진자는 그를 가마에 태우고 돌아와 왕에게 보여 주자, 왕이 그를 경애하고 사랑하여 국선으로 삼았다. 그는 자제子弟, 화랑도들과 화목하게 지냈으며, 예의와 풍속의 교화가 보통 사람과 달랐다. 그의 풍류風流가 세상에 빛났다. 거의 7년을 지내다가 문득 사라졌다. 진자가 이를 매우 슬퍼하며 그를 그리워함이 매우 심했다. 그러나 그 미시랑의 자비스러운 혜택을 많이 입고 맑은 덕화德化를 친히 접했으므로 잘못을 뉘우치고 정성껏 도를 닦아 만년晩年에는 그 역시 세상을 마친 곳을 알 수 없었다.

해설하는 이는 다음과 같이 말했다.

"미未와 미彌는 그 음이 서로 가깝고 시尸는 역力과 그 자형字形이 서로 비슷하므로, 그 비슷함을 취하여 바꾸어 쓴 것이다. 부처님이 다만 진자의 정성에 감동된 것만은 아니고 아마 세상에 인연이 있으므로 종종 나타났을 것이다."

지금도 나라 사람들이 신선을 일컬어 미륵 선화라 하고 남에게 중매하는 이를 미시未尸라 하는데 모두 진자의 유풍遺風이다. 길가의 나무를 지금까지도 견랑見郎이라 하고, 또 우리말로는 사여수似如樹, 혹은 인여수(印如樹)라고도 한다.라 한다.

이것을 기리어 다음과 같이 노래했다.

선화를 찾아가는 그 걸음마다 그의 모습을 바라보고
이르는 곳곳마다 심은 공이 한결같구나.
문득 봄은 되돌아가고 찾을 곳이 영영 없으니,
그 누가 알았으랴, 상림원上林苑의 봄 한때를.

| 남백월산南白月山의 두 성인, 노힐부득과 달달박박 |

『백월산양성성도기白月山兩聖成道記』에 이런 기록이 있다.

"백월산은 신라 구사군仇史郡, 옛날의 굴자군(屈自郡)이며 지금의 의안군

(義安郡)이다.의 북쪽에 있었는데 산봉우리는 몹시 기이하고 아름다움이 빼어났으며, 그 산맥은 수백 리에 뻗쳐 있었으니 참으로 큰 진산鎭山이었다."

옛 노인들이 서로 전해 말했다.

옛날에 당나라의 황제가 일찍이 못을 하나 팠는데, 매월 보름 전날이면 달빛은 밝고 못 한가운데에 산이 하나 있어, 사자 같은 바위가 꽃 사이에 은은히 비쳐 그 그림자가 못 한가운데 나타났다. 황제는 화공에게 명하여 그 형상을 그리게 한 다음 사자를 보내어 천하에 이 산을 두루 찾게 했다.

그 사자가 해동海東, 신라에 이르러 백월산을 보니, 큰 사자암師子嵒이 있고, 산의 서남쪽 두 걸음쯤 되는 곳에 삼산三山이 있어, 그 산의 이름은 화산花山, 그 산은 한 몸체에 봉우리가 셋이므로 삼산이라 한다.이라 하였고, 그림과 비슷하여 그 산이 진짜 산인지 아닌지는 알 수 없었으므로, 신발 한 짝을 사자암의 꼭대기에 걸어 놓고 당나라로 돌아와서 황제에게 아뢰었는데 신발의 그림자까지 못에 나타나므로 황제는 이를 이상히 여겨 산의 이름을 백월산白月山이라 했더니보름 전에 백월(白月)의 그림자가 못에 나타나므로 백월이라 이름한 것이다. 그 후에는 못 한가운데에 산의 그림자가 없어졌다.

이 산의 동남쪽 3천 보쯤 떨어진 곳에 선천촌仙川村이 있었는데 그 촌에 두 사람이 살고 있었다. 한 사람은 노힐부득득(得)을 등(等)이라고도 된 곳이 있다.이니 그의 아버지는 월장月藏이고, 어머니는 미승味勝이었다. 또 한 사람은 달달 박박怛怛朴朴이고 그의 아버지는 수범修梵이고, 어머니는 범마梵摩였다향전(鄕傳)에 치산촌(雉山村)이라 한 것은 잘못된 것이다. 그리고 두 사람의 이름은 우리말이니 두 집에서 각각 두 사람의 마음과 행동이 등등(騰騰)하고 고절(苦節)하다는 두 가지 뜻에서 이름을 붙인 것이다.

두 사람은 풍채와 골격이 범상하지 않았고, 속세를 초월하는 높은 생각이 있어 서로 벗이 되어 잘 지내었다. 나이 20세가 되자 마을 동북쪽 고개 밖 법적방法積房에서 머리를 깎고 중이 되었다.

얼마 후 서남쪽의 치산촌 법종곡法宗谷 승도촌僧道村에 있는 오래된 절이 정신을 수련할 만하다는 말을 듣고, 함께 가서 대불전大佛田·소불전小佛田 두 동리에서 각각 살았다.

노힐부득은 회진암懷眞庵에서 살았는데, 혹 양사壤士, 지금의 회진동(懷眞洞)에 옛 절터가 있으니 곧 그것이다.라고도 했다.

달달박박은 유리광사瑠璃光寺, 지금 이산(梨山) 위에 절터가 있으니 곧 그것이다.에 살았는데 모두 처자식을 데리고 와서 살며 먹고 사는 일을 도모하고 서로 왕래했다. 그러면서도 정신을 수양하고 마음과 몸을 닦으며 속세를 떠날 생각은 잠시도 쉬지 않았다. 자신과 세상에 무상함을 보고는 서로 말했다.

"기름진 땅과 풍년 든 해가 진실로 좋지마는, 옷과 음식이 생각하는 대로 생기고 절로 배부르고 따뜻함을 얻는 것만 못 하고, 아내와 가옥이 참으로 좋지마는, 불세계佛世界에서 여러 부처가 앵무새, 공작새와 서로 즐기는 것만 못 하네. 하물며 불도를 배우면 마땅히 부처가 돼야 하고, 참된 진리를 닦으면 반드시 진리를 얻어야 하네. 지금 우리들은 이미 머리를 깎고 중이 되었으니 몸에 얽매인 것을 벗어버리고 무념무상의 도를 이루어야지, 어찌 풍진風塵에 골몰하여 세속의 속된 무리들과 함께 지내려는가?"

드디어 인간 세상을 버리고, 장차 깊은 산골에 숨으려고 했다. 어느 날 밤 꿈에 백호白毫의 빛이 서쪽으로부터 오더니 빛 한가운데에서 금색 팔이 내려와 두 사람의 이마를 쓰다듬는 것이었다. 잠을 깨어 꿈을 이야기하자 두 사람이 꼭같았으므로, 둘은 한참 동안 감탄했다.

드디어 백월산 무등곡無等谷, 지금의 남동(南洞)으로 들어갔다. 박박사朴朴師는 북쪽 고개 사자암에 터를 잡고 8척 크기 판잣집을 지어 살았으므로 판방板房이라 했고, 부득사夫得師는 동쪽 고개의 돌무더기 아래 물 있는 곳에 터를 잡고 승방僧房을 짓고 살았으므로 뇌방磊房에 살았다 하니 이 기록과는 서로 반대된다지금 살펴보면 향전이 잘못된 것이다.

각기 다른 암자에 살면서 부득夫得은 미륵불을 근실히 구했고, 박박朴朴은 미타불을 염불했다.

3년이 채 못 되어 경용景龍, 당(唐) 중종(中宗)의 연호 3년 기유년706 4월 8일, 신라 성덕왕 즉위 8년이 되었다. 해가 질 무렵, 나이 한 20세쯤 돼 보이는 썩 아름다운 낭자娘子가 난초와 사향 냄새를 풍기면서 갑작스레 북암北庵, 향전(鄕傳)에는 남암이라 했다.에 이르러 자고 가기를 청했다.

낭자는 이내 글을 지어 바쳤는데 그 내용은 다음과 같다.

날이 저문 산 속에서 갈 길 아득하고,
길은 막히고 인가는 멀리 있으니 어찌하리오.
오늘 밤은 이곳에서 머물고자 하오니,
자비하신 스님께서는 노하지 마십시오.

박박朴朴이 말했다.

"절은 깨끗해야 하니 그대가 가까이 올 곳이 아니오. 이곳에서 지체하지 말고 어서 가시오."

박박은 문을 닫고 들어갔다기(記)에서는 '나는 모든 잡념이 없어졌으니, 혈랑으로 나를 시험하지 말라'고 했다..

낭자는 남암南庵, 향전(鄕傳)에서는 북암이라 했다..으로 찾아가서 또 마찬가지로 청했다. 그러자 부득夫得이 말했다.

"그대는 이 밤중에 어디서 왔소?"

낭자가 대답했다.

"저의 고요하고 맑기가 태허太虛, 정적의 경지로 우주의 근원을 말함.와 같은데, 어디를 오감이 있겠습니까? 다만 어진 선비의 원하는 뜻이 깊고 덕행이 높고 견고하다는 말을 듣고 장차 도와 보리菩提, 정도(正道)를 이루어 드리려 할 뿐입니다."

그러자 노래 한 수를 지어 바쳤는데 다음과 같다.

> 해가 저문 산중에 날은 저문데,
> 가도가도 인가는 보이지 않네.
> 송죽松竹의 그늘은 한층 그윽하고,
> 골짜기를 울리는 시냇물 소리 한결 새롭네.
> 길을 잃어 찾아왔다 생각하지 마시오.
> 존사尊師를 인도하기 위함이네.
> 부디 이내 청을 들어주시고,
> 길손이 누구냐고 묻지 마시오.

부득은 이 말을 듣고 매우 놀라면서 말했다.

"이곳은 여자와 함께 있을 데가 아니지만 중생의 뜻에 따르는 것도 또한 보살행菩薩行의 하나이지요. 더구나 깊은 산골짜기에서 밤이 어두웠으니 소홀히 대접할 수 있겠소?"

그리고 낭자를 암자 안으로 맞아들여 머물게 하였다.

밤이 되자 부득은 마음을 맑게 하고 지조를 가다듬어 희미한 등불을 벽에 비추며 염불하기를 쉬지 않았다. 이윽고 밤이 바야흐로 깊어 가는데 낭자는 부득을 불러 말했다.

"내가 불행히도 마침 산기産氣가 있으니, 스님께서 짚자리를 깔아 주십시오."

부득은 이를 측은하게 여겨 거절하지 못하고 촛불을 들고 은근히 대했다. 낭자는 해산을 마치자 또 목욕하기를 청했다. 부득은 부끄러움과 두려움이 엇갈렸으나, 가엾은 심정이 더욱 심해졌으므로, 또 목욕통을 준비해서 낭자를 그 안에 앉히고 물을 끓여 목욕을 시켰다. 얼마 후에 통 속의 물에서 향기가 강렬하게 풍기더니 그 물이 금빛으로 변했다. 부득이 깜짝 놀라자, 낭자가 말했다.

"스님께서도 목욕하십시오."

부득이 마지못해 그 말에 따랐더니, 문득 정신이 상쾌해지면서 살결이 금빛으로 변했다. 그 옆을 돌아보니 문득 연화대蓮花臺가 생겼다. 낭자가 부득에게 거기 앉기를 권하면서 말했다.

"나는 관음보살인데 이곳에 와서 대사를 도와 대보리大菩提를 이루도록 한 것입니다."

말을 마치자 낭자는 사라졌다.

한편 박박은 암자에서 이렇게 생각했다.

'부득이 오늘밤에 반드시 계戒를 더럽혔을 것이니 내가 가서 그를 비웃어 주리라.'

가서 보니 부득은 연화대에 앉아 미륵존상이 되어, 몸은 금빛으로 물들어 광채를 발하고 있었다.

박박은 그만 머리를 숙이고 그에게 예를 갖추면서 말했다.

"어떻게 이렇게 되셨습니까?"

부득이 그 사유를 자세히 말하자 박박이 탄식하며 말했다.

"나는 마음이 막혀서 부처님을 만나고서도 도리어 만나지 못한 것이 되었습니다. 대덕지인大德之仁, 부득을 가리킴은 나보다 먼저 뜻을 이루었으니, 부디 옛날의 교분을 잊지 마시고 내가 도를 얻도록 도와주셔야 하겠습니다."

"아직 통에 물이 남아 있으니 목욕할 수 있을 것이오."

박박도 목욕하니 또한 부득처럼 무량수불無量壽佛이 되어 두 부처가 서로 엄연히 마주 대하게 되었다.

산 아래 마을 백성들이 이 소식을 듣고 서로 다투어 와서 우러러보고 감탄하면서 참으로 드문 일이라 감탄했다. 두 부처는 마을 백성을 위해 불법의 요체要諦를 설명하고는 온 몸이 구름에 싸여 하늘로 올라가 버렸다.

천보天寶 14년 을미년755년에 신라 경덕왕이 왕위에 올라『고기(古記)』에는 천감(天鑑) 24년 을미에 법흥왕이 왕위에 올랐다고 했으니, 어찌 앞뒤가 뒤바뀜이 이와 같이 심한가. 이 사실을 듣고 정유년757년에 사자를 보내어 큰 절을 짓도록 하고 절의 이름을 백월산남사白月山南寺라 했다. 광덕廣德 2년『고기』에는 대력(大曆) 원년이라 했는데, 역시 잘못된 것이다. 갑진년764년 7월 15일에 절이 완성되자 다시 미륵존상을 만들어 금당에 모시고, 액호額號를 '현신성도 미륵지전現身成道 彌勒之殿'이라 했다. 또 아미타 불상을 만들어 강당에 모셨는데 남은 금색물이 모자라서 몸에 두루 바르지 못했으므로 아미타 불상에는 얼룩진 흔적이 있다. 그 액호는 '현신성도 무량수전現身成道 無量壽殿'이라 했다.

이것을 논평하여 다음과 같이 말한다.

"낭자는 부녀의 몸으로 중생을 자비로 교호했다고 할 수 있다. 『화엄경』에 보면, 마야 부인摩耶夫人, 석가의 어머니이 선지식善知識, 다른 이로 하여금 고통의 세계를 벗어나 이상 경지에 이르게 하는 사람.이었으므로 열한 군데에 살면서 부처를 낳아 해탈문解脫門을 보임과 같은데, 지금 낭자가 순산한 그 미묘한 뜻도 여기에 있었던 것이다. 그녀가 준 글은 슬프고 완곡하여 사랑스러우며 순탄 원활하여 하늘에서 온 선녀의 지취志趣가 있다. 아! 만일 낭자가 중생을 따라서 다라니陀羅尼, 지혜를 몰랐더라면, 어찌 이같이 할 수 있었겠느냐? 그 글박박에게 준 끝 구절에 '마땅히 맑은 바람이 한 자리함은 꾸짖지 말라'라고 했어야 할 것이나 그렇게 말하지 않음은 '자비하신 스님은 노하지 마시오' 했음을 이른다. 속세에서 쓰는 말과 같게 하고 싶어하지 않았던 때문이다."

이것을 다음과 같이 기리어 노래한다.

푸른빛 바위 앞에서 문을 두드리니,
해가 저문데, 찾아온 이 누구인고?
가까운 남암南庵으로 찾아가시오.
내 뜰의 푸른 이끼를 밟아 더럽히지 마시오.

이것은 북쪽 암자를 기린 노래이다.

산골에 날이 저문데 어디로 가리.
남창南窓에 자리 있으니 머물고 가오.
늦은 밤에 백팔염주百八念珠 부지런히 굴리니,
길손이 시끄러워 잠 못 잘까 두렵소.

이것은 남쪽 암자를 기린 노래이다.

십 리 솔그늘 길을 헤매어,
시험하려 밤중에 승방으로 오셔서,
통에서 세 번의 목욕이 끝나 날이 새려고 하는데,
두 아일 낳아 서쪽으로 갔구나.

이것은 낭자로 변했던 관음보살을 기린 노래이다.

| 분황사 천수대비가 눈먼 아이의 눈을 뜨게 하다 |

경덕왕 때에 한기리漢崎里에 사는 여인 희명希明의 아이는 태어난 지 5년 만에 문득 눈이 멀었다. 그 어머니는 아이를 안고 분황사 왼쪽에 있는 전각 북쪽 벽에 그린 천수대비千手大悲 앞에 나아가서 노래를 지어 아이에게 부르게 하였더니, 마침내 눈을 뜨게 되었다. 그 노래는 다음과 같다.

무릎을 꿇고 두 손바닥 모아
　　천수대비 앞에 비나이다.
　　천 개의 손과 천 개의 눈을 가졌으니 하나를 놓고 하나를 덜어
　　눈이 둘 다 없는 저에게 하나만 주세요.
　　아아, 저에게 주시면 자비가 얼마나 크겠습니까.

　이것을 다음과 같이 기린다.

　　대나무로 만든 말을 타며,
　　파피리를 불며 벗과 함께 거리에서 놀더니,
　　하루 아침에 두 눈이 멀었네.
　　자비로운 눈을 돌리시지 않았다면,
　　몇 번의 봄과 버들꽃을 못 보고 지냈을까?

| 낙산의 두 보살 관음, 정취와 조신 |

　옛날 의상 법사가 처음 당나라에서 돌아와, 관음보살의 진신眞身이 바닷가의 굴 안에 산다는 말을 듣고, 이름을 낙산洛山이라 했다. 이것은 서역西域에 보타락가산補陀洛伽山이 있는 까닭이다. 이곳을 소백화小白華라 했는데, 백의보살白衣菩薩의 진신이 머무른 곳이므로 그의 이름을 빌린 것이다.
　의상이 심신을 깨끗이 한 지 7일 만에, 깔고 앉았던 방석을 새벽

물 위에 띄웠더니 용중龍衆과 천중天衆 등 8부部 시종侍從이 굴 속으로 그를 인도해 들어가 허공을 향하여 예를 올렸다. 수정염주水精念珠 한 꾸러미를 내주자 의상이 이를 받아 가지고 나왔다. 다시 7일 동안 심신을 깨끗이 하자 관음의 모습을 보았는데 관음보살이 이렇게 말했다.

"내가 앉아 있는 산꼭대기에 한 쌍의 대나무가 솟아날 것이니, 그 땅에 불전佛殿을 지어야 한다."

법사가 그 말을 듣고 굴에서 나오니 과연 대나무가 땅에서 솟아 나왔다. 그리하여 금당金堂을 짓고 관음상을 모시니, 그 둥근 얼굴과 고운 모습이, 마치 하늘이 내려 준 것 같았다. 그리고 대나무는 곧 없어졌으므로 그제서야 관음의 진신眞身이 머무른 것을 알았다. 그래서 그 절의 이름을 낙산사洛山寺라 하고 법사는 그가 받은 두 가지 구슬을 성전聖殿에 모셔놓고 떠났다.

그 후에 원효 법사가 이곳에 와서 예를 올리려고 하였다. 처음에 남쪽 교외에 이르니 논에서 흰옷을 입은 여인이 벼를 베고 있었다. 법사가 장난 삼아 그 벼를 달라고 하자, 여인은 벼가 제대로 열매를 맺지 않았다고 대답했다. 법사가 또 가다가 다리 밑에 이르자, 한 여인이 개짐을 빨고 있었다. 법사가 먹을 물을 달라고 청하자 여인은 곧장 그 더러운 물을 떠서 바쳤다. 법사는 그 물을 버리고, 다시 냇물을 떠서 마셨다. 이때 들 한가운데 서 있는 소나무 위에서 파랑새 한 마리가 말했다.

"제호醍醐 스님은 그만두십시오."

그리고 갑자기 파랑새는 사라져 보이지 않았고, 소나무 아래에 신발 한 짝이 벗겨져 있었다. 법사가 절에 이르러서 보니 관음보살상의 자리 밑에 아까 보았던 신발의 나머지 한 짝이 있었으므로, 그제서야 아까 만났던 성녀聖女가 관음의 진신眞身임을 깨달았다. 그러므로 그때부터 사람들이 그 소나무를 관음송觀音松이라 했다. 법사가 성굴聖窟에 들어가 다시 관음의 모습을 보려고 하였으나 풍랑이 크게 일어나 들어가지 못하고 떠났다.

그 후에 굴산조사崛山祖師 범일梵日이 태화太和, 당나라 문종의 연호연간827~835년에 당나라로 들어가서 명주明州 개국사開國寺에 이르자 왼쪽 귀가 없는 한 중이 여러 중의 맨 끝자리에 앉아 있다가 굴산조사에게 말했다.

"저도 신라 사람입니다. 집은 명주溟州의 경계인 익령현翼嶺縣, 양양(襄陽) 덕기방德耆坊에 있습니다. 조사께서 후일에 본국으로 돌아가시거든 반드시 제 절을 지어 주셔야 합니다."

조사는 승려들이 모인 사찰을 두루 유람하다가 염관鹽官에게 법을 얻고사적(事蹟)은 『본전』에 자세히 실려 있다 회창會昌 7년 정묘년847년에 고국으로 돌아왔다. 먼저 굴산사를 세우고 불교를 전했다.

대중大中 12년 무인년858년 2월 15일 밤 꿈에, 전에 보았던 중이 창문 아래에 와서 말했다.

"옛날 명주 개국사에서 조사와 언약이 있었는데, 어찌 실천이 그리 늦습니까?"

법사는 깜짝 놀라 깨어 수십 명을 데리고 익령현 경계에 가서, 그가 사는 곳을 찾았다. 낙산洛山 아랫마을에 한 여인이 살고 있으므로, 그 이름을 묻자 덕기德耆라고 했다. 그 여인에게는 여덟 살 된 아들이 하나 있었는데 항상 마을 남쪽 돌다리 가에 나가 놀다가 돌아와 그 어머니에게 말했다.

"나와 함께 노는 아이들 중에 몸에서 금빛이 나는 아이가 있습니다."

어머니가 법사에게 이 사실을 알리자 조사는 놀라고 기뻐하면서 그 아이가 놀던 다리 밑에 가서 찾으니, 물 한가운데 돌부처 하나가 있었다. 꺼내어 보니 왼쪽 귀가 떨어져 있는 것이 전에 본 중의 모습과 같았다. 이것이 곧 정취보살正趣菩薩이었다. 이에 간자簡子 점치는 대나무 조각를 만들어 절을 지을 곳을 점치자 낙산洛山 위쪽이 좋다 하므로, 세 칸짜리 불전佛殿을 지어 그 불상을 모셨다고본에 범일(梵日)의 일이 앞에 실려 있고, 의상과 원효, 두 법사의 일이 뒤에 적혀 있으나, 살펴보면 의상과 원효, 두 법사의 일은 당 고종 때에 있었고 범일 조사의 일은 회창(會昌) 이후에 있었으니, 연대가 서로 1백70여 년이나 차이가 나게 된다. 그러므로 여기서는 앞뒤를 바꾸어 순서대로 편집했다. 어떤 이는 범일을 의상의 문인(門人)이라고 하나 잘못이다.

백여 년 후에 들불이 잇달아 이 산까지 퍼져 왔으나, 오직 이 두 성인을 모신 불전佛殿만은 화재를 면했고, 나머지는 모두 타버렸다.

몽골의 병란 이후 계축년과 갑인년1253~1254년에 두 성인의 참모습과 두 보주寶珠, 수정염주와 여의주를 양주성襄州城, 양양(襄陽)으로 옮겼는데 몽골군이 갑자기 쳐들어와, 성이 곧 함락되려 했다. 이때 주지 선사 아행阿行, 옛 이름은 희현(希玄)이 은 상자에 두 보주를 넣어 달아나려고 했으나, 절의 종 걸승乞升이 빼앗아 땅 속에 깊이 묻고 맹세했다.

"내가 만약 적군에 죽음을 면하지 못한다면, 두 보주는 마침내 인간 세상에 나타나지 못하여 다른 사람이 알지 못하게 될 것이고, 내가 만약 죽지 않는다면 마땅히 두 보물을 받들어 나라에 바칠 것이다."

갑인년1254년 10월 22일 성이 함락되자 아행은 죽음을 면치 못했으나 걸승은 죽음을 면하여, 적병이 물러간 뒤 두 보주를 땅 속에서 파내어 명주도溟州道 감창사監倉使에게 바쳤다. 이때 낭중郎中 이녹수李祿綏가 감창사였는데, 받아서 감창고監倉庫 안에 보관하고 교대할 때마다 서로 전해 주었다.

무오년고종(高宗) 45년, 1258 10월에 우리 불교계의 원로인 기림사祇林寺 주지 대선사 각유覺猷가 임금께 아뢰었다.

"낙산사의 두 보주는 나라의 신보神寶입니다. 양주성이 함락될 때 절의 종 걸승이 성 안에 묻었다가, 적병이 거두어 파서 감창사에게 바쳐서 명주 관아 창고 안에 보관되어 있습니다. 지금 명주성도 지킬 수 없사오니 마땅히 어부御府 임금의 물건을 넣어 두는 곳로 옮겨 보관해야 할 것입니다."

임금이 허락하고 야별초夜別抄 삼별초. 고려 고종 때의 특별 군대 열 명을 시켜 걸승을 데리고 명주성에 가서 두 보주를 가져다가 궁궐 안에 모시고 그때 심부름 갔단 사자 열 명에게는 각각 은 한 근과 쌀 다섯 석을 내렸다.

옛날 서라벌이 서울이었을 때, 세규사世逵寺, 규(逵)는 달(達)의 잘못된 표기, 지금은 흥교사(興敎寺)의 장사莊舍, 장원(莊園)가 명주 날리군捺李郡, 『지리지』에 의하면 명주에 날리군은 없고 다만 날성군(捺城郡)이 있는데, 본래 날생군(捺生郡)으로 지금의 영월(寧越)이다. 또 우수주(牛首州) 영현(領縣)에 날령군(捺靈郡)이 있는데 본래는 날이군(捺已郡)으로, 지금의 강주(剛州)이다. 우수주는 지금의 춘주(春州)이다. 지금 여기에서 말하는 날리군은 어느 것인지 알 수 없다.에 있었다.

본사本寺에서 승려 조신調信을 보내 장원의 관리인으로 삼았다. 조신이 장원에 와서 태수 김흔金昕의 딸을 깊이 연모하였다. 그는 여러 번 낙산사 관음보살 앞에서 나아가 그 여자와 인연을 맺기를 몰래 빌었으나 그녀에게는 이미 배필이 정해져 있었다. 조신은 관음 앞에 나가 관음보살이 자기의 소원을 이루어 주지 않았다고 원망하며 날이 저물도록 슬피 울다가 그리운 정사情思에 지쳐 그 자리에서 잠이 들었다.

꿈에 갑자기 김씨의 딸이 기쁜 모습으로 문을 열고 들어와서 웃으면서 말했다.

"저는 일찍이 스님을 잠깐 사모하게 되어 지금까지 잠시도 잊지 못했습니다. 부모의 명령에 못 이겨 억지로 다른 사람에게 시집갔습니다만 이제 부부가 되고 싶어 왔습니다."

조신은 매우 기뻐하여 함께 향리鄕里로 돌아가 40여 년을 같이 살면서 자녀 다섯을 두었는데, 집은 다만 벽뿐이요, 아침저녁 먹을 끼니조차 댈 수가 없었다. 마침내 조신은 가족을 이끌고 사방으로 떠돌아다니면서 입에 풀칠하기에 바빴다. 이렇게 10년 동안 초야를 떠돌아다니다 보니 옷은 갈가리 찢어져 너덜너덜해지고 몸을 가리지 못할 정도이었다.

때마침 명주 해현령蟹縣嶺을 지나는데, 15세 된 큰아이가 갑자기 굶주림에 지쳐 죽었다. 통곡하며 길가에 묻었다. 그들은 나머지 자식 넷을 데리고 우곡현羽曲縣, 지금의 우현(羽縣)에 이르러 길가에 초가집을 짓고 살았다. 그들 부부는 늙고 병든 데다가 굶주림에 지쳐 일어나지도 못했다. 이에 열 살 된 딸아이가 밥을 얻으러 다니다가 마을의 개에게 물려 아픔에 겨워 부모 앞에 와서 울며 눕자 부모도 흐느껴 울었다. 부인은 눈물을 훔치더니 갑자기 말했다.

"내가 처음 당신을 만났을 때는 얼굴도 아름답고 나이도 젊었으며 옷차림도 깨끗했습니다. 한 가지 음식이라도 당신과 나누어 먹었고 몇 가지 안 되는 의복도 당신과 나누어 입었습니다. 함께 산 50년 동안에 정이 더욱 친밀해졌으며, 정분도 굳게 얽히었으니 두터운 인연이라고 할 수 있었습니다. 그러나 몇 년 이래로 쇠약해져 생긴 병이 해마다 더욱 심해지고 굶주림과 추위가 날로 더욱 심해지니, 곁방살이와 보잘것없는 음식조차 구걸하기가 더욱 힘들어 이 집 저 집 걸식하는 부끄러움은 산처럼 무겁습니다. 아이들이 추위에 떨고 굶주려도 미처 돌보지 못하는데, 어느 겨를에 부부의 애정을 즐길 수 있겠습니까? 젊은날의 아름다웠던 얼굴과 어여쁜 웃음도 풀 위의 이슬이 되었고 지란芝蘭 같은 약속도 버들개지가 바람에 날아가듯 사라져 버렸습니다. 당신은 나 때문에 근심이 쌓이고 나도 당신 때문에 근심이 됩니다. 옛날의 기쁨을 곰곰이 생각해 보니, 그것이 바로 근심걱정의 시작이었습니다. 당신과 내가 어찌해서 이 지경에 이르렀지요. 뭇 새가 함께 굶어 죽는 것보다는, 차라리 짝 잃은 난새鸞가 거울을 보면서 짝을 부르는 것만 못할 것입니다. 힘들면 버리고, 편안하면 친한 것은, 인정상 차마 못 할 일이지만, 가고 멈추는 것은 인력으로 되는 것이 아니며, 헤어지고 만나고 하는 것도 운수가 있는 것이니, 제발 이만 헤어집시다."

조신이 이 말을 듣고 크게 기뻐하여 각기 아이 둘씩을 나누어 데리고 떠나려는데 아내가 말했다.

"저는 고향으로 가겠으니 당신은 남쪽으로 가십시오."

막 길을 떠나려 할 때 그만 꿈에서 깨었다. 등잔불은 깜박거리고 밤은 깊어 가고 있었다.

아침이 되자 수염과 머리카락이 모두 세어서 하얗게 되었다. 그는 망연하여, 전혀 세상이 싫어지고, 한평생 고달프게 사는 것도 싫었다. 세속을 탐하던 마음도 얼음 녹듯이 없어져 버렸다. 그는 관음보살을 대하기가 부끄러워졌고 잘못을 깊이 뉘우치는 마음이 가득했다.

돌아오는 길에 해현蟹縣에 묻었던 아이를 파 보니 돌부처였다. 이것을 물로 깨끗이 씻어 부근의 절에 모셨다. 서울로 돌아가 장원을 관리하는 소임을 그만두고 사재를 털어 정토사淨土寺를 세워 수행을 닦았다. 그 후에 그가 세상을 어디서 마쳤는지 알 수 없다.

논평해서 이렇게 말한다.

이 전기를 읽고 나서 책을 덮고 지나간 일을 생각해 보니 어찌 조신의 꿈만 그러하겠는가? 지금 모든 사람들이 속세의 즐거움만 알고 기뻐 날뛰고 이를 위해 애쓰고 있으나 다만 미처 깨닫지 못할 뿐이다.

따라서 시를 지어 다음과 같이 경계한다.

즐거운 시간은 잠시 마음이 맞아 사는 것이 시들어,
어느덧 근심으로 해서 늙었구나.
모름지기 부귀를 바라지 말고,
힘든 삶이란 한 꿈인 줄을 깨달았구나.

수신修身의 잘 되고 못 됨은 먼저 마음가짐에 있는데,
홀아비는 미인을 꿈꾸고 도둑은 창고를 꿈꾼다.
어찌 가을날 맑은 밤의 꿈으로
때때로 눈만 감아 청량淸凉의 세계에 이르랴.

제四권

의해義解 제五

| 원광이 서쪽으로 유학 가다 |

당나라 『고승전高僧傳』 제13권에 다음 같은 기록이 실려 있다.

신라 황륭사皇隆寺, 황룡사(皇龍寺)의 잘못된 표기.의 승려 원광圓光은 세속에서의 성은 박씨이며, 본래의 삼한변한·진한·마한에 살았는데, 진한 사람이다. 대대로 조선에 살아 조상의 풍습이 오래 계승되었는데, 그는 도량이 넓고 크며, 문장을 좋아하며, 도학道學과 유학儒學을 널리 섭렵하였고, 『제자서諸子書』와 『사서史書』를 연구하여 문명文名은 삼한에 떨쳤으나 넓고 풍부한 지식은 중국과 비교해 부끄럽게 생각하여 마침내 부모와 친구들은 작별하고 해외에 가서 공부하기로 마음먹었다. 25세에 배를 타고 금릉金陵, 지금 중국의 남경에 이르자 이 때는 진陳나라 시대로서 문명국이라 했다. 원광은 자신이 전에 의심했던 것을 질문하고 도를 물어 그 뜻을 해득할 수 있었다.

처음에 장엄사莊嚴寺 민공旻公의 제자에게 강의를 들었다. 그는 본디 세간의 전적典籍을 잘 알았으므로 이치를 끝까지 연구하는 데는 신통하다 말하지만 불교의 도를 듣고 도리어 세간의 전적을 썩을 지푸라기처럼 여겼다. 그는 명교名敎를 헛되이 공부하는 것이 실로 자신이 생애에 있어 두려웠으므로, 이제 진나라 왕에게 글을 올려 불법에 귀의할 것을 간청하자 칙명으로 허락해 주었다.

그는 비로소 중이 되어 구족계具足戒를 받고, 강석講席을 두루 찾아다니며 좋은 계책을 모두 배웠으며, 미묘한 말을 깨달아 세월을 허비하지 않았다. 그러므로 성실成實, 열반涅槃을 마음속에 쌓아 간직하고, 삼장三藏과 석론釋論을 두루 탐구했다. 나중에는 오나라의 호구산虎丘山에 들어가 정념正念과 정정正定을 따랐고 각관覺觀을 경계하여 한시도 잊은 적이 없었으므로 마음의 위안을 얻으려는 무리들이 구름처럼 모여들었다. 아울러 『사아함경四阿含經, 아함부(阿含部)에 속하는 소승경(小乘經)의 총칭』을 널리 읽어 공功은 팔정八定, 색계(色界)의 사선정(四禪定)과 무색계(無色界)의 사선정(四禪定)을 합한 것에 흘러들게 되고, 선善을 밝히고 의심나는 것을 바로잡으니 곧음을 무너뜨리기는 어려웠다. 본래 마음먹었던 것과 아주 맞았으므로 드디어 평생을 이곳에서 마치려고 생각하였다. 이에 인간의 일을 아주 끊고 성인의 자취를 두루 유람하며 생각을 세상 밖에 두고 영원히 속세를 멀리했다.

이때 어떤 신사가 산 밑에 살고 있었는데 원광에게 강의해 주기를 청했다. 그는 굳이 사양하고 허락하지 않았으나 끝내 청하므로 마침내 그 뜻에 따랐다. 처음에 성실론成實論을 강의하고 끝으로 『반야경般若經』을 강의했다. 그의 해석은 모두 명철하여 질문에 거침없이 대답하고 매끄럽게 글의 뜻을 풀이하니 매우 흡족해하며 명예가 널리 빨리 전파傳播되고, 겸하여 아름다운 말로써 그들의 마음에 들어맞았다.

이로부터 예전의 규칙에 따라 중생을 인도함을 임무로 삼으니 법륜法輪을 한 번 움직일 때마다 세상 사람들이 불법으로 쏠리게 했다.

비록 이국 땅에서의 전교라 하나 도에 젖으면 거리낌이 없으므로, 명망이 널리 퍼져 영외嶺外에까지 전파되자 가시덤불을 헤치고 바랑을 지고 불법을 들으러 오는 사람들이 마치 고기의 비늘처럼 끝도 없이 이어졌다.

때마침 수나라의 임금이 천하를 통치하니 그 위엄이 남국南國, 진나라에까지 미쳤다. 그 진나라가 망하자 수나라 군사가 양도揚都, 진의 수도에 들어오니 원광은 마침내 그들에게 잡히어 곧 죽게 될 처지에 놓였다. 수나라의 대장이 절탑이 불타는 것을 멀리서 바라보고 불을 끄려고 달려가자, 불에 탄 흔적은 없고 다만 원광이 탑 앞에 결박되어 곧 죽음을 당하려고 했다. 그래서 그는 그것을 괴이하여 여겨 즉시 결박을 풀고 그를 방면했다. 원광이 위기에 부딪히자 영감을 나타냄이 이와 같았다.

원광의 학문이 오월吳越에서 통했으므로 다시 주진周秦, 북쪽 중국의 문화를 보고자 개황開皇, 수나라 문제(文帝)의 연호 9년589에 수나라의 서울로 유학했다. 그런데 때마침 불법의 개최를 맞아 섭론종攝論宗, 중국의 불교 13종의 하나. 양(梁)나라 무착(無着)이 지은 『섭대승론(攝大乘論)』을 기본 성전으로 함.이 비로소 일어나니, 말을 마음속에 받들고 경전의 실마리를 일으켜 세웠으며 지혜로운 해석으로 명예를 수나라 서울에서 크게 떨쳤으며, 공적이 이미 이루어지자 동방신라에 가서 공적을 이어야겠다고 생각했으나 신라에서는 이 소식을 듣고 황제수나라 임금에게 아뢰어 돌려보내기를 여러 번 간청했다. 황제는 칙명으로 그를 후하게 위로하고 고국으로 돌려보냈다.

원광이 수십 년 만에 신라에 돌아오자 모든 백성들이 몹시 기뻐했다. 신라 왕 김씨진평왕가 원광을 만나 보고 공경하고 성인처럼 모셨다. 원광은 천성이 겸허하고 정이 많아 사람들을 좋아했으며, 널리 사랑을 베풀고, 말할 때는 항상 웃음을 머금고 노기는 드러내지 않았다.

외교문서나 계서啓書 등 오가는 국서國書는 모두 그의 머리에서 나왔다. 온 나라가 그를 받들어 나라의 정치를 그에게 맡기고 도법道法으로 교화하는 일을 물으니 비록 처지는 고귀한 관리는 아니었으나 실제는 다스리는 자나 마찬가지였다. 기회를 타서 교훈을 베풀어 오늘에까지 그 모범을 남겼다.

원광이 나이가 들어 수레를 타고 대궐에 들어가니 의복과 음식을 모두 왕이 손수 마련해서 다른 사람이 돕지 못하게 하여 혼자서만 복을 받고자 했으니 그 감동하고 존경함이 이러했다. 그가 세상을 떠나기 전에 왕이 친히 손을 잡고 위문하여 누누이 법을 남겨 백성을 구제할 것을 부탁하니 그는 길흉의 징조를 말하여 그 공덕이 온 나라 구석에까지 미쳤다.

신라 건복建福 58년640에 원광은 몸이 조금씩 아프자 7일이 지난 후 계戒戒를 남겼는데, 매우 간절했다. 자신이 머물던 황룡사 안에 단정히 앉아 세상을 떠났다. 이때 99세였으며, 때는 당나라 정관貞觀 4년이었다마땅히 14년이 옳다. 임종할 때는 절의 동북쪽 허공에서 음악 소리가 울려 공중을 가득 메우고 이상한 기운이 절 안에 가득 차니 승려와 신도들이 몹시 슬퍼하면서 한편으로 경사慶事로 여겼으며, 그의 영감靈感인 줄 알았다. 드디어 교외郊外에 장사지내니 나라에서 장례에 쓸 새 깃과 장례용품을 내리어 임금의 장례와 같게 했다.

그 후 속인으로 죽은 아이를 낳은 이가 있었는데, 세간에 돌아다니는 말에 이르기를,

"복福 있는 사람의 무덤에 아이를 묻으면 후손이 절대로 끊어지지 않는다."

했으므로 몰래 원광圓光의 무덤 옆에 묻었더니, 바로 그 날 벼락이 쳐서 그 죽은 아이의 시체가 무덤 밖으로 내쳐졌다. 이 일 때문에 전에 그를 존경하지 않던 사람들도 그를 모두 우러러보게 되었다.

그의 제자 원안圓安은 지혜롭고 총명하고 천성이 유람을 좋아했으며 그윽한 것을 구하며 스승을 앙모仰慕했다. 마침내 북쪽으로 환도丸都, 고구려의 옛 수도를 돌아보고 동쪽으로 불내不耐, 동섭(東涉)의 옛 땅를 보았으며, 또 서쪽으로 연위燕魏, 북쪽 중국에 가고, 후에 제경帝京, 장안(長安)에 이르렀다. 각 지방의 풍속을 자세히 통달하고 여러 경론經論을 구해서 중요한 줄거리를 널리 읽고 섬세한 뜻까지 모두 통달하게 되었다.

그는 늦게서야 불교에 귀의했는데 원광의 뜻을 높이 따랐다. 처음에 장안의 절에 있을 때도 도술로 이름을 떨치자, 특진特進 소우蕭瑀가 임금에게 아뢰어 남전藍田에 지은 진량사津梁寺에 살게 했으며, 의복·음식·침구·탕약湯藥 등의 공양이 하루같이 변함이 없었다.

원안이 일찍이 원광에 대한 사실을 썼는데 내용은 이렇다.

신라의 왕이 병이 나서 치료를 해도 병이 낫지 않으므로, 원광을 초청해 궁중에 들어오게 하고 옆에 있게 했다. 밤마다 두 시간이나 심오한 법을 말하고 계戒를 받게 하여 참회懺悔케 했더니 왕이 그를 크게 믿고 받들었다.

한 번은 초저녁에 왕이 원광의 머리를 보니, 금빛이 찬란하고 일륜日輪 같은 형상이 그의 몸이 가는 대로 따랐다. 왕후와 궁녀들도 함께 이것을 보았다. 이 때문에 뛰어난 행실을 거듭 나타나 원광을 병실에 머무르게 했더니 오래지 않아 병이 나았다. 원광은 진한과 마한 안에서 불교의 교법을 널리 펴고 해마다 두 번씩 강론하여 후학을 양성했다. 보시布施로 받은 재물은 모두 절을 운영하는 데 충당하게 했으므로 남은 것은 다만 가사와 바리때뿐이었다달자함(達字函)에 기록되어 있다.

또 동경東京, 경주 안일호장安逸戶長 정효貞孝의 집에 있는 고본 『수이전殊異傳』에 〈원광 법사전〉이 실려 있는데, 그 내용은 다음과 같다.

법사의 속성은 설薛씨며, 왕경王京, 경주 사람이다. 처음에 승려가 되어 불법을 배웠는데, 나이 30세에 조용히 살면서 도를 닦으려고 삼기산三岐山에서 홀로 살았다.

그 후 4년이 지나 한 중이 찾아와서 머지 않은 곳에 따로 절을 짓고 2년을 살았다. 그는 사람됨이 몹시 사나우며 주술呪術 배우기를 좋아했다. 법사가 밤에 홀로 앉아 불경을 외우니 문득 신이 그 이름을 부르며 말했다.

"잘 한다, 잘 한다. 너의 수행이야말로 좋구나! 대개 수행하는 이가 비록 많지만 법대로 하는 이는 드물다. 지금 이웃에 있는 중을 보니 주술은 곧잘 닦지만 얻는 것은 없을 것이요, 그 소란한 소리는 남의 마음을 괴롭히니 그가 거주한 곳은 내가 다니는 길에 방해가 되므로, 항상 왕래할 때마다 미운 생각이 드니 법사는 나를 위해 그에게 말해서 다른 곳으로 옮기도록 하라. 만약 그가 그곳에 오래 머문다면 아마 내가 문득 죄업살인죄을 저지를 것이다."

이튿날 법사가 그를 찾아가서 알려 주었다.

"내가 어젯밤에 신의 말을 들으니 스님은 다른 곳으로 옮기시오. 그렇지 않으면 반드시 재앙이 따를 것이오."

그러자 중이 대답했다.

"수행修行이 지극한 이도 마귀에게 홀림을 받는군요. 법사는 어찌 여우 귀신의 말을 근심합니까?"

그날 밤에 신이 또 찾아와서 말하였다.

"전날 내가 말한 일에 대해 비구니가 무엇이라 대답하던가?"

법사는 신이 노할까 몹시 두려웠다.

"아직 말하지 않았습니다만, 만약 굳이 말한다면, 어찌 그가 듣지 않겠습니까?"

"내가 이미 다 들었는데, 어째서 법사는 덧붙여 말하는가? 잠자코 있으면서 내가 하는 대로 보아라."

말을 마치고 가 버렸다. 밤중에 우레와 같은 소리가 나는데, 이튿날 그곳에 가 보니 산이 무너져 중이 있던 절을 덮어 버렸다. 신이 또 찾아와서 말했다.

"법사가 보기엔 어떠한가?"

"몹시 놀랍습니다."

"내 나이는 3천 살에 가깝고 신술神術도 뛰어나나 이것은 하찮은 일이니 어찌 놀랄 것이 있겠는가. 특히 장래의 일도 모르는 것이 없고, 천하의 일도 통달하지 못한 것이 없다. 이제 생각해 보니 법사가 이곳에만 살면 비록 자신을 이롭게 하는 행위는 있을 것이나 남을 이롭게 하는 행위는 없을 것이니 지금 높은 명성을 떨치지 못하면 미래도 승勝果를 얻지 못할 것이다. 어째서 중국에서 불법을 가져와 이 나라의 혼미昏迷한 중생을 지도하지 않는가?"

"중국에 가서 도道를 배우는 것은 소원이나, 바다와 육지가 멀리 막혀 있으므로 가지 못할 따름입니다."

신이 중국에 가는 계책을 자세히 일러 주었으므로, 법사는 그의 말을 따라 중국으로 갔다. 그는 거기서 11년을 머물면서 삼장三藏을 널리 통달하고, 유술儒術, 유학(儒學)도 아울러 배웠다.

진평왕 22년 경신년600년, 『삼국사』에서는 다음해 신유에 왔다고 했다. 에 법사는 행장을 꾸려 중국에 왔던 신라의 조빙사朝聘使를 따라 본국으로 돌아왔다. 법사는 신에게 감사함을 표하고자 그 전에 살았던 삼기산 절에 이르니 밤중에 신도 또한 찾아와서 그의 이름을 부르고 말했다.

"바다와 육지 길을 다녀오는 것이 어떠하던가?"

"신의 큰 은혜로 소승 편안히 다녀왔습니다."

"내 또한 법사에게 계戒를 주겠다."

그리고 윤회輪廻하는 세계에서 서로 구제할 것을 약속했다.

법사가 또 물었다.

"신의 참모습을 볼 수 있습니까?"

"법사가 만약 내 모습을 보고자 한다면 내일 아침에 동쪽 하늘 끝을 바라보아라."

법사가 그 이튿날 아침에 동쪽 하늘을 바라보니 큰 팔뚝이 구름을 뚫고 하늘 끝에 닿아 있었다.

그날 밤에 신이 또 찾아와서 말했다.

"법사는 내 팔뚝을 보았는가?"

"예, 보았는데 너무도 신기했습니다."

이 일로 인해 삼기산을 민간에서는 비장산臂長山이라고 했다.

신이 말했다.

"비록 이 몸을 가졌다 하더라도 무상無常의 고통은 면하지 못한다.

그러므로 나는 얼마 안 가서 그 고개에 이 몸을 버릴 것이다. 법사는 찾아와서 영원히 떠나는 내 혼을 전송해 주시게."

법사가 약속한 날에 그곳에 가서 보니 늙은 여우 한 마리가 헐떡거리기만 하고 숨은 쉬지 못하더니 곧 죽었다.

법사가 중국에서 돌아오자 신라의 임금과 신하들이 그를 존경하여 스승으로 삼았다. 법사는 항상 『대승경전大乘經典』을 강의했다. 이때 고구려와 백제가 언제나 신라의 변경을 침범했으므로, 왕은 이것을 매우 걱정하여 수나라마땅히 당나라라고 해야 할 것이다.에 군사를 청하려고 법사를 불러 걸병표乞兵表, 군사를 요청하는 표문을 짓도록 했다.

수나라 황제는 그 글을 보고 군사 30만 명을 보내 고구려를 친히 공격하니 이로부터 세상은 법사가 유학까지 두루 통달함을 알게 되었다. 84세에 세상을 떠나니 명활성明活城 서쪽에 장사지냈다.

또 『삼국사』〈열전列傳〉에 이런 기록이 있다.

어진 선비 귀산貴山은 사량부沙粱部의 사람인데, 같은 마을의 추항箒項과 친구 사이였다.

두 사람이 만나서 말했다.

"우리들이 덕망이 있는 선비와 교유交遊하기를 원하면서 먼저 마음을 바로잡아 처신하지 않는다면, 아마도 욕을 면치 못할 것이다. 그러니 어찌 어진 이를 찾아가서 도를 묻지 않겠는가?"

그때 원광 법사가 수나라서 돌아와서 가슬갑嘉瑟岬, 지금의 경남 울주군 언양. 혹 가서(加西) 또는 가서(嘉西)라 하니 모두 우리말이다. 갑(岬)은 우리말에서는 곳(古尸)라 하므로, 혹은 곳사(古尸寺)라 하니, 갑사(岬寺)란 말과 같다. 지금 운문사 동쪽 9천 보가량 되는 곳에 가서현(加西峴)이 있는데, 혹은 가슬현(嘉瑟峴)이라 한다. 고개의 북쪽 골짜기에 절터가 바로 이것이다.에 있다는 말을 들고 두 사람이 찾아가서 아뢰었다.

"속된 선비는 우매하여 아는 바 없습니다. 부디 한 말씀 주시면 평생 동안 경계로 삼겠습니다."

원광 법사가 말했다.

"불교에는 보살계菩薩戒가 있고 그 조항이 열 가지가 있으나, 너희들은 남의 신하된 몸이니 아마 감당하지 못할 것이다. 지금 세속世俗에는 5계戒가 있으니, 첫째는 충성으로써 임금을 섬기는 일이요, 둘째는 효도로써 어버이를 섬기는 일이요, 셋째는 신의로써 벗을 사귀는 일이요, 넷째는 싸움에 임하여 물러서지 않는 일이요, 다섯째는 살생을 가려서 하는 일이니, 너희들은 이 일을 실행함에 있어 소홀함이 없어야 한다."

귀산 등이 말했다.

"다른 것은 잘 알아들었습니다만, 이른바 생물을 죽이되 가려서 죽인다는 말씀만은 아직 이해되지 않습니다."

"여섯 번의 재일과 봄철, 여름에는 생물을 죽이지 않는 것이니, 이는 시기를 가림이요, 부리는 가축을 죽이지 말라는 것은 곧 말·소·닭·개를 이름이며, 미물을 죽이지 말라는 것은 곧 그 고기가 한 점도 되지 못하는 것을 이름이니, 이것이 바로 생물을 가리는 것이다. 또한 그 필요한 양만큼만 죽이고 더 많이 죽이지 않는 일이다. 이것이 세속의 좋은 계戒다."

귀산 등이 말했다.

"지금부터는 이를 받들어 실행하고 감히 어기지 않겠습니다."

그 후에 두 사람은 싸움터에 나가서 모두 나라에 뛰어난 공로를 세웠다.

또 건복建福 30년 계유년613년, 즉 진평왕 즉위 35년 가을에 수나라의 사신 왕세의王世儀가 와서 황룡사皇龍寺에서 백좌도량百座道場을 열고 여러 고승高僧을 초청해 불경을 강의했는데 원광圓光이 가장 윗자리에 있었다.

논평하는 자는 다음과 같이 말한다.

법흥왕이 불법을 일으킨 이래 나루터와 다리는 이미 설치되었으나 당오堂奧, 진리가 깊은 경지는 아직 이루어지지 않았다. 그러므로 마땅히 귀계歸戒가 멸참滅懺의 법으로써 우매한 중생을 깨우쳐 주었던 것이다. 때문에 원광은 자기가 머물던 가서갑嘉西岬에 점찰보占察寶를 두어 규범으로 삼았다.

이때 시주하던 여승이 점찰보에 밭을 바쳤는데 지금의 동평군東平郡 밭 백 결이 바로 이것이며, 옛날 자료가 아직도 남아 있다. 원광은 천성이 겸허하고 맑으며 사람을 좋아해서 말할 때는 늘 웃음을 머금었고 얼굴에는 성난 기색이 없었다.

그는 나이가 이미 많았으므로 수레를 타고 대궐에 드나들었는데 그 당시 여러 현사賢士들 중의 덕의德義가 있는 사람들이 많았지만 감히 그보다 뛰어난 사람이 없었다. 그리고 뛰어난 문장도 한 나라를 제압했다. 80여 세에 정관貞觀 연간에 세상을 떠났는데, 부도浮圖는 삼기산三岐山 금곡사金谷寺, 지금의 안강(安康) 서남의 골짜기로, 곧 명활성(明活城)의 서쪽이다에 있다.

『당전唐傳』에는 황륭사皇隆寺에서 세상을 떠났다 했는데, 그 장소는 자세히 알 수 없으나, 아마 황륭은 황룡皇龍의 잘못된 것이니 마치 분황사芬皇寺를 왕분사王芬寺라고 한 예와 비슷하다.

위의 『당전唐傳』과 『향전鄕傳』 두 전기의 글을 비교해 보면 성씨가

박朴과 설薛로 서로 다르고 출가한 것도 동東과 서西로 되어 서로 다르므로 마치 두 사람 같다. 감히 명확하게 결정할 수 없으므로 두 전을 다 실어 둔다.

그러나 여러 전기를 살펴보면 모두 작갑·이목鵲岬·璃目과 운문雲門의 사실은 없는데 향인鄕人 김척명金陟明이 항간의 설로 글을 꾸며 『원광법사전』을 지으면서 운문사의 개조開祖 보양寶壤 스님의 사적을 잘못 기록하여 원광스님의 사적과 혼합해서 하나의 전기로 만들었다.

후에 『해동승전海東僧傳』을 엮은 사람도 그대로 기록하였으므로 그 당시의 사람들이 잘못 알고 있었다. 이에 확실히 구별하고자 한 글자도 가감하지 않고 두 전의 글을 자세히 실었다.

진陳나라, 수隋나라 시대에 우리 나라 사람으로서 바다를 건너가서 도道를 물은 이가 적었으며, 설혹 있어도 이름을 크게 떨치지는 못했는데, 원광 이후에는 계속 서방중국으로 배우러 가는 이가 끊이지 않았으니 원광이 처음 길을 열었던 것이다.

이것을 다음과 같이 기린다.

> 바다 건너 중국 땅의 구름을 헤쳐 길을 내니,
> 몇 사람이나 오가면서 맑은 덕을 배웠던가,
> 옛 자취는 오직 청산에만 남았으나
> 금곡金谷과 가서嘉西의 일은 지금도 들을 수 있네.

양지良志가 석장錫杖을 부리다

승려 양지良志의 조상과 태어난 곳은 자세히 알 수 없고 다만 신라 선덕왕 때에 그 자취를 나타냈을 뿐이다.

석장錫杖, 중의 지팡이의 꼭대기에 포대 하나를 걸어 두면 지팡이가 저절로 날아 시주할 집에 가서 흔들면서 소리를 내었다. 그 집에서 그 뜻을 알고 절에서 쓸 곡식을 담아 주었고, 포대가 차면 날아 돌아왔다. 그러므로 그가 거주하던 곳을 석장사錫杖寺라 했다.

양지는 신기하고 괴이하여 남이 헤아릴 수 없는 것이 너무 많았다. 한편으론 여러 가지 기예技藝를 통달하여 신묘함이 비길 데가 없었다. 또 붓으로 그림을 잘 그려 영묘사靈廟寺의 장륙삼존丈六三尊, 천왕상天王像과 전탑殿搭의 기와와 천왕사天王寺 탑 밑의 팔부신장八部神將과 법림사法林寺의 주불삼존主佛三尊, 좌우금강신左右金剛神 등이 모두 그가 그린 것이다. 또한 영묘사와 법림사의 현판懸板을 썼으며, 또 일찍이 벽돌을 조각하여 작은 탑 하나를 만들고, 부처 3천 개를 만들어 그 탑을 절 안에 모셔 두고 정성으로 공경했다. 그가 영묘사의 장륙상丈六像을 만들 때 선禪의 경지에 푹 빠져 잡념이 없는 상태에서 진흙을 주물러 만들었기 때문에 온 성 안의 남자와 여자들이 다투어 진흙을 날랐다.

그때 남녀들이 읊은 노래는 다음과 같다.

오라, 오라, 오라.
오라, 인생은 서럽더라.
서럽도다, 우리들은

공덕을 닦으러 왔네.

지금도 시골 사람들이 방아를 찧을 때나 일할 때에 모두 이 노래를 부르는 것도 아마 이때부터 시작된 것이다.

영묘사의 장륙상을 처음 만들 때의 비용으로 곡식 2만3천7백 석이 들었다혹은 금색을 다시 칠할 때의 비용이라고도 한다.

논평하면, 양지스님은 재주가 뛰어나고 덕이 충실했으며 큰 인물로서 재주를 숨기고 있는 자라고 할 수 있다.

이것을 다음과 같이 기린다.

재를 마치니 법당 앞의 석장은 한가한데,
향로를 손질하여 단향檀香을 피우네.
못다 읽은 경 다 읽으니 더 할 일 없어,
둥근 얼굴의 소상을 빚어 놓고 합장하고 보리라.

| 천축天竺으로 간 법사들 |

광자함廣字函의 『구법고승전求法高僧傳, 당나라 의정(義淨)이 지음. 인도에 가서 불법을 공부한 중국 고승 56명의 전기』에 이런 기록이 있다.

승려 아리나阿離那, 나(那)는 혹 야(耶)라고도 쓴다 발마跋摩는 신라 사람인데, 처음에는 정교正敎, 불교를 구하려고 일찍이 중국으로 들어가 불적佛跡을 순례하다가 더욱 용기가 더하므로 정관貞觀 연간

627~649년에 장안長安, 당나라의 서울을 떠나 오천축吳天竺에 이르러 나란타사那蘭陀寺에 머물면서 율론律論에 관한 책을 많이 보고 커다란 나뭇잎에 그것을 베껴 썼다. 한편 고국에 돌아오고 싶은 마음이 간절했으나 목적을 이루지 못한 채 갑자기 그 절에서 세상을 떠났는데 이때 그는 70여 세였다.

그 뒤를 이어 혜업惠業, 현태玄泰, 구본求本, 현각玄恪, 혜륜惠輪, 현유玄遊와 또 이름이 알려지지 않은 두 법사들이 모두 자신을 잊고 불법을 따라 석가의 교화를 보려고 중인도로 갔다. 그러나 혹은 중도에서 일찍 죽고, 혹은 살아서 그곳 절에 머무는 이도 있었지만, 결국은 다시 신라와 당나라로 돌아오지 못했다. 오직 현태玄泰스님만이 당나라로 돌아왔으나 그 역시 어디서 세상을 마쳤는지 알 수 없다. 천축국 사람들이 신라를 "구구탁예설라"라 하였는데 구구탁은 닭鷄을 말함이고, 예설라는 귀함貴을 말한다. 그 나라에서는 서로 전해 말하였다.

"신라에서는 계신鷄神을 받들어 높이 여기는 까닭으로 닭의 깃털을 꽂아서 관을 장식한다."

이것을 다음과 같이 기린다.

머나먼 천축으로 가는 길은 만첩산萬疊山이 가려 있는데
애써 오르고 오르는, 가련한 유학을 가는 나그네들이여.
외로운 배는 몇 번이나 떠나갔건만,
아직도 구름 따라 돌아오는 이를 보지 못했구나.

자장慈藏이 계율戒律을 정하다

　대덕大德 자장의 성은 김씨니, 본래 진한의 진골眞骨인 소판蘇判, 3급의 벼슬 이름 무림茂林의 아들이다. 그의 아버지는 중요한 관직을 두루 지냈으나 뒤를 이을 아들이 없었다. 그러므로 삼보三寶에 귀의하여 천부관음보살千部觀音菩薩을 만들어 자식 낳기를 간절히 바라며 축원했다.
　"만약 아들을 낳게 되면 부처께서 시주하여 불법의 바다에 나루터로 삼겠습니다."
　그의 어머니 꿈에 별이 떨어져 품안으로 들어오더니, 이후 태기가 있었다. 마침내 아들을 낳았는데 석가세존과 생일이 같았기에 이에 이름을 선종랑善宗郞이라 했다. 그는 정신과 마음이 슬기로웠으며 문장이 날로 풍부해졌고 결코 속세의 정취에 물들지 않았다.
　부모를 일찍 여의고 속세의 번잡함을 꺼려 처자식을 버리고 재산을 모두 내놓아 원녕사元寧寺를 짓고 깊숙하고 험한 곳에 있으면서 이리나 범도 피하지 않았다. 고골관枯骨觀, 인생의 무상함을 마른 나무나 뼈처럼 보는 인생관을 닦을 때 조금이라도 피곤함을 느끼면 작은 집을 지어 주위를 가시덤불로 둘러쌌다. 그리고 그 속에 알몸으로 앉아 조금만 움직여도 가시에 찔리도록 하였으며, 머리는 들보에 매달아 혼미昏迷한 정신을 쫓았다.
　때마침 조정에서 재상의 자리가 비어 있어 자장이 문벌로서 물망에 올라 여러 번 부름을 받았으나 나가지 않았다. 이에 왕이 명령하였다.
　"만약 나오지 않으면 목을 베겠다."

자장이 이 말을 듣고 말했다.

"내 차라리 하루 동안 계율戒律을 지키다가 죽을지언정 백 년 동안 계율을 어기면서 살고 싶지 않다."

왕은 이 말을 듣고 그의 출가를 허락했다. 그는 여러 바위 사이에 깊이 숨어 살았으므로, 아무도 양식을 도와주지 않았다. 이때 이상한 새가 과실을 물어다가 바쳤으므로 손으로 받아먹었다 갑자기 꿈에 천인天人이 찾아와서 오계五戒를 주자 그제야 비로소 산골짜기에서 나오자 마을의 많은 사람들이 다투어 찾아와 계戒를 받았다.

자장은 변방에 태어난 것을 스스로 탄식하여, 중국으로 유학하여 불교의 교화敎化를 구해 떠나기를 원했다. 인평仁平 3년 병신년636년, 곧 정관貞觀 10년이다.에 왕의 명령으로 제자 승려 실實 등 10여 명과 함께 당나라로 들어가서 청량산淸涼山을 찾아갔다. 이 산에는 만수대성曼殊大聖의 소상塑像이 있었는데, 그 나라 사람들은 서로 전해 말했다.

"제석천帝釋天이 공장工匠을 데리고 와서 만든 것이다."

자장은 소상 앞에서 기도하고 명상하니, 꿈에 소상이 이마를 만지며 범어로 된 게偈를 주었는데 깨어나도 뜻을 알 수 없었다. 이튿날 아침에 이상한 중이 찾아와서 해석해 주고는이미 황룡사 『탑편』에 나왔다. 이렇게 말했다.

"비록 만 가지를 배운다 하더라도 이 글보다 나은 것은 없소."

그리고 가사와 사리 등을 그에게 주고 사라졌다자장은 처음에 이것을 숨겼기 때문에 『당승전唐僧傳』에는 기록되어 있지 않다.

자장은 이미 만수대성曼殊大聖을 받았음을 알고 이에 북대北臺에서 내려와 태화지太和池에 다다랐다. 당나라 서울에 들어가니 태종太

宗이 칙사를 보내 위로하고 승광별원勝光別院에서 지내도록 했으며, 몹시 총애하여 여러 물건을 많이 내렸다. 자장은 그 번거로움을 싫어하여 글을 올리고 종남산終南山 운제사雲際寺의 동쪽 깊은 산으로 들어가서 바위에 기대어 방을 만들었다. 3년을 살았는데 사람과 신神들로부터 계戒를 받으니 영험이 날로 많아졌는데, 그것들을 일일이 열거할 수 없으므로 여기에는 싣지 않는다. 얼마 후 다시 서울로 돌아와 또 칙사 대접을 받았는데 황제는 명주 2백 필을 내려 의복의 비용으로 쓰게 했다.

정관貞觀 17년 계묘년643년에 본국의 선덕왕이 글을 올려 자장을 돌려보내 주기를 청했다. 당나라의 황제는 허락하고 그를 궁중으로 불러 비단 1령領과 여러 가지 비단 천5백 단端을 주었으며 동궁東宮에서도 비단 2백 필을 주고 또 그 밖에도 예물도 많이 주었다. 자장은 본국에 아직 불경과 불상이 갖추어지지 못했으므로, 『대장경』 1부와 모든 번당幡幢, 화개花蓋에 이르기까지 복리福利가 될 만한 것을 청해서 모두 싣게 하였었다.

그가 돌아오자 온 나라가 환영하고 왕은 그를 분황사芬皇寺,『당전(唐傳)』에는 왕분사(王芬寺)라 씌어 있다.에 살게 했는데, 쓰는 물건과 시중을 드는 사람을 두어 극진하게 대우했다. 어느 해 여름에 궁중으로 청해 대승론大乘論을 강론하게 하고, 또 황룡사에서 7일 밤낮 동안 보살계본菩薩戒本을 강론하게 했더니 하늘에서 단비가 내리고, 구름 안개가 자욱이 끼여 강당을 덮었으므로 사방의 청중들이 모두 그의 신기함에 탄복했다.

조정에서 의논했다.

"불교가 동방에 전래된 지 비록 오래되었으나, 불법을 유지하고 받드는 규범이 없으니 이를 통괄하여 다스리지 않으면 바로잡을 수 없습니다."

왕이 명령을 내려 자장을 대국통(大國統)으로 삼고 승니(僧尼)의 모든 규범을 승통(僧統)에게 위임하여 주관하게 했다.살펴보면 이렇다. 북제(北齊)의 천보(天寶) 연간에는 전국에 10통을 두었는데 유사(有司)가 "마땅히 직위를 분별해야 될 것입니다"라고 아뢰었다. 이에 문선제(文宣帝)는 법상법사(法上法師)를 대통(大統)으로 삼았고 그 나머지는 통통(通統)으로 삼았다. 또 양나라, 진나라의 시대에는 국통(國統), 주통(州統), 국도(國都), 주도(州都), 승도(僧都), 승정(僧正), 도유내(都維乃) 같은 이름이 있었는데, 모두 소현조(昭玄曹)에 속했는데 곧 승니(僧尼)를 거느리는 관명이었다. 당나라 초기에는 또 10대덕(大德)이 나올 만큼 성행했고, 신라 진흥왕 11년 경오년에는 안장법사(安藏法師)를 대서성(大書省)으로 삼았는데 대서성은 한 사람뿐이었고, 또 소서성(少書省)이 있었는데 두 사람이었다. 이듬해 신미년에는 고구려의 혜량 법사(惠亮法師)를 국통(國統)으로 삼았는데 또한 사주(寺主)라고도 했고, 보량 법사(寶良法師) 한 사람을 대도유나(大都維那)로 삼았으며, 주통(州統) 9인과 군통(郡統) 18인 등을 두었다. 자장 때에 이르러 다시 대국통(大國統) 한 사람을 두었는데, 이는 상시로 두는 관직(關職)이 아니었다. 마치 부례랑(夫禮郎)이 대각간이 되고, 김유신이 태대각간이 된 것과 같다. 후에 원성대왕(元聖大王) 원년에 이르러 또 승관(僧官)을 두어 정법전(政法典)이라 이름하고 대사(大舍) 1인과 사(史) 2인을 사(司)로 삼아 승려 가운데 재주와 행동이 뛰어난 이를 뽑아 그 일을 맡겼으며, 유고시(有故時)에는 바꾸었는데, 그 연한은 정해져 있지 않았다. 그러므로 지금 자의(紫衣)의 무리는 율종과 구별된다.『향전(鄕傳)』에 "자장이 당나라에 들어가자 태종(太宗)이 율사를 맞이하여 무건전(武乾殿)에 와서 화엄경을 강론하게 했는데 하늘에서 단이슬이 내렸으므로 비로소 국사(國師)로 삼았다" 함은 그릇된 말이다.『당전(唐傳)』과

『국사』 모두에 그런 글은 없다.

 자장은 이런 좋은 기회를 얻자 용감히 나아가서 불법을 널리 퍼뜨렸다. 그는 승니僧尼의 5부에 각기 구학舊學을 더 증가시키고 보름마다 계율戒律을 설법했으며, 겨울과 봄에는 이들을 모아 시험을 실시해서 지계持戒와 범계犯戒를 알게 했으며, 사람을 두어 이를 유지하게 했다. 또 순사巡使를 보내 지방의 사찰을 차례로 검사하여 승려의 과실을 징계하고, 불경과 불상을 엄중히 정비하여 일정한 법식法式으로 삼으니 한 시대에 불법을 보호함이 이때에 가장 성했다. 이것은 마치 공자가 위衛나라에서 노魯나라로 돌아와 음악을 바로잡아 아雅와 송頌이 각기 그 마땅함을 얻음과 같다.

 이때 나라 안의 사람들이 계를 받고 불법을 받드는 이가 열 집에 여덟, 아홉 집이나 되었으며 머리를 깎고 중이 되기를 청하는 이가 날마다 늘어갔다. 따라서 통도사通度寺를 세우고 계단戒壇을 쌓아 사방에서 찾아오는 사람을 받아들였다. 또 자기가 태어난 집을 원녕사元寧寺로 고치고 낙성회落成會를 베풀어 『화엄경』 1만 게偈를 강론하니 52류類, 열반회상涅槃會上) 52종류의 중생, 즉 석가모니가 세상을 떠나려 할 때 모든 중생이 52 종류였다 함의 여인이 감동하여 현신現身하여 들었다. 문인門人들에게 그 수효만큼 나무를 심게 하여 그 이상스런 자취를 표시하게 하고 그 나무의 이름을 지식수知識樹라 불렀다.

 자장은 일찍이 나라의 복식服飾이 중국과 같지 않으므로 조정에 건의하자, 허락이 내렸다. 이에 진덕왕 3년 기유년649년에 비로소 중국의 의관을 입게 되고 다음해 경술년650년에 초하루를 처음으로 하여 비로소 영휘永徽, 당나라 고종의 연호란 연호를 시행했다. 이후로는 중국에 조빙朝聘할 때마다 그 반열班列이 번국藩國의 윗자리에 있었으니 이는 자장의 공로이다.

만년에 서울을 떠나 강릉군江陵郡, 지금의 명주(溟州)에 수다사水多寺를 세우고 거기서 살았다. 꿈에 이상한 중을 보았는데, 그 모습이 북대北臺에서 본 중과 같았다. 꿈속의 중이 말했다.

"내일 너를 대송정大松汀에서 만나게 되리라."

그가 깜짝 놀라 일어나 일찍 출발하여 송정에 이르니 과연 문수보살이 와 있음을 감응하고, 법요法要를 묻자 이렇게 말하였다.

"태백산 갈반지葛蟠地에서 다시 만나자."

그리고 보살은 사라져 버렸다송정에는 지금도 가시나무가 나지 않고, 매와 새매 종류가 깃들이지 않는다고 한다.

자장이 태백산에서 그를 찾아보니 큰 구렁이가 나무 밑에 똬리를 틀고 있음을 보고 시자侍者에게 말했다.

"이곳이 곧 갈반지다."

여기에 석남원石南院, 지금의 정암사(淨岩寺)을 세우고 문수대성文殊大聖이 내려오시기를 기다렸다. 그러자 어떤 늙은 거사居士가 남루한 옷을 입고 칡으로 만든 삼태기에 죽은 강아지를 담아 메고 와서 자장을 모시는 사람에게 말했다.

"내가 자장을 보려고 왔다."

시자가 대답했다.

"내가 시중을 든 후로 아직껏 우리 스승님의 이름을 부르는 자를 보지 못했는데, 너는 어떤 사람이기에 이처럼 함부로 말하는가?"

"네 스승에게 아뢰기만 해라."

그가 자장에게 들어가서 아뢰자 자장도 이를 깨닫지 못하고 말했다.

"아마도 미친 사람인가 보다."

자장을 모시는 사람이 가서 꾸짖어 내쫓으니 거사가 말했다.

"돌아가겠다, 돌아가겠다. 남을 업신여기는 자가 어찌 나를 볼 수 있겠는가?"

그리고 삼태기를 거꾸로 하여 털자 개가 변하여 사자보좌師子寶座가 되었는데, 거기에 올라앉아 빛을 발하고는 곧장 사라졌다.

자장은 그 말을 듣고 그제서야 위엄 있는 예를 갖추고 그 빛을 찾아 서둘러 남쪽 고개에 올라갔으나 벌써 까마득해져 따라가지 못하고, 드디어 그곳에 쓰러져 세상을 떠났다. 시체는 화장하여 유골을 굴 속에 안치했다.

자장이 세운 절과 탑이 열 곳이 넘는데 그 하나하나를 세울 때마다 반드시 이상한 상서로움이 있었으므로 공양하는 신도들이 아주 많아서 며칠 안 되어 낙성되곤 했었다. 자장이 쓰던 물건과 옷가지, 그리고 태화지太和池의 용이 바친 목압침木鴨枕과 석가여래의 가사들은 모두 통도사에 있다. 또 헌양현지금의 언양(彦陽)에 압유사鴨遊寺가 있었는데 목압침의 오리가 일찍이 이곳에서 이상한 행적을 나타내었으므로 압유사라 이름을 붙인 것이다.

또 원승圓勝이란 중이 있었는데, 자장보다 먼저 중국에 유학 갔다가 함께 고향으로 돌아와 율부律部를 넓히는 일을 도왔다고 한다.

이것을 다음과 같이 기린다.

일찍이 청량산에서 꿈을 깨고 돌아오니,
계율의 칠편삼취七篇三聚가 일시에 열렸다.
검은옷과 흰옷을 부끄럽게 여겨,
동국의 의관을 중국에 맞추었네.

| 원효는 얽매이지 않는다 |

성사聖師 원효의 세속의 성은 설薛씨다. 할아버지는 잉피공仍皮公이며, 또는 적대공赤大公이라고도 한다. 지금 적대연赤大淵 옆에 잉피공의 사당이 있다.

그의 아버지는 담날내말談捺乃末이다. 원효는 처음에 압량군押梁郡, 지금의 장산군(章山郡)이다의 남쪽 불지촌佛地村의 북쪽 밤나무골栗谷의 사라수娑羅樹 아래에서 태어났는데 마을의 이름은 불지佛地이며, 혹 발지촌發智村이라고도 한다우리말로는 불등을촌(弗等乙村)이라 한다. 사라수를 민간에서는 이렇게 말하였다.

"성사의 집은 본래 이 골짜기 서남쪽에 있었다. 그 어머니가 아기를 배어 달이 차서 마침 이 골짜기 밤나무 밑을 지나다가 갑자기 해산하게 되었으므로 급한 나머지 집에 돌아가지 못하고, 남편의 옷을 나무에 걸어 놓고 그 안에 누워 해산하였다. 이 일로 이 나무를 사라수娑羅樹, 사라 비단을 건 나무라 했다. 그 나무의 열매도 또한 보통 나무와는 달랐으므로 지금도 사라율娑羅栗이라 부른다."

옛날부터 전해 오는 이야기에 의하면 옛날에 절을 주관하는 이가 절의 종 한 사람에게 하루 저녁 끼니로 밤 두 개씩을 주었더니, 종은 적다고 관가에 호소했다. 관리가 이를 괴이하게 여겨 그 밤을 조사해 보았더니, 한 개가 바리때 한 그릇에 가득 찼으므로, 도리어 한 개씩만 주라고 판결을 내렸다. 그래서 밤나무골栗谷이라 부른 것이라고 한다.

성사가 출가하고서 그 집을 내놓아 절로 삼으니 절의 이름을 초개사初開寺라 했다. 또 사라수 곁에 절을 세우고 사라사娑羅寺라고 했다.

성사의 행장에는 "서울 사람"이라 했으나 이는 할아버지의 본거本居를 좇아 말한 것이며, 『당승전唐僧傳』에는 "본래 하상주下湘州 사람"이라 했다.

이를 살펴보면 다음과 같다.

인덕麟德 2년 사이에 문무왕이 상주上州와 하주下州의 땅을 나누어 삽량주를 설치했는데, 하주는 곧 지금의 창녕군昌寧郡이다. 압량군押梁郡은 본래 하주下州에 속한 현이다. 상주는 지금의 상주尚州로, 상주湘州라고도 쓴다. 불지촌佛地村은 지금 자인현慈人縣에 속해 있으니, 곧 압량군에서 나누어진 곳이다.

성사의 어릴 적의 이름은 서당誓幢, 새돌이이요, 또 다른 이름은 신당新幢, 당(幢)은 우리말로는 모(毛)라고 한다.이다.

처음에 어머니의 꿈에 유성이 품속으로 들어오더니 이내 태기가 있었다. 해산하려 할 때는 오색구름이 땅을 덮었는데, 그때는 진평왕 39년 대업大業 13년 정축년617년이었다.

그는 태어나면서부터 총명하여 학문을 스승 없이 혼자서 배웠다. 그는 승려가 되어 사방으로 다니며 수행修行한 낱낱의 얘기와 불교를 널리 폈던 큰 업적은 『당전唐傳, 당승전(唐僧傳)』과 그의 행장에 상세히 기록되어 있으므로 여기에는 다 적지 않는다. 다만 『향전鄉傳』에 실린 한두 가지의 이상한 일만 적어 둔다.

성사가 어느 날 춘의春意가 동하여 거리에서 노래를 불렀다.

누가 자루 없는 도끼를 빌려주겠는가?
나는 하늘 받칠 기둥을 찍으련다.

사람들은 모두 그 노래의 뜻을 알지 못했다. 이때 태종무열왕이 이 노래를 듣고 말했다.

"이 대사께서 아마 귀부인을 얻어 훌륭한 아들을 낳고 싶은 모양이구나. 나라에 큰 현인이 있으면 그 이로움이 클 것이다."

이때 요석궁瑤石宮, 지금의 학원(學院)이 바로 이곳이다.에 과부가 된 공주가 있었다.

왕은 궁궐 관리를 시켜 원효를 찾아 요석궁으로 맞아들이게 했다. 궁궐 관리가 칙명을 받들어 원효를 찾으려 하는데, 벌써 남산에서 내려와 문천교蚊川橋, 사천(沙川)인데 민간에서는 연천(年川)이라 한다. 또 다리의 이름은 유교(楡橋)라 한다.를 지나가고 있었다. 원효는 관리를 만나자 일부러 물 속에 떨어져 옷을 적셨다. 관리는 성사를 요석궁으로 인도하여 옷을 말리게 하니 그곳에서 머물러 있게 되었다.

공주가 아기를 배어 마침내 설총薛聰을 낳았는데, 설총은 태어나면서부터 총명하여 경서經書와 역사책에 통달했다. 그는 신라 10현賢 중의 한 분이다. 방언으로 중국과 신라의 각 지방 풍속과 물건 이름 등에 통달하고, 육경六經과 문학文學을 훈해訓解했으니 지금까지 신라에서 경을 연구하는 이들이 그 훈해를 전수하여 끊어지지 않고 있다.

원효는 계율을 어겨 설총을 낳은 후로는 속인의 옷으로 바꾸어 입고, 스스로 소성거사小姓居士라 일컬었다. 우연히 광대들이 놀리는 큰 박을 얻었는데, 그 모양이 괴이했다. 성사는 그 모양대로 도구를 만들어 『화엄경』의 '일체 무애인無碍人은 한결같이 생사生死를 벗어난다'란 구절을 따서 무애라 이름짓고 노래를 지어 세상에 퍼뜨렸다. 일찍이 이것도구을 가지고 많은 촌락에서 노래하고 춤추며 교화하고 읊으면서 돌아다녔으므로 가난하고 무지몽매한 무리들까지도 모두 부처의 이름을 알게 되고 나무아미타불南無阿彌陀佛을 부르게 되었으니, 원효의 교화가 컸다고 할 수 있다.

성사가 자신이 태어난 마을의 이름을 불지촌佛地村이라 하고, 절의 이름을 초개사初開寺라 한 뒤 스스로 원효元曉라 일컬은 것은 모두 불교를 처음으로 빛나게 했다는 뜻이다. 원효란 말도 또한 우리말이니 그 당시의 사람은 모두 우리말로써 새벽이라 했다.

원효는 일찍이 분황사에 머물면서 『화엄경소華嚴經疏』를 지었는데, 제4권 〈십회향품十廻向品〉에 이르러 마침내 붓을 꺾었다. 또 송사訟事로 말미암아 몸이 몹시 바빴으므로 모든 사람이 이를 위계位階의 초지初地라고 하였다.

또한 바다 용의 권유에 따라 길에서 조서를 받아 『삼매경三昧經』의 소疏를 지었다. 그때 붓과 벼루를 소의 두 뿔 위에 놓아 두었으므로 이를 각승角乘이라 했는데 이는 또한 본시이각本始二覺, 자각(自覺)과 각타(覺他)의 두 가지 숨은 뜻을 나타낸 것이다. 대안 법사大安法師가 찾아와서 종이를 붙였으니 또한 기미氣味가 상통해 음音을 알고 화답하였다.

그가 세상을 떠나자 설총은 그 유해를 부수어 참 얼굴을 소상으로 만들어 분황사에 모시고, 공경하고 사모하여 극도의 슬픈 뜻을 표시했다. 설총이 소상 곁에서 예배하니 소상이 문득 고개를 돌려 돌아보았으므로, 지금도 여전히 돌아본 채로 그대로 있다.

원효가 일찍이 거주하였던 혈사穴寺 옆에 설총의 집터가 있었다고 한다.

이것을 다음과 같이 기린다.

각승角乘은 처음 삼매경三昧經의 축軸을 열었고,
무호舞壺는 마침내 만가의 풍습이 되었네.
달 밝은 요석궁엔 봄잠이 깊더니,
문 닫힌 분황사엔 돌아보는 그림자가 비었다.

의상義湘이 화엄종을 전하다

의상 법사의 아버지의 이름은 한신韓信이며, 성은 김씨이다. 나이 29세에 서울 경주 황복사皇福寺에서 머리를 깎고 중이 되었다. 얼마 후 부처의 교화敎化를 보고자 마침내 원효와 함께 중국으로 가려고 변방邊方을 지키는 고구려 순라군 첩자로 의심받아 수십 일 동안 갇혔다가 간신히 빠져 나와 돌아왔다 이 일은 최치원이 지은 『의상 본전(本傳)』과 원효 대사의 『행장』에 있다.

영휘永徽 초년에, 마침 당나라의 사신이 본국으로 돌아가는 사람이 있었으므로 그 배를 타고 중국으로 들어갔다. 처음에 양주揚州에 머물렀는데 주장州將 유지인劉至仁이 의상에게 관아 안에 머물기를 청했는데, 접대가 매우 융숭했다. 얼마 뒤에 종남산終南山, 당나라 수도 장안의 남산 지상사至相寺를 찾아가서 지엄당나라 고승. 화엄종의 2대조 임을 만났다.

지엄은 지난밤 꿈에 큰 나무 하나가 해동에서 생겨나 가지와 잎이 널리 퍼져 중국까지 와서 덮었는데, 그 위에 봉황새의 보금자리가 있었으므로, 올라가 보니 한 개의 마니보주摩尼寶珠, 여의주. 용의 뇌 속에서 나온다고 함.가 있어 광명이 멀리 뻗치고 있었다. 꿈을 깬 후 놀랍고 이상스러워 깨끗이 청소하고 기다렸는데 의상이 찾아왔던 것이다. 지엄은 특별한 예로 의상을 맞이하고 조용히 말했다.

"나의 어젯밤 꿈은 그대가 나에게 의탁할 징조였구나."

그리하여 제자가 됨을 허락하자 의상은 『화엄경』의 미묘한 뜻을 숨어 있는 작은 부분까지 분석했다. 지엄은 뛰어난 자질을 지닌 의상을 만난 것을 몹시 기뻐하며 새로운 이치를 가르쳤다. 깊이 숨어 있는 것을 찾아내니, 남초藍草와 천초가 그 본색을 뛰어넘는 경지에 이르렀다.

신라의 승상 김흠순金欽純, 혹은 김인문(金仁問)이라고도 한다과 양도良圖 등이 당나라에 와서 감옥에 갇혀 있었는데, 고종高宗이 장차 크게 군사를 일으켜 신라를 치려 하니 김흠순 등이 몰래 의상에게 권하여 신라로 돌아가도록 하므로 함형咸亨, 당 고종의 연호 원년 경오년670년에 본국으로 돌아왔다.

신라의 조정에 이 사실을 알리자 조정에서는 신인종神印宗의 고승 명랑明朗에게 명하여 밀단密壇을 임시로 세우고 비법으로 기도하자, 위기에서 벗어날 수 있었다.

의봉儀鳳 원년676년에 의상은 태백산으로 돌아가 조정의 명령을 받들어 부석사浮石寺를 짓고 대승大乘의 교법을 포교하니 영감이 많이 드러났다.

지엄의 문인門人이었던 현수賢首는 『수현소搜玄疎』를 지어 그 부본副本을 의상에게 보내며 아울러 은밀한 뜻이 담긴 글을 보냈다.

그 내용은 다음과 같다.

"서경西京 숭복사崇福寺 승려 법장法藏, 즉 현수는 해동 신라 화엄법사華嚴法師, 의상의 시자侍者에게 글을 보냅니다. 한 번 작별한 지 20여 년이 되었으나 사모하는 정성이 어찌 염두에서 떠나겠습니까? 더욱이 연기와 구름이 만 리을 가로막고 있고 바다와 육지가 천 겹이나 쌓였으므로, 이 몸이 다시 뵙지 못할 것을 한스럽게 여깁니다. 그리운 회포를 어찌 말로써 다 전할 수 있겠습니까? 전생에 인연을 같이 했고 금세今世에서는 학업을 같이했으므로, 이 과보果報를 얻어 대경大經에 함께 목욕하며, 특히 선사先師께 이 심오한 경전의 가르침을 입었습니다. 우러러 들으니 상인上人께서는 고향에 돌아가신 후, 『화엄경』을 강연하여 법계法界의 끝없는 연기緣起를 선양하여, 겹겹의 제망帝網으로 불국佛國을 새롭게 하여 중생을 널리 이롭게 하신다고 하니 기쁨이 더욱 깊어집니다.

　이에 불타佛陀가 돌아가신 후에 불교를 빛내고 법륜法輪을 다시 굴려 불법에 오래 머물게 한 이는 오직 법사뿐임을 압니다. 저 법장은 나아가려는 취지가 있어도 주선周旋하는 일이 적으므로, 우러러 이 경전을 생각하니 선사께 부끄러울 따름입니다. 처지에 따라 받은 바를 버릴 수 없으므로 이 업業에 기대어 내세와 인연을 맺고자 하나이다. 다만 스님의 장소章疏는 뜻은 풍부하지만 글이 간결하여 후세의 사람이 이해하기가 어려우므로 이로써 제가 스님의 미묘한 말씀과 신묘한 뜻을 기록하여 기록을 만들었습니다. 가까운 시일에 승전 법사勝詮法師가 베껴서 고향에 돌아가 그것을 그 땅에 전할 것이오니 상인께서는 잘못을 상세히 검토하셔서 가르쳐 주시면 다행이겠습니다.

　삼가 바라옵건대 마땅히 내세에서는 몸을 버리고 다른 사람에게 주고 다시 다른 사람의 몸에서 태어나 함께 노사나불盧舍那佛의 무진한 묘법을 청수聽受하고 이렇듯 무량광대無量廣大한 보현보살의 원행을 수행修行하기를 원하나이다. 혹 악업이 남아 하루 아침에 지옥에 떨어지더라도 상인께서는 과거의 교분을 잊지 마시고 정도를 가르쳐 주시기를 삼가 바라나이다. 인편이 있을 때마다 안부를 부탁하나이다. 이만 줄입니다."이 글은 『대문류大文類』에 실려 있다.

의상은 곧 열 곳의 사찰에서 교를 전하니 태백산의 부석사, 원주의 비마라사毗摩羅寺, 가야산의 해인사, 비슬산毗瑟山, 경남 창녕의 옥천사玉泉寺, 금정산金井山의 범어사梵魚寺, 남악南嶽, 지리산의 화엄사華嚴寺 등이 이곳이다. 또 법계도서인法界圖書印, 법계도(法界圖)과 약소略疎를 지어 일승一乘의 개요를 모두 기록했으니, 천 년의 모범이 될 만하므로 여러 사람이 다투어 소중히 지녔다. 그 밖에는 지은 것이 없으나, 한 솥의 고기맛을 알려면 한 점의 살코기만 맛보아도 충분하다.

법계도法界圖는 총장總章 원년 무진년668년에 이루어졌는데, 이 해에 지엄 또한 세상을 떠났다. 공자가 "기린을 잡았다공자가 『춘추』를 지을 때, 이 구절을 쓰고 죽은 고사에서 나온 말로 절필(絕筆)을 뜻함"는 구절에서 붓을 놓음과 같다.

세상에서 의상을 불타의 화신이라 한다. 그의 제자로는 오진悟眞·지통智通·표훈表訓·진정眞定·진장眞藏·도융道融·양원良圓·상원相源·능인能仁·의적義寂 등 10명의 고승이 우두머리가 되었는데, 모두 아성亞聖이며 각기 전기가 있다.

오진은 일찍이 하가산下柯山 골암사에 살았는데 밤마다 팔을 뻗쳐 부석사 석등에 불을 켰다. 지통은 『추동기錐洞記』를 지었는데, 대개 직접 의상의 가르침을 받았으므로 문사文辭가 정묘한 지경에 도달하였다. 표훈은 일찍이 불국사佛國寺에 머물면서 항상 천궁天宮을 왕래했다.

　의상은 황복사皇福寺에 있을 때 무리들과 함께 탑을 돌았는데, 언제나 허공을 밟고 올라갔으며 층계는 밟지 않았으므로 그 탑에는 사다리를 놓지 않았다. 그 제자들도 층계에서 3척이나 떨어진 허공을 밟고 돌았으므로, 의상은 그 제자들을 돌아다보면서 말했다.

　"세상 사람들이 이것을 보면 반드시 괴이하게 여길 것이니 세상에는 가르칠 수 없다."

　이 나머지는 최치원이 지은 의상의 『본전本傳』과 같다.

　다음과 같이 기린다.

　　덤불을 헤치고 연기와 티끌을 무릅쓰고 바다를 건너니,
　　지상사至相寺에 이르니 문 열려 귀한 손님 맞이하였도다.
　　화엄을 캐어 와서 고국에 심으니,
　　종남산과 태백산이 똑같은 봄빛이구나.

| 사복蛇福이 말을 못 하다 |

　경주의 만선북리萬善北里에 한 과부가 살고 있었다.

　그녀는 남편도 없이 아이를 낳았는데, 그 아이가 나이 열두 살이 되도록 말도 하지 못했고 또한 일어나지도 못했다. 그 때문에 사동蛇童, 아래에서는 혹 사복(蛇卜), 또는 사파(蛇巴), 사복(蛇伏) 등으로 기록되어 있으나 모두 사동을 이름이다.이라고 불렀다.

어느 날 그의 어머니가 세상을 떠났다. 그때 원효는 고선사高仙寺에 머물고 있었는데 원효가 그를 맞이했으나 사복은 답례도 하지 않으면서 말했다.

"옛날에 그대와 내가 함께 경을 싣고 다니던 암소가 지금 죽었으니 함께 장사지냄이 어떨까?"

"좋다."

원효가 흔쾌히 승낙하고 함께 그의 집으로 갔다. 원효에게 포살布薩 수계授戒를 해 달라고 하자, 원효가 그 시체 앞으로 가서 빌었다.

"태어나지 말지어다, 죽는 것이 괴롭다. 죽지 말지어다, 태어나는 것이 괴롭다."

사복이 말했다.

"말이 너무 번거롭다."

원효가 다시 고쳐 말했다.

"죽고 사는 것이 괴롭다."

두 사람은 상여를 메고, 활리산活里山 동쪽 기슭으로 갔다.

원효가 말했다.

"지혜가 있는 호랑이를 지혜의 숲 속에 장사지내는 것이 어찌 마땅하지 않은가?"

그러자 사복이 게偈를 지어 불렀다.

그 옛날 석가모니 부처님께서는
사라수 사이에서 열반하셨는데
지금도 그와 같은 이가 있어
연화장蓮華藏 세계로 들어가고자 하네.

말을 마치고 띠풀의 줄기를 뽑으니, 그 속에 밝고 청허清虛한 세계가 있어 칠보七寶로 장식한 난간에 누각이 자못 장엄했는데 아마도 인간의 세계는 아니었다. 사복이 시체를 업고 그 속으로 들어가자 땅이 갑자기 합쳐졌다. 원효는 곧 돌아왔다.

후세의 사람들이 그를 위해 금강산경북 영천군에 있음. 동남쪽에 절을 세우고 절의 이름을 도량道場寺라 하였으며, 해마다 3월 14일에 점찰회占察會, 법회의 일종. 『점찰경(占察經)』에 의한 법회인데 원광 법사가 시조임를 여는 것을 일반 규정으로 삼았다. 사복이 세상에 영험을 나타난 것은 이것뿐인데, 세간에서 황당한 얘기를 덧붙이니 참으로 가소로운 일이다. 다음과 같이 기린다.

말없이 잠자는 용이 어찌 등한하리.
떠나면서 읊은 한 곡 간단하기도 하다.
고통스런 생사는 본디 고통이 아니니
연화장 세계가 넓기도 하네.

제五권

신주神呪 제六

| 밀본密本이 요사한 귀신을 물리치다 |

선덕여왕 덕만德曼이 병을 얻어 오랫동안 낫지 않자, 임금은 흥륜사興輪寺 중 법척을 궁궐에 불러 병을 치료했으나 오래도록 효과가 없었다.

이때 밀본 법사密本法師의 덕행이 온 나라에 널리 알려져 조정의 신하들이 법척 대신에 밀본 법사로 바꾸어서 치료하기를 청했다. 왕이 조서를 내려 밀본을 궁 안으로 불러들이자 그는 왕의 침실 밖에서 『약사경藥師經』을 다 읽자마자 가졌던 육환장六環杖이 침실 안으로 날아들어, 늙은 여우 한 마리와 중 법척을 찔러 뜰 아래에 거꾸로 내던지니 왕의 병환이 곧 나았다. 이때 밀본의 이마 위에 신비스런 빛이 비추니 보는 사람 모두가 깜짝 놀랐다.

또 승상 김양도金良圖가 어렸을 때, 갑자기 입이 붙고 몸이 뻣뻣하게 굳어져 말도 못 하고 몸도 쓰지 못했다.

김양도가 살펴보니, 큰 귀신 하나가 작은 귀신을 여러 명을 거느리고 와서 집 안에 있는 모든 음식을 씹어 맛보는데, 무당이 와서 제사를 지내면 더 많은 귀신이 몰려와 다투어 모욕했다. 양도가 귀신들에게 물러가라고 명령하려 했으나 입이 붙어 말을 할 수가 없었다. 이때 그의 아버지가 법류사法流寺의 중이름은 전하지 않음.을 청하여 경을 읽도록 했는데 큰 귀신이 작은 귀신에게 명령하여 쇠몽둥이로 중의 머리를 내려쳤다. 중은 땅에 넘어져 피를 토하고 죽었다.

며칠 뒤에 사자를 보내어 밀본을 오게 했는데 사자가 돌아와서 말했다.

"밀본 법사께서 우리 청을 받아들여 오실 것입니다."

여러 귀신들이 이 소리를 듣고 모두 깜짝 놀라 얼굴빛이 변했다. 이때 작은 귀신이 말했다.

"법사가 오면 우리에게 이로울 것이 하나도 없으니 피하는 것이 좋겠습니다."

그러나 큰 귀신은 태연한 척 거들먹거리며 말했다.

"어떤 해로움도 없다."

얼마 후 사방에서 쇠갑옷과 긴 창으로 무장한 큰 힘을 지닌 귀신이 찾아와서 귀신들을 붙잡아 갔고 그 다음에는 수없이 많은 천신이 들어와 둘러서서 기다리자 얼마 후에 밀본이 왔는데, 그가 경을 펴기도 전에 양도의 병이 깨끗이 나아 말도 하고 몸도 움직일 수 있게 되었다. 양도는 지난일을 법사에게 자세히 말하고 이로 말미암아 불교를 독실히 믿게 되어 부처 섬기기를 한평생 게을리하지 않았다.

홍륜사 법당의 주불主佛인 미륵존상과 좌우 보살을 소상으로 만들고 법당 벽에 금색으로 벽화를 그렸다.

밀본은 일찍이 금곡사金谷寺에 살았던 적이 있었다.

김유신은 일찍이 한 늙은 거사居士와 교분이 두터웠는데, 세상 사람들은 그가 누구인지 알지 못했다. 그때 그의 친척인 수천秀天이 오랫동안 악질에 걸려 있었으므로 공은 거사를 보내어 병을 진찰하게 했다. 때마침 수천의 친구인 인혜사因惠師가 중악中岳으로부터 찾아와 거사를 보고는 모욕하며 이렇게 말했다.

"그대의 모습과 태도를 보고 아첨하는 사람이 분명한데 어떻게 남의 병을 고치겠소?"

거사가 말했다.

"나는 김 공의 명을 받고 마지못해서 이곳에 왔을 뿐이오."

인혜가 말했다.

"내 신통력神通力을 잘 보라."

그가 향로에 향을 피우며 주문을 외우자 조금 후에 오색 구름이 이마 위를 둘러싸며 천화天花, 눈, 또는 천상계(天上界)에 핀다는 영묘한 꽃가 흩어져 곳곳에 떨어졌다.

"스님의 신통력은 정말 불가사의합니다. 제게도 역시 변변치 못한 재주가 있으니 한번 시험해 보고 싶습니다. 스님은 제 앞에 잠깐만 서 계십시오."

인혜가 그의 말대로 하자 거사가 손가락으로 튕겨 소리를 냈다. 그 소리에 인혜는 공중으로 한 길 가량이나 거꾸로 올라갔다. 한참만에 천천히 거꾸로 내려와 머리를 땅에 박고 말뚝처럼 박혔다.

옆에 섰던 사람이 인혜를 아무리 밀고 잡아당겨도 조금도 움직이지 않았다. 거사가 그곳을 떠났는데도 인혜는 거꾸로 박힌 채 밤을 새웠다. 그 이튿날 수천이 사람을 시켜 김 공에게 알리자 김공이 거사를 보내 그를 구하도록 했다. 그 후 인혜는 다시는 재주를 팔지 않았다.

이것을 다음과 같이 기린다.

붉은색이 분분하여 몇 번이나 적색을 어지럽혔던가.
아, 물고기의 눈이 어리석은 사람을 속이는구나.
거사가 손가락을 가벼이 튕기지 않았더라면,
상자에 얼마나 많은 돌을 담았을까.

감통感通 제七

| 선도 성모가 불교 일을 좋아하다 |

진평왕 때 한 비구니가 살고 있었는데, 이름을 지혜智惠라고 했으며, 그녀는 어진 행실을 많이 했다. 그녀는 안흥사安興寺에 머물고 있었는데, 불전佛殿을 새로 수리하고자 했으나 힘이 모자랐다. 어느 날 꿈에 구슬과 비취로 머리를 장식한 한 선녀가 찾아와서 위로하며 말했다.

"나는 선도산仙桃山 성모聖母인데, 네가 불전을 수리하려고 하는 것이 기뻐, 나도 금 열 근을 시주하여 그 일을 돕고자 한다. 내가 앉은 자리 밑에서 금을 꺼내어 주불主佛 삼상三像을 장식하고, 벽에는 53불과 육류성중六類聖衆과 여러 천신天神과 오악五岳의 신군神君, 신라 때의 5악은 동쪽의 토함산, 남쪽의 지리산, 서쪽의 계룡산, 북쪽의 태백산, 중앙의 부악(父岳) 또는 공산(公山)이다을 그리고, 매년 봄과 가을에 열흘 동안은 남녀 신도들을 많이 모아 널리 모든 중생을 위해 점찰법회占察法會를 베풂으로써 일정한 규정을 삼아라고려 굴불지(屈弗池)의 용이 꿈에 황제에게 나타나 영취산(靈鷲山)에 약사도량(藥師道場)을 영구히 열어 바닷길을 편안하게 하기를 청했으니 그 일이 또한 이와 같다."

지혜는 깜짝 놀라 꿈에서 깨어 무리를 이끌고 신모사에 가서 황금 1백60냥을 얻어 수리하였다. 이것은 신모神母가 알려 준 대로 따랐던 것이다. 그 사적事蹟은 남아 있고 불사佛事는 폐지되었다.

신모는 본래 중국 황실의 딸로 이름은 사소娑蘇였다. 일찍이 신선의 술법을 배워 신라에 들어와서 오랫동안 돌아가지 않았다. 그래서 아버지인 황제는 편지를 솔개의 발에 매어 날려 보냈다.

"솔개가 머무는 곳에 집을 삼아라."

사소娑蘇가 아버지가 보낸 서신을 받고 솔개를 놓아주자 솔개가 이 산선도산에 날아가서 멈추었으므로, 신모는 마침내 와서 거기에 가서 살며 지선地仙이 되었다. 그래서 산의 이름을 서연산西鳶山이라 부르게 되었다. 신모는 오랫동안 이 산에 살면서 나라를 보호하였는데 신령스럽고 이상한 일이 아주 많았다. 나라가 건국한 이래로 항상 삼사三祀의 하나가 되었고, 그 차례는 여러 제사 중에서 으뜸이었다.

제54대 경명왕은 매사냥을 좋아했는데, 일찍이 이곳에 올라와서 매를 놓았다가 잃어버리자 신모에게 기도했다.

"만일 매를 찾게 되면 마땅히 작위를 봉하겠습니다."

잠시 후에 매가 날아와서 의자 위에 앉았다. 이 때문에 신모를 대왕으로 봉했다. 그녀신모가 처음 진한辰韓에 오자, 성자聖子를 낳아 동국의 첫 임금이 되었으니 아마 혁거세왕, 알영閼英의 두 성인일 것이다. 그러므로 계룡鷄龍 · 계림鷄林 · 백마白馬 등으로 일컬은 것은 이 닭鷄이 서쪽에 속하기 때문이다. 신모는 일찍이 하늘의 선녀에게 비단을 짜게 하고 붉은색으로 물들여 조복을 만들어 그 남편에게 주었으므로 나라 사람들이 이것으로 비로소 그의 신비한 영험을 알았다.

또 『국사』에 이런 기록이 씌어 있다.

김부식이 정화政和, 송(宋) 휘종(徽宗)의 연호 연간에 일찍이 사신으로 송나라에 들어가 우신관佑神舘에 갔는데 한 당에 여신의 상이 모셔져 있었다.

그의 접대를 맡은 관반학사舘伴學士 왕보가 말했다.

"이것은 귀국의 신인데 공은 이를 알고 있습니까?"

이어서 말했다.

"옛날에 그녀는 중국 황실의 딸이 있었는데 바다를 건너 진한에 이르러 아들을 낳았는데 해동의 시조가 되었으며, 그 여인은 지선地仙이 되어 오랫동안 선도산에 있습니다. 이것이 바로 그 상입니다. 또 송나라 사신 왕량王襄이 우리 조정에 와서 동신 성모東神聖母에게 제사지낼 때에 그 제문에 '어진 사람이 처음으로 나라를 세웠다'는 구절이 있었소."

신모가 이제 황금을 주어 불타를 받들게 하고, 중생을 위해 불법을 열어 진량津梁을 만들었으니 어찌 오래 사는 술법術法을 배워서 아득한 속에 사로잡힐 뿐이겠는가?

이것을 다음과 같이 기린다.

> 서연산에 와 산 지 몇십 년이 지났던가,
> 천제녀天帝女를 불러 신선의 옷을 짜게 했네.
> 장생술長生術도 영이靈異함이 없지 않았는데,
> 부처를 뵙고 옥황玉皇이 되었네.

| 계집종 욱면이 염불하여 극락에 올라가다 |

경덕왕 때 강주康州, 지금의 진주晉州. 또는 강주剛州라고도 하는데, 이는 지금의 순안順安이다.의 남자 신자도 수십 명이 서방정토西方淨土, 극락 세계를 정성껏 구하여 주州의 경계에 미타사彌陀寺를 세우고 만날 날을 기약하여 계契를 만들었다. 그때 아간阿干 귀진貴珍의 집에 욱면郁面이라는 한 여자종이 있었다. 그녀가 주인을 모시고 절에 가 마당 한가운데 서서 스님을 따라 염불했다. 그러나 주인은 그녀가 직분에 어울리지 않는 짓을 하는 것이 몹시 못마땅해 날마다 곡식 두 섬을 주고 하룻밤 동안에 그것을 다 찧도록 시켰다. 그러나 여자종은 초저녁에 곡식을 다 찧고 절에 가서 염불을 했는데 '내 일이 바빠서 주인집 방아를 서두른다'는 속담은 아마 여기서 나온 듯하다. 밤낮으로 조금도 게을리하지 않았다. 그녀는 뜰의 좌우에다 긴 말뚝을 세워 놓고 두 손바닥을 뚫어 노끈으로 꿴 다음 말뚝 위에 매달아 합장하고 좌우로 이를 흔들면서 자신을 격려했다. 그때 하늘에서 외치는 소리가 들렸다.

"욱면랑은 당堂에 들어가 염불하라."

절의 스님들이 그 소리를 듣고 욱면에게 권해 그녀는 당에 들어가 예에 따라 정진하게 했다. 얼마 후 서쪽 하늘에서 음악이 들려 오더니 욱면의 몸이 솟구쳐 대들보를 뚫고 나갔다. 그리곤 서쪽 교외로 가더니 육신을 버리고 부처의 몸으로 변해 연화대蓮花臺에 앉아 큰 빛을 발하면서 천천히 사라졌는데, 음악 소리는 오랫동안 그치지 않았다. 그 불당에는 지금도 구멍이 뚫린 곳이 있다고 한다이상은 『향전鄕傳』에 있다.

『승전僧傳』을 살펴보면 다음과 같다.

동량棟梁 팔진八珍은 관음보살의 현신으로서, 승도僧徒 천 명을 모아 둘로 나누어 한 쪽은 일을 하게 하고 한 쪽은 정성껏 도를 닦게 했다. 그 노력하는 무리 가운데 일을 맡아 보던 어떤 사람이 계를 얻지 못해서 축생도畜生道에 떨어져 부석사浮石寺의 소가 되었다. 그 소가 일찍이 불경을 싣고 가다가 불경의 신령함에 힘입어 아간 귀진의 집 여자종 욱면으로 다시 태어났다.

욱면이 어느 날 볼 일이 있어 하가산下柯山에 갔다가 꿈에서 감응을 받고 마침내 불도를 닦을 마음이 생겨났다. 아간의 집은 혜숙 법사惠宿法師가 세운 미타사에서 그리 멀지 않았다. 아간은 매일 그 절에 가서 염불을 드렸다. 그래서 욱면도 함께 따라가서 뜰에 염불했다. 이와 같이 하기를 9년 동안을 했는데, 을미년 정월 21일신라 경덕왕 14년, 735에 예불을 드리다가 대들보를 뚫고 나가 그곳을 떠났던 것이다. 그러다가 소백산에 이르러 신발 한 짝을 떨어뜨리는 바람에 그곳에 보리사菩提寺를 지었고, 욱면이 산 밑에 이르러 그 육신을 버렸기 때문에 그곳에 제2의 보리사를 지었다. 그리고 그 불당에 욱면등천지전郁面登天之殿이라고 표시하였다. 그때 지붕에 뚫린 구멍이 10위圍, 위는 5촌(寸), 또는 1포(抱)를 가리킨다 가량 되었는데, 비록 폭우와 거센 눈보라가 몰아쳐도 집 안은 젖지 않았다.

뒤에 호사가好事家들이 금탑 1좌一座를 본떠 구멍에 맞춘 뒤 승진承塵, 소란반자 위에 모시고 그 신기한 일을 기록했는데, 지금도 그 방榜과 탑이 그대로 남아 있다.

또한 욱면이 떠나간 뒤에 귀진도 집이 신통하고 비범한 사람이 몸을 맡기고 살았던 곳이라 하며, 집을 내놓아 절로 삼고 절의 이름을 법왕사法王寺라 했으며, 토지도 바쳤다. 그러나 오랜 시간이 흐른 뒤, 절은 허물어져 폐허가 되었다. 후에 대사 회경懷鏡이 승선承宣, 유석劉碩, 소경小卿, 이원장李元長과 함께 절을 다시 수리했는데, 회경이 직접 토목일을 맡았다. 재목을 처음 나를 때, 꿈에 늙은 남자가 나타나 삼베로 엮은 신과 칡으로 만든 신발을 각각 한 켤레씩 주었다. 또 옛 신당에 가서 불교의 이치를 깨우쳤으므로 신사 옆에 있는 재목을 베어다가 5년 만에 공사를 마쳤다. 게다가 노비들까지 더 주니 매우 번성하게 동남쪽 지방의 유명한 절이 되었다. 사람들은 회경을 귀진의 후신後身이라고 하였다.

이것을 논평해서 다음과 같이 말한다.

고을 안에 있는 옛 전기를 살펴보면 욱면의 일은 경덕왕 시대의 일인데 사실이다. 징徵, 징(徵)자는 아마 진(珍)인 듯하다. 아래도 또한 이와 같다.의 본전에 따르면 원화 3년 무자년808년, 즉 애장왕哀莊王 때의 일이라 하였으나 경덕왕 이후 혜공왕·선덕왕·원성왕·소성왕·애장왕 등 5대까지 60여 년 뒤의 일이 된다. 연대를 따지면 귀진이 먼저이고 욱면이 나중으로 되어 있어 그 순서가 향전과 다르다. 그러므로 이 두 기록을 모두 싣는다.

이것을 기리어 다음과 같이 읊는다.

> 서쪽 이웃 옛 절에는 불등이 밝았는데
> 방아 찧고 돌아오니 밤은 벌써 이경二更이다.
> 한 마디 염불마다 부처가 되어 가고
> 손바닥으로 새끼줄을 꿰니 그 형체를 잊었네.

광덕廣德과 엄장嚴莊

문무왕 때 광덕과 엄장이란 두 승려가 있었다. 그들은 매우 친하여 밤낮으로 이렇게 약속했다.

"우리 둘 중에 누가 먼저 서방정토에 먼저 가는 사람은 반드시 서로에게 알리세."

그 후 광덕은 분황 서쪽 마을西里, 혹 광룡사에 서거방(西去房)이 있다 하니 어느 것이 옳은지는 알 수 없다.에 숨어 살면서 신발을 삼는 것으로 직업을 삼으며 처자를 데리고 살았다. 또한 엄장은 남악南岳에 암자를 짓고 대종도경大種刀耕, 대종은 화종(火種)의 잘못이며, 나무를 베어 불태우고, 재가 된 뒤에 씨를 뿌린다는 뜻으로 농사를 지으며 살았다.

어느 날 해그림자가 붉은빛을 띠고 소나무 그늘에 어둠이 깔릴 무렵, 창 밖에서 소리가 들렸다.

"나는 이제 서쪽으로 가니 그대는 잘 있다가 속히 나를 따라오게나."

엄장이 문을 열고 나가 보니, 구름 밖에서 하늘의 음악 소리가 들리고 밝은빛이 땅에까지 뻗쳐 있었다. 이튿날 엄장이 광덕이 살던 곳을 찾아가 보니 광덕은 과연 죽어 있었다. 그래서 그의 아내와 함께 광덕의 유해를 거두어 같이 장사지냈다. 장례를 마치자 엄장이 광덕의 아내에게 말했다.

"남편이 죽었으니 나와 함께 사는 것이 어떻겠소?"

광덕의 아내는 허락하고 그 집에 머물렀다. 밤이 되어 엄장이 정을 통하려고 하자, 부인이 부끄럽게 여기면서 말했다.

"스님께서 서방정토에 가기를 바라는 것은 마치 나무에 올라가 물고기를 구하는 것과 같습니다."

엄장은 놀라고 괴이하게 여겨 물었다.

"광덕도 이미 그러했는데, 나 또한 무엇을 거리끼겠소?"

광덕의 아내가 말했다.

"남편은 나와 십여 년이나 함께 살았지마는 일찍이 하룻밤도 자리를 함께하지 않았습니다. 그러한데 어찌 통정을 하겠습니까? 그분은 밤마다 단정히 앉아 한결같은 목소리로 아미타불만을 외웠습니다. 그리고 16관十六觀, 중생이 극락 세계에 가기 위해 닦는 법.을 짓고, 미혹을 깨우치고 달관하여 밝은 달이 창에 미치면 때때로 그 빛이 위로 올라가서 가부좌를 하였습니다. 이처럼 정성이 이와 같았으니 비록 서방정토로 가지 않으려고 해도 어디로 가겠습니까? 천 리 길을 가려는 사람은 그 첫 걸음부터 알 수 있는 것인데, 지금 스님이 저지르는 짓은 동방으로 가는 길이지 서방으로 가는 길이라고는 할 수 없습니다."

엄장은 이 말을 듣고 몹시 부끄러워하며 물러나왔다. 그 길로 원효 법사에게 가서 묘법을 간곡히 물었다. 원효는 삽관법揷觀法, 정관법淨觀法을 잘못 표기한 듯하다. 정관은 이미 더러워진 생각을 끊고 깨끗한 육신으로 번뇌의 유혹을 끊으려는 가관假觀을 말함을 만들어 그를 지도하자 엄장은 이에 몸을 깨끗이 하고 예전의 잘못을 뉘우쳐 스스로 꾸짖고, 한마음으로 도를 닦아 끝내는 그 또한 서방정토로 가게 되었다. 삽관법은 원효 법사의 『본전』과 『해동고승전』에 실려 있다. 그 부인은 바로 분황사의 여자종으로 관음보살 19응신應身, 중생을 교화하기 위한 관음보살의 19종의 모습. 중의 하나였다. 광덕은 일찍이 이런 노래를 지었다.

달님이시여, 이제 서방으로 가셔서

무량수불 앞에 알리어 사뢰소서

다짐 깊으신 부처님께 우러러 두 손 모아 비옵나니

원왕생願往生 원왕생을 그리워하는 사람 있다고 아뢰소서.

아아, 이 몸을 남겨두고 마흔여덟 가지 소원이 모두 이루어질까요?

| 월명사月明師의 도솔가 |

경덕왕 19년 경자년760년 4월 2일에 해가 나란히 두 개가 나타나서 열흘이 되어도 사라지지 않았다. 이를 보고 일관日官이 왕에게 아뢰었다.

"인연이 있는 스님을 궁궐에 조청해서 산화공덕散花功德, 꽃을 뿌려 부처를 공양하는 일.을 하면 재앙을 물리칠 수 있을 것입니다."

그리하여 조원전朝元殿에 단을 깨끗이 만들고 임금이 청양루靑陽樓에 거둥하여 인연이 있는 중이 오기를 기다렸다. 그때 월명사月明師가 밭 사이로 난 남쪽 길을 가고 있었다. 왕이 사람을 보내어 그를 불러서 단을 열고 기도문을 짓게 했다. 월명사가 왕께 아뢰었다.

"빈도는 국선의 무리에 속해 있는지라 향가 정도만 알 뿐이오며, 범성梵聲, 부처 보살의 음성이나 경 읽는 소리에는 익숙지 못합니다."

그러자 왕이 말했다.

"이미 그대는 인연이 있는 승려로 뽑혔으니 향가를 짓는다 해도 좋소."

월명은 이에 〈도솔가〉를 지어 바쳤는데, 그 가사는 다음과 같다.

　　오늘 이에 산화가散花歌를 부를 제
　　솟아나게 한 꽃아 너는 곧은 마음의 명령을 받들어
　　미륵좌주彌勒座主를 모셔라.

이 시를 풀이하면 다음과 같다.

　　용루龍樓, 대궐에서 오늘 산화가를 불러
　　푸른 구름에 한 송이 꽃을 뿌려 보낸다.
　　은근하고 정중한 곧은 마음이 시키는 것이니
　　멀리 도솔천의 부처님을 맞이함이다.

지금 세속에서는 이것은 〈산화가〉라고 하지만, 이는 잘못된 곳으로 마땅히 〈도솔가〉라고 해야 할 것이다. 〈산화가〉는 따로 있으나, 글이 번거로워서 싣지 않는다.

얼마 후 해의 괴변이 곧 사라졌다. 왕은 이것을 가상히 여겨 품차品茶, 좋은 차 한 봉과 수정염주 1백8개를 내려 주었다.

그런데 이때 갑자기 동자가 나타났는데 겉모습이 곱고 깨끗했다. 그는 공손히 차와 염주를 받아 대궐 서쪽의 작은 문으로 나갔다. 월명은 그를 내궁內宮의 사자라 생각했고, 왕은 스님의 종자라 생각했다. 그러나 서로 확인해 보니 모두 잘못 알고 있었다. 왕이 심히 이상하게 여겨 사람을 시켜 그 뒤를 쫓게 하자, 동자는 내원의 탑 속으로 사라졌다. 그리고 그 차와 염주는 남쪽의 미륵상 벽화 앞에 놓여 있었다. 월명의 지극한 덕과 정성이 이처럼 지성至聖, 미륵보살을 감동시킬 수 있었던 것이다. 왕은 더욱 그를 공경하여 다시 명주 백 필을 내려 큰 정성을 기렸다.

월명사는 또 죽은 누이동생을 위해 재를 올리면서 향가를 지어 제사를 지냈다. 이때 갑자기 어디선가 회오리바람이 일어 종이돈을 서쪽으로 날려 사라지게 하였다.

그 향가는 다음과 같다.

> 생사의 길이
> 여기 있으매 두려워지고
> 나는 간다는 말도 못다 이르고 어찌 가는가
> 어느 가을 이른 바람에
> 여기저기 떨어지는 나뭇잎처럼
> 한 가지에 나서
> 가는 곳을 모르는구나
> 아, 미타찰彌陀刹, 극락 세계에서 너를 만날 나
> 도를 닦아 기다리련다.

월명은 늘 사천왕사四天王寺에 살면서 피리를 잘 불었다. 어느 날 달밤에 피리를 불면서 문 앞의 큰길을 지나는데, 달이 그를 위해 운행을 멈추었다. 이 때문에 그곳을 월명리月明里라 했다. 월명사 또한 이 일 때문에 이름을 크게 떨쳤다.

월명사는 능준 대사能俊大師의 제자였다. 신라 사람들은 향가를 숭상한 지 오래되었는데, 그것은 대개 시가와 송가 같은 것이었다. 그래서 간혹 천지와 귀신을 감동시킨 경우가 한두 가지가 아니었다.
이것을 기리어 다음과 같이 읊는다.

바람의 종이돈을 날려 죽은 누이의 노자를 삼게 했고,
피리소리는 밝은 달을 움직여 항아￦달 속에 있다는 선녀가
발을 멈추었네.
도솔천이 하늘처럼 멀다고 말하지 말라.
만덕화萬德花, 부처의 덕을 꽃으로 비유해 칭송하는 뜻 한 곡조로
즐겨 맞으리라.

융천사融天師의 혜성가

제5 거열랑居烈郎, 제6 실처랑實處郎, 혹 돌처랑(突處郎)이라고도 한다, 제7 보동랑寶同郎 등 화랑의 무리 세 사람이 금강산에 놀러 가려는데 혜성彗星이 심대성心大星을 범했다. 낭도들은 이를 꺼림칙하게 여겨 그 여행을 중지하려고 했다. 그때에 융천사가 노래를 지어 부르더니 별의 괴변은 즉시 없어지고 일본의 군사가 저희 나라로 되돌아가 도리어 복이 되었다. 임금은 기뻐하여 낭도들을 금강산으로 보내어 놀게 했다. 노래는 다음과 같다.

옛날 동해 바닷가의
건달파乾達婆가 놀던 성을 바라보니

왜군이 왔다고
봉화를 올린 변방邊方이 있네.
세 화랑이 산구경 오심을 듣고
달도 부지런히 밝히려 하는데,
길 밝히는 별을 바라보고
'혜성이여!'라고 아뢴 사람이 있구나,
아아! 달도 저 아래로 흐르고 있네
어이, 이와 어울릴 어떤 혜성이 있을꼬.

피은避隱 제八

| 낭지朗智의 구름타기와 보현보살 나무 |

삽량주 아곡현阿曲縣의 영취산靈鷲山, 삽량은 지금의 양주(梁州)이며, 아곡(阿曲)의 곡(曲)은 혹 서(西)라고 되어 있다. 또는 구불(求佛)이라고 하고, 굴불(屈弗)이라고도 한다. 울주(蔚州)에 굴불역을 두었으므로 지금도 그 이름이 남아있다에 이상한 중이 있었다.

수십 년 동안 암자에 살고 있었으나 고을에서는 모두 그를 알지 못했고 스님도 또한 자기 이름을 말하지 않았다. 그는 항상 『법화경』을 강론했는데 신통력이 있었다.

용삭龍朔, 당 고종의 연호. 신라 문무왕 원년 661년 초년에 지통智通 스님이 있었는데, 원래는 이량공伊亮公의 집 종이었다. 그가 일곱 살에 출가하려는데 까마귀가 와서 울면서 다음과 같이 말했다.

"영취산에 가서 낭지의 제자가 되어라."

지통은 그 말을 듣고 영취산을 찾아가서 골짜기 안의 나무 아래에서 쉬다가 문득 이상한 사람이 나오는 것을 보았다.

그 사람이 말했다.

"나는 보현 대사인데 너에게 계품戒品을 주려고 왔다."

그 사람은 계를 베푼 후 사라졌다. 지통은 마음이 확 트이고 지증智證, 진실한 지혜로써 열반을 증명하는 것이 갑자기 두루 통하게 되었다. 지통이 다시 길을 가다가 한 스님을 만나 낭지朗智 스님이 어디 사느냐고 묻자 스님이 이렇게 말했다.

"어째서 낭지를 묻느냐?"

지통이 까마귀가 말한 사실을 자세히 말하자 스님은 빙그레 웃으면서 말했다.

"내가 바로 낭지인데, 지금 집 앞에 또한 까마귀가 와서 거룩한 아이가 스님에게로 오고 있으니 나가 영접하라 했으므로 와서 맞이하는 것이다."

그리고 손을 잡고 감탄하며 말했다.

"신령스런 까마귀가 너를 깨우쳐 내게로 오게 했고, 또 내게 알려서 너를 맞이하게 되었다. 이 얼마나 상서로운 징조인가? 아마 산신령이 몰래 도우신 듯하다."

전하는 말에 의하면 산의 주인은 변재천녀辯才天女라고 한다.

지통이 그 말을 듣고 눈물을 흘리며 사례하고 스님에게 예를 올렸다. 이윽고 계를 주려고 하자 지통이 말했다.

"저는 동구 밖 나무 아래에서 이미 보현 대사로부터 정계正戒를 받았습니다."

낭지가 탄식하였다.

"잘 했구나. 너는 이미 보살의 충분한 계를 받았구나. 나는 태어난 후 지금까지 조석으로 은근히 보현보살을 만나기를 염원했으나 오히려 정성이 적어 감동시키지 못했는데, 너는 이미 계를 받았으니 내가 네게 미치지 못하는구나."

그리고는 도리어 지통에게 예를 올렸다. 이로 인하여 그 나무의 이름을 보현수普賢樹라 했다. 지통이 말했다.

"법사께서는 여기에 사신 지 오래된 듯합니다."

"법흥왕 정미년527년에 처음으로 이곳에 왔는데 지금은 그 후 얼마나 되었는지 모르겠다."

지통이 이 산에 온 것이 곧 문무왕 즉위 원년 신유년이니 이로 미루어 그 연수를 계산하면 이미 1백35년이 된다.

지통은 뒤에 의상의 문하에 찾아가서 고명하고 오묘한 이치를 깨달아 불교의 교화에 이바지하게 되었는데 그가 바로 『추동기錐洞記』를 저술하였다.

일찍이 원효가 반고사磻高寺에 있을 때 자주 낭지를 찾아가서 만나뵈니 원효에게 『초장관문初章觀文』과 『안신사심론安身事心論』을 저술하게 했다. 원효는 저술을 마치자 은사隱士 문선文善을 시켜 책을 받들어 보내면서 그 편에 끝에 게偈를 적었는데 그 내용은 다음과 같다.

서쪽 골짜기의 중이 공손히 예하오니,
동쪽 봉우리의 상덕上德 고암高岩 앞에 예를 갖추나이다.
가는 티끌을 불어 보내 영취산에 보태고,
가는 물방울을 날려 용연龍淵에 던지나이다.

영취산의 동쪽에 대화강大和江이 있는데, 이는 곧 중국 태화지太和池에 있는 용의 복을 빌기 위해 만든 것이므로, 용연龍淵이라 했던 것이다.

지통과 원효는 모두 큰 성인이었는데, 두 성인이 그를 공경하여 스승으로 섬겼으니 낭지스님의 도가 고매함을 잘 알 수 있다.

스님은 일찍이 구름을 타고 중국의 청량산清凉山에 가서 신도들과 함께 강의를 듣고는 삽시간에 즉시 돌아왔는데, 그곳 중들은 그를 이웃에 사는 사람으로 여겼으나, 어디에 사는지 아는 사람이 없었다. 절에서 어느 날 중들에게 말했다.

"이 절에 항상 사는 스님 외에 다른 절에서 온 스님들은 각기 자기가 사는 곳의 이름난 꽃과 진귀한 식물을 가져와서 도량에 바치시오."

낭지는 그 이튿날 산 속에서 이상한 나무 한 가지를 꺾어다가 바쳤다. 그곳의 중이 그것을 보고 말했다.

"이 나무는 범명梵名으로 달제가怛提伽라 하고 여기에서는 혁赫이라 하는데, 다만 서천축西天竺과 신라의 두 영취산에만 있는 것이다. 그 두 산은 모두 제10 법운지法雲地로서 보살이 사는 곳이니 이 사람은 반드시 성자일 것이다."

마침내 그 모습을 살펴보고서야 신라 영취산에 살고 있음을 알게 되었다. 이로 말미암아 스님을 다시 보게 되니, 그 이름이 나라 안팎에 드러났다. 그래서 나라의 사람들이 그 암자를 혁목암赫木庵이라고 불렀다. 지금의 혁목사赫木寺 북쪽 산등성이에 있는 옛 절터가 바로 그 절이 있던 자리이다.

『영취사기靈鷲寺記』의 기록에 의하면 낭지가 일찍이 말했다.

"이 암자가 있는 자리는 가섭불迦葉佛 당시의 절터였으므로 땅을 파서 등강燈缸 두 개를 얻었다."

원성왕 때 대덕 연회緣會가 이 산 속에 와서 살면서 낭지스님의 전기를 지었는데 세상에 널리 전해지고 있다.

『화엄경』을 살펴보면, 제10 법운지法雲地라고 했으니 지금 스님이 구름을 탄 것은 대개 부처가 삼지三指를 굽히고 원효가 백 개의 몸으로 분신分身한 것과 같은 종류라고 할 수 있다.

생각하건대 산 속에서 수도한 지 백 년 동안에,
고명은 세상에 드러나지 않았다.
산새의 지저귐을 금할 길 없어,
구름 타고 오고가던 길이 알려졌네.

| 연회緣會가 이름을 피하다, 문수점文殊岾 |

고승 연회가 일찍이 영취산에 숨어 살면서 언제나 『법화경』을 읽고 보현보살의 관행법觀行法을 닦았다. 뜰의 못에는 항상 연꽃 두세 송이가 피어 사철 시들지 않았다 지금의 영취사 용장전(龍藏殿)이 연회(緣會)의 옛 거처이다.

원성왕은 그 상서롭고 기이함을 듣고 그를 불러 국사國師로 삼고자 하였는데 스님은 그 소식을 듣고 암자를 버리고 달아났다. 서쪽 고개 바위 사이를 넘어가는데, 한 노인이 밭을 갈고 있다가 물었다.

"스님께서는 어디로 가십니까?"

"내가 들으니 나라에서 잘못 알고 나에게 벼슬을 주어 나를 구속하려 하므로, 일부러 피해 가는 길입니다."

늙은이가 이 말을 듣고 말했다.

"이곳에서 팔 것이지 어째서 멀리까지 가서 파시려고 고생하십니까? 스님이야말로 이름 팔기를 싫어하시는군요."

연회는 그가 자기를 업신여긴다 생각하여 듣지 않았다. 마침내 몇 리쯤 더 가다가 시냇가에서 한 노파를 만났는데 노파가 물었다.

"스님께서는 어디로 가십니까?"

연회는 먼저처럼 대답했다.

노파가 말했다.

"앞서 사람을 만났습니까?"

"한 노인이 있었는데 나를 업신여김이 심하기로 기분이 불쾌하여 그만 왔습니다."

노파가 말했다.

"그분이 문수보살인데 그분의 말을 듣지 않았으니 어쩌겠습니까?"

연회는 그 말을 듣고 놀랍고 송구하여 급히 그 노인에게로 되돌아가서 머리를 숙이고 정중하게 사과하였다.

"성인의 말씀을 어찌 감히 거역하겠습니까? 그래서 다시 돌아왔습니다. 도대체 그 시냇가의 노파는 어떤 사람입니까?"

"그는 변재천녀辯才天女이다."

말을 마치자 노인은 사라져 버렸다. 이에 연회가 암자로 돌아가자 조금 후에 왕의 사자가 임금의 명령을 가지고 와서 그를 불렀다. 연회는 어쩔 수 없이 받아야 될 것임을 알고 곧바로 임금의 명을 받아 대궐로 가자 왕이 그를 국사로 봉했다.「승전(僧傳)」에는 헌안왕이 연회를 이조왕사(二朝王師)로 삼아 조(照)라 칭하고 함통(咸通) 4년에 죽었다고 했으니 원성왕의 연대와 서로 다르다. 어느 것이 옳은지는 알 수 없다.

그리하여 법사가 노인에게 감동받은 곳을 문수점文殊岾이라 하고, 여인을 만난 곳을 아니점阿尼岾이라 했다. 다음과 같이 기린다.

저자에선 어진 이가 오래 숨지 못하니,
주머니 속의 송곳 끝은 감추기 어려움과 같네.
뜰 아래 연꽃 때문에 잘못되었지,
운산雲山이 깊지 않아 그런 것은 아니라네.

혜현惠現이 고요함을 구하다

승려 혜현은 백제 사람으로 어려서 출가하여, 오로지 뜻을 한 곳에 모아 법화경을 외우는 것을 업으로 삼고 부처에게 기도하여 복을 청하였는데, 부처의 영묘한 감응이 실로 많았다. 삼론三論을 다 배워 수도를 시작하니 그 오묘한 뜻을 알아 신과 통했다.

처음에 북부 수덕사修德寺에 머물면서 신도가 있으면 불경을 강론하고 없으면 불경을 외웠으니, 사방의 먼 곳에서 그 교화를 흠모하여 언제나 문 밖에 신발이 가득했다.

그러나 그는 번잡함을 싫어하여 마침내 강남江南의 달나산達拏山에 가서 살았다. 그 산은 몹시 험준하여 사람들이 왕래하기가 힘들어 인적이 드물었다.

혜현은 조용히 앉아 세상살이에 대한 생각을 잊고, 산 속에서 일생을 마쳤다. 함께 공부하던 이들이 그 시신을 옮겨 석실 속에 모셔 두었는데, 호랑이가 그 유해를 다 씹어 먹고, 다만 머리와 혀만 남겨 두었다. 그런데 추위와 더위가 세 번씩이나 지나가도 혀는 오히려 붉고 연했다. 그 후에는 변해서 붉고 단단하기가 돌과 같았는데 승려와 속인들이 그것을 공경하여 돌탑에 간직해 두었다.

혜현이 58세에 죽었는데, 즉 정관貞觀의 초년이었다. 혜현은 중국으로 가서 배우지 않고 조용히 물러나 일생을 마쳤으나 그 이름은 중국에까지 알려져 그의 전기가 씌어지자 당나라에도 명성이 자자하였다.

또 고구려의 승려 파약波若이 중국 천태산天台山에 들어가서 지자智者의 교상敎相과 관심觀心을 받았다. 그는 신령스러운 사람으로 산 속에 알려졌는데 죽었다. 『당승전唐僧傳』에도 이 내용이 기록되어 있는데, 자못 영험스런 교훈이 많다.

이것을 다음과 같이 기린다.

녹미鹿尾로 경을 전함에도 권태를 느껴,
지난날의 불경 외던 소리는 이미 심산深山에 숨었네.
세속의 역사에 오래도록 명성이 유전되었고,
죽은 후에도 붉은 연꽃처럼 혀가 꽃다웠네.

효선孝善 제九

｜대성大城이 두 세상의 부모에게 효도하다｜

모량리牟梁里, 혹은 부운촌(浮雲村)이라 함의 가난한 여인 경조慶祖에게 한 아들이 있었는데, 머리가 크고 이마가 평평하여 마치 성城과 같았으므로 이름을 대성大城이라 불렀다.

그는 집이 몹시 가난해서 생활할 수 없었으므로 부자 복안福安의 집에 가서 품팔이를 했는데 그 집에서 약간의 밭을 주었으므로 생활의 밑천으로 삼았다.

그때 개사開士, 고승 점개漸開가 흥륜사興輪寺에서 육륜회六輪會를 베풀려고 보시를 얻고자 복안의 집에 찾아오자 복안이 베 50필을 시주하였다. 점개는 주문을 읽어 시주의 복을 빌었다.

"시주께서 보시를 좋아하니 천신이 항상 보호하고 지켜 주실 것입니다. 한 가지 물건을 보시하면 만 배를 얻게 되니, 앞으로 반드시 안락하고 장수하게 될 것입니다."

대성은 이 말을 듣고 집으로 돌아가서 그의 어머니에게 말했다.

"어머니, 제가 문간에서 스님의 말씀을 들으니 한 가지 물건을 보시하면 만 배를 얻는다고 합니다. 저는 전생의 선업이 없었으므로 현세에서 곤궁하니 지금 또 보시하지 않으면 내세에는 더욱 곤란할 것입니다. 제가 고용살이로 얻은 밭을 스님의 법회法會에 보시해서 뒷날의 응보應報를 도모함이 어떻겠습니까?"

어머니는 흔쾌히 승낙했다.

대성은 점개에게 밭을 보시했다. 얼마 후 대성이 죽었는데, 이날 밤 국상國相 김문량金文亮의 집에 하늘에서 외치는 소리가 들렸다.

"모량리의 대성이란 아이가 지금 네 집에 태어날 것이다."

집안 사람들이 이 소리를 듣고 매우 놀라서 사람을 시켜 모량리에 가서 사정을 알아보니, 대성이 과연 죽었는데 그가 세상을 떠난 날이 하늘에서 소리가 있던 날과 같았다.

그 후 김문량의 부인이 임신하여 아이를 낳았는데 아이는 왼쪽 손을 꼭 쥐고 펴지 않다가 7일 만에야 폈다. 손 안에 금간자金簡子가 있었는데 대성이란 두 글자가 새겨져 있었으므로 또 대성이라 이름을 짓고, 그 어머니전생의 어머니를 집에 모셔 와서 함께 봉양했다.

대성이 장성한 후에는 사냥을 몹시 좋아했는데, 그가 하루는 곰 한 마리를 잡고서 산 밑 마을에 내려와서 유숙했다. 그날 밤 꿈에 곰이 귀신으로 변신해 그에게 시비를 걸며 말했다.

"어째서 네가 나를 죽였느냐? 내가 너를 잡아먹겠다."

대성이 몹시 두려워하며 용서해 주기를 간청하자 귀신이 말했다.

"네가 나를 위해 절을 지어 주겠느냐?"

대성은 곰에게 굳게 맹세했다.

"예, 좋습니다."

그는 꿈을 깨자 땀이 흘러 자리를 적시었다. 그 후로는 사냥을 금하고 곰을 위해 그 곰을 잡았던 자리에 장수사長壽寺를 세웠다. 그는 그 일로 인해서 마음에 감동되는 바가 있어 자비慈悲의 원願이 더욱 더해갔다.

그는 이승의 부모를 위해 불국사를 세우고 전생의 부모를 위해 석불사石佛寺를 세웠으며, 신림神琳·표훈表訓, 두 성사를 초청해서 각각 머무르게 했다. 그리고는 굉장히 큰 불상을 설치하여 자신을 양육한 수고를 갚았으니 한 몸으로써 2세전세, 현세의 부모에게 효도한 것이다. 이것은 옛적에도 드문 일로써 과연 착한 보시의 응험應驗을 어찌 믿지 않겠는가.

대성이 장차 석불을 조각하려고 큰 돌 한 개를 다듬어 감개龕蓋를 만드는데, 돌이 문득 세 조각으로 쪼개졌다. 대성이 화가 나서 그 자리에 잠들었는데 밤에 천신이 내려와서 다 만들어 놓고 돌아갔다. 대성이 일어나 남쪽 고개에 급히 올라가서 향나무를 태워 천신을 정성껏 공양했다. 이로써 그곳을 향령香嶺이라 부른다.

불국사의 운제雲梯와 석탑은 그 나무와 돌에 조각한 기공技工이 동도東都, 경주의 여러 절 중에서도 가장 빼어난 것이었다.

옛 『향전鄕傳』에 기재된 것은 이상과 같으나, 절의 기록은 이렇다.

"경덕왕 때에 대상大相 대성이 천보天寶 10년 신묘년751년에 불국사를 세우다가 대력大曆 9년 갑인년774년 12월 2일 대성이 세상을 떠나자 나라에서 이를 완성시켰다.

처음에 유가瑜伽의 고승高僧 항마降魔를 청해 이 절에 머무르게 했으며 그를 계승하여 지금까지 이르렀다."

이러하니 고전古傳과 같지 않으므로 어느 것이 옳은지 자세히 알 수 없다.

이것을 다음과 같이 기린다.

모량牟梁의 봄철에 3묘전을 보시하여,
향령香嶺의 가을에 만금을 거두었다.
어머니는 백 년 사이에 가난하다가 마침내 부귀했고,
괴정槐庭은 한바탕 꿈 사이에 2세를 오갔구나.

| 향득 사지向得舍知가 살을 베어 부모를 봉양하다 |

웅천주熊川州에 향득이라는 사지가 살고 있었다. 흉년이 들어 그 아버지가 거의 굶어죽게 되자, 향덕은 자신의 허벅지살을 베어 아버지를 봉양했다. 그 고을 사람들이 이 사실을 자세히 왕께 아뢰니 왕은 조租 5백 석을 상으로 주었다.

| 손순孫順이 아이를 묻다 |

손순孫順, 옛 책에는 손순孫順이라고 씌어 있다.은 모량리牟梁里 사람으로 그의 아버지는 학산鶴山이었다. 아버지가 세상을 떠나자 아내와 함께 남의 집에서 품을 팔아 늙은 어머니를 봉양했다. 어머니의 이름은 운오運烏였다.

손순에게는 어린아이가 있어 언제나 늙은 어머니의 음식을 빼앗아 먹었다. 손순은 항상 이를 민망히 여겨 어느 날 그 아내에게 말했다.

"아이는 다시 얻을 수 있지만 어머니는 다시 모시기 어려운데 아이가 그 음식을 빼앗아 먹으므로 어머니의 굶주림이 너무 심하니 이 아이를 땅에 묻고 어머니를 배부르게 해야겠소."

그는 아이를 업고 취산醉山, 이 산은 모량리 서북쪽에 있다. 북쪽 들로 가서 땅을 팠더니 문득 돌종[石鍾]이 나왔는데 심히 기이했다. 그들 부부는 몹시 놀라고 괴이하게 여겨 잠깐 숲의 나무 위에 걸어 놓고 쳐보니 그 소리가 은은하여 듣기에 매우 좋았다. 아내가 말했다.

"이 이상한 물건을 얻은 것은 아마 이 아이의 복인 듯하니 묻어서는 안 되겠습니다."

아내가 이렇게 말하자 남편도 또한 그렇게 여겨, 아이와 돌종을 지고 집으로 돌아와서 종을 들보에 달아 놓고 두드렸는데 그 소리가 대궐에까지 들렸다.

흥덕왕이 이 소리를 듣고 신하들에게 말했다.

"서쪽 교외에서 이상한 종 소리가 들리는데 맑고 멀리까지 들리니 보통 것이 아니오. 어서 빨리 이를 조사해 보시오."

왕의 사자가 그 집에 가서 사실을 알아보고 자세히 왕에게 아뢰었다. 왕이 말했다.

"옛날에 곽거郭巨가 아들을 묻으려 하자 하늘이 금솥을 주었다더니, 이제 손순이 아이를 묻으려 하자 땅에서 돌종이 솟아나왔으니 곽거의 효와 후세의 손순의 효도를 천지가 살피신 것이다."

왕은 집 한 채를 내리고 해마다 벼 50석을 주어 그의 지극한 효도를 표창했다. 손순은 자기 옛 집을 내놓아 절을 삼아 이름을 홍효사弘孝寺라 하고 돌종을 달아 두었는데 진성왕 때에 후백제의 횡포한 군사들이 이 마을에 쳐들어와서 종은 없어지고 절만 남아 있다. 그

종을 얻은 땅을 완호평完乎坪이라고 했는데, 지금은 잘못 전하여 지량평枝良坪이라 한다.

| 가난한 딸이 어머니를 봉양하다 |

효종랑孝宗郎이 남산의 포석정鮑石亭, 혹은 삼화술(三花述)이라고도 한다.에 놀러 갔을 때, 그의 문하의 식객들은 그곳에 빨리 가려고 달려 갔는데 오직 두 사람만이 뒤늦게 왔다. 효종랑이 그 까닭을 묻자 이렇게 대답했다.

"분황사의 동쪽 마을에 20세 된 한 처녀가 있었는데 눈먼 어머니를 껴안고 서로 목놓아 슬피 울고 있었으므로 처녀가 사는 마을 사람들에게 그 이유를 묻자 이렇게 말했습니다.

이 처녀의 집은 몹시 가난해서 밥을 구걸하여 어머니를 봉양한 지가 몇 해나 되었는데 마침 흉년을 만나 걸식으로써는 살아갈 수 없었으므로, 남의 집에서 품을 팔아 곡식 30석을 얻어서 주인집에 맡겨 두고 일했습니다. 날이 저물면 쌀을 싸 가지고 집으로 돌아와서 밥을 지었고, 어머니와 함께 잤으며 새벽이면 주인집에 가서 일을 했습니다.

이렇게 하며 며칠이 지나자 그 어머니가 지난날의 거칠은 음식을 먹으면 마음이 편안했는데, 요즘의 좋은 쌀밥은 속을 찌르는 것 같아 마음이 편안하지 않으니 어찌된 까닭이냐고 물었습니다. 처녀가 사실대로 말했더니 어머니가 통곡했으므로 처녀는 자기가 다만 어머니의 배만 부르게 봉양하고 마음을 기쁘게 하지 못했음을 탄식하며 서로 붙잡고 울게 된 것입니다. 이것을 보고 오느라고 늦었습니다."

효종랑의 이 말을 듣고 감격의 눈물을 흘리며 곡식 백 곡斛을 보냈다. 그리고 낭의 부모도 옷 한 벌씩을 보냈으며, 낭의 무리 1,000명들도 조租 천 석을 거두어 그녀에게 보내 주었다. 마침내 이러한 사실이 왕에게 알려지자, 진성왕은 곡식 5백 석과 집 한 채를 그녀에게 내려주고 군사를 보내어 그 집을 호위해서 도둑을 막게 했으며, 그 마을에 정문을 세워 효양리孝養里라 했다. 그 뒤 모녀는 집을 내놓아 절로 삼고 이름을 양존사兩尊寺라 했다.

발문

　우리 동방에 있는 『삼국본사三國本史』, 『삼국유사三國遺事』 두 책은 일찍이 다른 곳에서는 간행된 적이 없었고 오직 본부에만 있는데, 세월이 오래 되자 자획이 닳아 없어져 한 줄에서 해독할 수 있는 것이 겨우 4~5자뿐이었다.

　내가 생각하건대 선비가 이 세상에 태어나서 여러 역사 서적을 두루 보고 천하의 치란治亂, 흥망과 모든 이상한 자취에 관해서 오히려 견식을 넓히려 하는데, 하물며 이 나라에 살면서 그 나라의 사적事蹟을 알지 못해서야 되겠는가.

　이로써 다시 간행하려고 완전한 책을 널리 구하기 시작한 지 몇 해가 되어도 얻지 못했으니, 이것으로 보아서 일찍이 세상에 드물게 유포되어 사람들이 쉽사리 얻어 보지 못했음을 알 수 있다.

　그러므로 지금 이것을 다시 간행하지 않으면 앞으로 실전失傳되어 동방의 역사를 후학後學들이 들어서 알지 못할 것이니 심히 탄식할 일이다.

　다행히 사문斯文 성주목사星州牧使 권주權輳 공公이 내가 이 책을 구한다는 소식을 듣고 완전한 책을 구해 나에게 보냈으므로, 나는 기쁘게 받아 감사 안상국安相國 당塘과 도사都事 박후朴侯 전佺에게 이 사실을 자세히 알렸더니 그들도 모두 좋다고 했다. 이에 여러 고을에서 나누어 간행하도록 하여 본부로 가지고 와서 간직하게 한 것이다.

아, 모든 사물이 오래 되면 반드시 쇠폐衰廢해지고 쇠폐해지면 반드시 일어나게 되니, 일어났다가 쇠폐하고 쇠폐했다가 다시 일어나게 됨은 당연한 이치이다. 이러한 이치가 일어날 때가 있음을 알고 그 전함을 영구히 해서 후일의 학자들에게 도움이 되기를 바란다.

황명皇明 정덕正德, 명(明) 무종(武宗)의 연호. 조선 중종(中宗) 7년 1512년이다. 임신년 계동季冬에 부윤 추성정난공신推誠定難攻臣 가선대부嘉善大夫 경주진병마절제사慶州鎭兵馬節制使 전평군全平君 이계복李繼福은 삼가 발문을 쓴다.

부록

왕력 王曆

중국	신라	고구려
전한(前漢) 선제(宣帝) 오봉(五鳳) 갑자년(B.C. 57)부터 4년간 감로(甘露) 무진년(B.C. 53)부터 4년간 황룡(黃龍) 임신년(B.C. 49)부터 1년간	**제1대 혁거세(赫居世)** 성은 박(朴)이고 알에서 태어났다. 13세 되던 갑자년(B.C. 57)에 왕위에 올라 60년 동안 다스렸다. 왕비는 아이영(娥伊英) 또는 아영(娥英)이라고 한다. 나라 이름은 서라벌(徐羅伐)이며, 서벌(徐伐), 사로(斯盧), 계림(鷄林)이라고도 한다. 일설에는 탈해왕 대에 이르러 비로소 계림이라 불렸다고도 한다.	
원제(元帝) 초원(初元) 계유년(B.C. 48)부터 5년간 영광(永光) 무인년(B.C. 43)부터 5년간 건소(建昭) 계미년(B.C. 38)부터 6년간	갑신년(B.C. 37)에 금성(金城)을 쌓았다.	**제1대 동명왕(東明王)** 갑신년(B.C. 37)에 즉위하여 18년 동안 다스렸다. 성은 고(高)이고 이름은 주몽(朱蒙), 추몽(鄒蒙)이라고도 한다.

중국	신라	고구려	백제	가락
성제(成帝) 건시(建始) 기축년(B.C. 32)부터 4년간 하평(河平) 계사년(B.C. 28)부터 4년간 양삭(陽朔) 정유년(B.C. 24)부터 4년간 홍가(鴻嘉) 신축년(B.C. 20)부터 4년간 영시(永始) 을사년(B.C. 16)부터 4년간 원연(原延) 기유년(B.C. 12)부터 4년간 애제(哀帝)2 애제(哀帝) 건평(建平) 을묘년(B.C. 6)부터 4년간 원수(元壽) 기미년(B.C. 2)부터 2년간 평제(平帝) 원시(元始) 신유년(1년)부터 7년간 유자(孺子) 초시(初始) 무진년(8년) 신실(新室) 건국(建國) 기사년(9년)부터 5년간 천봉(天鳳) 갑술년(14년)부터 6년간 지황(地皇) 경진년(20년)부터 3년간 경시(更始) 계미년(23년)부터 2년간	제2대 남해차차웅 (南解次次雄) 아버지는 혁거세, 어머니는 알영(閼英)이고, 성은 박씨이다. 왕비는 운제(雲帝) 부인이다. 갑자년(4년)에 왕위에 올라 20년 동안 다스렸다. 이 왕위를 거서간(居西干)이라고 했다.	제2대 유리왕(瑠璃王) 누리(累利), 유류(孺留)라고도 하며, 동명왕의 아들이다. 임인년(B.C. 19)에 왕위에 올라 32년 동안 다스렸다. 성은 해씨(解氏)이다. 계해년(3년)에 국내성(國內城)으로 도읍을 옮겼는데 불이성(不而城)이라고도 한다. 제3대 대무신왕(大武神王) 이름은 무휼(無恤)이며, 미류(味留)라고도 한다. 성은 해씨(解氏)이고 유리왕의 셋째 아들이다. 무인년(18년)에 왕위에 올라 26년 동안 다스렸다.	제1대 온조왕 (溫祚王) 동명왕의 셋째 아들이며, 둘째 아들이라고도 한다. 계묘년(B.C. 18)에 왕위에 올라 45년 동안 다스렸다. 위례성(慰禮城)에 도읍했는데, 사천이라고도 하며, 지금의 직산(稷山)이다. 병진년(B.C. 5)에 한산(漢山)으로 도읍을 옮겼는데 지금의 광주(廣州)이다.	

중국	신라	고구려	백제	가락
후한(後漢) 광무제(光武帝) 건무(建武) 을유년(25년)부터 31년간	제3대 노례이질금 (弩禮尼叱今) (弩를 儒라고도 한다.) 아버지는 남해왕이고 어머니는 운제부인이다. 왕비는 사요왕(辭要王)의 딸 김씨이다. 갑신년(24년)에 왕위에 올라 33년 동안 다스렸다. 이질금은 이사금(尼師今)이라고도 한다.		제2대 다루왕 (多婁王) 온조왕의 둘째 아들로 무자년(28년)에 왕위에 올라 49년 동안 다스렸다.	가야(伽耶)라고도 하는데 지금의 금주(金州)이다. 수로왕 (首露王) 임인년(42년) 3월에 알에서 태어나, 그 달에 왕위에 올라 158년 동안 다스렸다. 금알에서 나왔으므로 성을 김씨라 하였다. <개황력(開皇歷)>에 실려 있다.
중원(中元) 병진년(56년)부터 2년간		제4대 민중왕(閔中王) 이름은 색주(色朱)이고, 성은 해씨이며, 대무신왕의 아들이다. 갑진년(44년)에 왕위에 올라 4년 동안 다스렸다. 제5대 모본왕(慕本王) 민중왕의 형으로 이름은 애류(愛留) 혹은 우류(憂留)라고도 한다. 무신년(48년)에 왕위에 올라 5년 동안 다스렸다.		
명제(明帝) 영평(永平) 무오년(58년)부터 17년간	제4대 탈해이질금 (脫解尼叱今) 吐解라고도 한다. 석씨(昔氏)이며 아버지는 완하국(玩夏國) 함달파왕(含達婆王)이며, 화하국왕(花夏國王)이라고도 한다. 어머니는 적녀국왕(積女國王)의 딸이다. 왕비는 남해왕의 딸 아로(阿老)부인이다. 정사년(57년)에 왕위에 올라 23년 동안 다스렸다. 왕이 죽자 미소소정구(未召疏井丘)에 수장하고 그 뼈로 소상을 만들어 동악(東岳)에 봉안했으니, 지금의 동악대왕이다.	제6대 국조왕(國祖王) 이름은 궁(宮)이며 태조왕(太祖王)이라고도 한다. 계축년(53년)에 왕위에 올라 93년 동안 다스렸다. 『후한전(後漢傳)』에 "처음 태어나 눈을 뜨고 물건을 보았다"고 한다. 뒤에 동복 동생 차대왕에게 자리를 내주었다.		
장제(章帝) 건초(建初) 병자년(76년)부터 8년간			제3대 기루왕 (己婁王) 다루왕의 아들로 정축년(77년)에 왕위에 올라 55년 동안 다스렸다.	

중국	신라	고구려	백제	가락
원화(元和) 갑신년(84년)부터 3년간 장화(章和) 정해년(87년)부터 2년간	제5대 파사이질금 (婆娑尼叱今) 성은 박씨이고, 아버지는 노례왕, 어머니는 사요왕(辭要王)의 딸이다. 왕비는 사초(史肖)부인이다. 경진년(80년)에 왕위에 올라 32년 동안 다스렸다.			
화제(和帝) 영원(永元) 기축년(89년)부터 17년간 상제(殤帝) 원흥(元興) 을사년(105년) 안제(安帝) 연평(延平) 병오년(106년)				
영초(永初) 정미년(107년)부터 7년간 원초(元初) 갑인년(114년)부터 6년간 영녕(永寧) 경신년(120년) 건광(建光) 신유년(121년) 영광(迎光) 임술년(122년)부터 4년간 순제(順帝) 영건(永建) 병인년(126년)부터 6년간 양가(陽嘉) 임신년(132년)부터 4년간 영화(永和) 병자년(136년)부터 6년간 한안(漢安) 임오년(142년)부터 2년간 건강(建康) 갑신년(144년)	제6대 지마이질금 (祗磨尼叱今) 지미(祇味)라고도 하며, 성은 박씨이다. 아버지는 파사왕, 어머니는 사초부인이다. 왕비는 마제국왕(磨帝國王)의 딸 예례부인(愛禮夫人)으로, 애례(愛禮)라고도 하며 김씨이다. 임자년(112년)에 왕위에 올라 23년 동안 다스렸다. 이 임금 때에 지금의 안강(安康)인 음질국(音質國)과 지금의 경산인 압량국(押梁國)을 멸망시켰다.		제4대 개루왕 (蓋婁王) 기루왕의 아들이며, 무진년(128년)에 왕위에 올라 38년 동안 다스렸다.	

중국	신라	고구려	백제	가락
충제(沖帝) 영가(永嘉) 을유(145년) 질제(質帝) 본초(本初) 병술(146년) 환제(桓帝) 건화(建和) 정해년(147년)부터 3년간 화평(和平) 경인년(150년) 원가(原嘉) 신묘년(151년)부터 2년간 영흥(永興) 계사년(153년)부터 2년간 영수(永壽) 을미년(155년)부터 3년간 연희(延熹) 무술년(158년)부터 9년간 영강(永康) 정미년(167년) 영제(靈帝) 건녕(建寧) 무신년(168년)부터 4년간 희평(熹平) 임자년(172년)부터 6년간	제7대 일성이질금 (逸聖尼叱今) 아버지는 노례왕의 형, 또는 지마왕이며, 왕비는 박씨 부인이다. 일지(日知) 갈문왕의 아버지이다. 박씨 부인은 지마왕의 딸이다. 어머니는 이간생(伊刊生) 부인이다. 갑술년(134년)에 왕위에 올라 20년 동안 다스렸다. 제8대 아달라이질금 (阿達羅尼叱今) 또 왜국과 더불어 계립령에서 싸웠다. 입현(立峴)은 지금 미륵대원(彌勒大院)의 동쪽에 있는 고개이다.	제7대 차대왕(次大王) 이름은 수(遂)이며, 국조왕(國祖王)의 아우이다. 병술년(146년)에 왕위에 올라 19년 동안 다스렸다. 을사년(165년)에 국조왕의 나이는 119세였는데, 형제 두 임금이 모두 신대왕에게 시해되었다. 제8대 신대왕(新大王) 이름은 백고(伯固)이며, 백구(伯句)라고도 한다. 을사년(165년)에 왕위에 올라 14년 동안 다스렸다.	제5대 초고왕 (肖古王) 소고왕(素古王)이라고도 하며, 개루왕의 아들이다. 병오년(165년)에 왕위에 올라 50년 동안 다스렸다.	

중국	신라	고구려	백제	가락
광화(光和) 무오년(178년)부터 6년간 중평(中平) 갑자년(184년)부터 5년간 홍농(洪農) 영한(永漢) 기사년(189년) 헌제(獻帝) 초평(初平) 경오년(190년)부터 4년간 흥평(興平) 갑술년(194년)부터 2년간 건안(建安) 병자년(196년)부터 24년간 **조위(曹魏)** 문제(文帝) 황초(黃初) 경자년(220년)부터 7년간 명제(明帝) 태화(太和) 정미년(227년)부터 6년간 청룡(靑龍) 계축년(233년)부터 4년간 경초(景初) 정사년(237년)부터 3년간 제왕(齊王) 정시(正始) 경신년(240년)부터 9년간 가평(嘉平) 기사년(249년)부터 5년간 고귀향공(高貴鄕公) 정원(正元) 갑술년(254년)부터 2년간 감로(甘露) 병자년(256년)부터 4년간	제9대 벌휴이질금 (伐休尼叱今) 제10대 내해이질금 (奈解尼叱今) 제11대 조분이질금 (助賁尼叱今) 제12대 이해이질금 (理解尼叱今) 점해왕(詀解王)이라고도 하며 석씨이다. 조분왕의 동복아우로 정묘년(247)에 왕위에 올라 15년 동안 다스렸다. 처음으로 고구려와 국교를 통하였다.	제9대 고국천왕(故國川王) 이름은 남무(男武), 또는 이모(夷謨)라고도 한다. 기미년(179년)에 왕위에 올라, 2년 동안 다스렸다. 국천(國川)을 국양(國壤)이라고도 하는데, 이는 장지(葬地)의 이름이다. 제10대 산상왕(山上王) 제11대 동천왕(東川王) 제12대 중천왕(中川王)	제6대 구수왕 (仇首王) 귀수(貴須)라고 하며, 초고왕의 아들이다. 갑오년(214년)에 왕위에 올라 21년 동안 다스렸다. 제7대 사반왕 (沙泮王) 사□왕이라고도 하며, 구수왕(仇首王)의 아들이다. 왕위에 오르자마자 폐위되었다. 제8대 고이왕 (古爾王) 초고왕의 아우로 갑인년(234년)에 왕위에 올라 52년 동안 다스렸다.	제2대 거등왕 (居登王) 수로왕의 아들로 어머니는 허황후이다. 기묘년(199년)에 왕위에 올라 55년 동안 다스렸다. 성은 김씨이다.

중국	신라	고구려	백제	가락
진류왕(陳留王) 경원(景元) 경진년(260년)부터 4년간	제13대 미추이질금 (未鄒尼叱今) 미소(味炤), 미조(未祖), 또는 미소(未召)라고도 한다. 성은 김씨이며, 김씨로는 처음으로 왕위에 올랐다. 아버지는 구도(仇道) 갈문왕, 어머니는 생호(生乎)부인인데, 술례(述禮)부인이라고도 하며, 이비(伊非) 갈문왕의 딸이다. 왕비는 제분왕(諸賁王)의 딸인 광명랑(光明娘)이다. 임오년(262년)에 왕위에 올라 22년 동안 다스렸다.			제3대 마품왕 (麻品王) 아버지는 거등왕, 어머니는 천부경(泉府卿) 신보(申輔)의 딸 모정(慕貞)부인이다. 기묘년(259년)에 왕위에 올라 32년 동안 다스렸다.
서진(西晉) 무제(武帝) 태시(泰始) 을유년(265년)부터 10년간 함녕(咸寧) 을미년(275년)부터 5년간 태강(太康) 경자년(280년)부터 11년간	제14대 유례이질금 (儒禮尼叱今) 세리지왕(世里智王)이라고도 하며 석씨이다. 아버지는 제분왕, 어머니는 박씨 부인이다. 갑진년(284년)에 왕위에 올라 15년 동안 다스렸다. 월성(月城)을 보수하였다.	제13대 서천왕(西川王) 이름은 약로(藥盧)이며, 약우(若友)라고도 한다. 경인년(270년)에 왕위에 올라 22년 동안 다스렸다.	제9대 책계왕 (責稽王) 고이왕의 아들로 책체(責替)라고도 하는데, 이는 잘못이다. 병오(286년)에 왕위에 올라 12년 동안 다스렸다.	

중국	신라	고구려	백제	가락
혜제(惠帝) 원강(元康) 신해년(291년)부터 9년간 영녕(永寧) 경신년(300년)부터 2년간 태안(太安) 임술년(302년)부터 2년간 영흥(永興) 갑자년(304년)부터 2년간 광희(光熙) 병인년(306년) 회제(懷帝) 영가(永嘉) 정묘년(306년)부터 6년간	제15대 기림이질금 (基臨尼叱今) 기립왕(基立王)이라고도 하며 석씨이다. 제분왕의 둘째 아들로 어머니는 아이혜부인(阿爾兮夫人)이다. 무오년(298년)에 왕위에 올라 12년 동안 다스렸다. 정묘년(307년)에 국호를 신라라 정했다. 신(新)은 덕업이 나날이 새로워지는 것을 뜻하고, 라(羅)는 사방의 백성들을 총망라한다는 뜻이다. 혹은 지증왕이나 법흥왕 때 정해졌다고도 함.	제14대 봉상왕(烽上王) 치갈왕(雉葛王)이라고도 하며 이름은 상부(相夫)이다. 임자년(292년)에 왕위에 올라 8년간 다스렸다. 제15대 미천왕(美川王) 호양(好攘)이라고도 하며, 이름은 을불(乙弗) 또는 우불(憂弗)이다. 경신년(300년)에 왕위에 올라 31년간 다스렸다.	제10대 분서왕 (汾西王) 책계왕의 아들이며 무오(298년)에 왕위에 올라 6년간 다스렸다. 제11대 비류왕 (比流王) 구수왕의 둘째 아들이며, 사반왕의 동생이다. 갑자년(304년)에 왕위에 올라 40년간 다스렸다.	제4대 거질마왕 (居叱彌王) 금물(今勿)왕이라고도 한다. 아버지는 마품왕, 어머니는 호구(好仇)다. 신해년(291년)에 왕위에 올라 55년간 다스렸다.
민제(愍帝) 건흥(建興) 계유년(313년)부터 4년간 동진(東晋) 중종(中宗) 건무(建武) 정축년(317년) 태흥(太興) 무인년(318년)부터 4년간 명제(明帝) 영창(永昌) 임오년(322년) 태녕(太寧) 계미년(323년)부터 3년간	제16대 걸해이질금 (乞解尼叱今) 석씨이다. 아버지는 우로음(于老音)각간으로, 내해왕의 둘째 아들이다. 경오년(310년)에 왕위에 올라 46년 동안 다스렸다. 이 임금 때에 백제의 군사가 처음으로 쳐들어왔다.			

중국	신라	고구려	백제	가락
현종(顯宗) 함화(咸和) 병술년(326년)부터 9년간 함강(咸康) 을미년(335년)부터 8년간 강제(康帝) 건원(建元) 계묘년(343년)부터 2년간 효종(孝宗) 영화(永和) 을사년(345년)부터 12년간 승평(昇平) 정사년(357년)부터 5년간 애제(哀帝) 융화(隆和) 임술년(362년) 흥녕(興寧) 계해년(363년)부터 3년간 폐제(廢帝) 태화(太和) 병인년(366년)부터 5년간 간문제(簡文帝) 함안(咸安) 신미년(371년)부터 2년간 열종(烈宗) 영강(寧康) 계유년(373년)부터 3년간 태원(太元) 병자년(376년)부터 21년간	제17대 내물마립간 (奈勿麻立干) 성은 김씨이다. 아버지는 구도(仇道)갈문왕. 또는 미소(末召)왕의 아우 미구(未仇)각간이다. 어머니는 휴례(休禮) 부인 김씨이며 병진년(356년)에 왕위에 올라 46년 동안 다스렸다. 능은 점성대(占星臺) 서남쪽에 있다.	제16대 국원왕(國原王) 이름은 조(釗) 또는 사유(斯由)이며, 강상왕(岡上王)이라고도 한다. 신묘년(331년)에 왕위에 올라 40년간 다스렸다. 갑오년(334년)에 평양성을 증축하였다. 임인년(342년) 8월에 안시성으로 도읍을 옮겼는데, 이는 곧 환도성(丸都城)이다. 제17대 소수림왕 (小獸林王) 이름은 구부(丘夫)이다. 신미년(371년)에 왕위에 올라 13년간 다스렸다.	제12대 계왕 (契王) 분서왕의 맏아들이며 갑진년(344년)에 왕위에 올라 2년간 다스렸다. 제13대 근초고왕 (近肖古王) 비류왕의 둘째 아들이며 병오년(346년)에 왕위에 올라 29년간 다스렸다. 신미년(371년)에 북한산으로 나라의 도읍을 옮겼다. 제14대 근구수왕 (近仇首王) 근초고왕의 아들이며 을해년(375년)에 왕위에 올라 9년간 다스렸다.	제5대 이품왕 (伊品王) 아버지는 거질미왕, 어머니는 아지(阿志)이다. 병오년(346년)에 왕위에 올라 60년간 다스렸다.

중국	신라	고구려	백제	가락
안제(安帝) 융안(隆安) 정유년(397년)부터 5년간 원흥(元興) 임인년(402년)부터 3년간 의희(義熙) 을사년(405년)부터 14년간 공제(恭帝) 원희(元熙) 기미년(419년) **송(宋)** 무제(武帝) 영초(永初) 경신년(420년)부터 3년간	제18대 실성마립간 (實聖麻立干) 실주왕(實主王), 보금왕(寶金王)이라고도 함. 아버지는 미추왕의 아우 대서지(大西知) 각간이고, 어머니는 예생(禮生)부인 석씨로 등야(登也)아간의 딸이다. 왕비는 아류(阿留)부인이다. 임인년(402년)에 왕위에 올라 15년 동안 다스렸다. 왕은 치술(鵄述)의 아버지다. 제19대 눌지마립간 (訥祗麻立干) 내지왕(內只王)이라고도 하며, 성은 김씨다. 아버지는 내물왕이고 어머니 내례희(內禮希)부인 김씨로 미추왕의 딸이다. 정사년(417년)에 왕위에 올라 41년 동안 다스렸다.	제18대 국양왕(國壤王) 이름은 이속(伊速)이며, 어지지(於只支)라고도 한다. 갑신년(384년)에 왕위에 올라 8년간 다스렸다. 제19대 광개토왕 (廣開土王) 이름은 담덕(談德)이며, 임진년(392년)에 왕위에 올라 21년간 다스렸다. 제20대 장수왕(長壽王) 이름은 신련(臣連)이며 계축년(413년)에 왕위에 올라 79년간 다스렸다.	제15대 침류왕 (枕流王) 근구수왕의 아들이며 갑신년(384년)에 왕위에 올랐다. 제16대 진사왕 (辰斯王) 침류왕의 아우이며 을유년(385년)에 왕위에 올라 7년간 다스렸다. 제17대 아신왕 (阿莘王) 아방왕(阿芳王)이라고도 하며, 진사왕의 아들이다. 임진년(392년)에 왕위에 올라 13년간 다스렸다. 제18대 전지왕 (腆支王) 진지왕(眞支王)이라고도 하며 이름은 영(映)이며, 아신왕의 아들이다. 을사년(405년)에 왕위에 올라 15년간 다스렸다.	제6대 좌지왕 (坐知王) 김토왕(金吐王)이라고도 한다. 아버지는 이품왕이며 어머니는 정신(貞信)이다. 정미년(407년)에 왕위에 올라 14년간 다스렸다.

중국	신라	고구려	백제	가락
소제(小帝) 경평(景平) 계해년(423년) 문제(文帝) 원가(元嘉) 갑자년(424년)부터 29년간 세조(世祖) 태초(太初) 계사년(453년) 효무제(孝武帝) 효건(孝建) 갑오년(454년)부터 3년간 대명(大明) 정유년(457년)부터 8년간 태종(太宗) 태시(泰始) 을사년(465년)부터 4년간 후폐제(後廢帝) 원휘(元徽) 계축년(473년)부터 4년간 순제(順帝) 승명(昇明) 정사년(477년)부터 2년간	제20대 자비마립간 (慈悲麻立干) 성은 김씨이다. 아버지는 눌지왕이고, 어머니는 아로(阿老)부인, 또는 차로(次老)부인으로 실성왕의 딸이다. 무술년(458년)에 왕위에 올라 21년 동안 다스렸다. 왕비는 파오(巴胡)갈문왕의 딸이며, 미질희(未叱希) 각간 또는 미흔(未欣) 각간의 딸이라고도 함. 처음으로 오나라와 국교를 통하였다. 기미년(479년)에 왜국의 군사가 쳐들어왔다. 처음으로 명활성(明活城)을 쌓고 그곳에 들어가 피하였다(그들이 또) 와서 양주(梁州)의 두 성을 에워쌌지만 이기지 못하고 돌아갔다.	정묘년(427년)에 나라의 수도를 평양으로 옮겼다.	제19대 구이신왕 (久爾辛王) 진지왕의 아들이며 경신년(420년)에 왕위에 올라 7년간 다스렸다. 제20대 비유왕 (毗有王) 구이신왕의 아들이며 정묘년(427년)에 왕위에 올라 38년간 다스렸다. 제21대 개로왕 (盖鹵王) 근(近)개로왕이라고도 하며 이름은 경사(慶司)이다. 을미년(455년)에 왕위에 올라 20년간 다스렸다. 제22대 문주왕 (文周王) 문주(文州)왕이라고도 하며 개로왕의 아들이다. 을묘년(475년)에 왕위에 올라 웅천(熊川)으로 도읍을 옮겼으며 2년간 다스렸다. 제23대 삼근왕 (三斤王) 삼걸왕(三乞王)이라고도 한다. 문주왕의 아들로 정사년(477년)에 왕위에 올라 2년간 다스렸다.	제7대 취희왕 (吹希王) 김희왕(金喜王)이라고도 하며, 아버지는 좌지왕이고, 어머니는 복수(福壽)이다. 신유년(421년)에 왕위에 올라 30년간 다스렸다. 제8대 질지왕 (銍知王) 김질왕(金銍王)이라고도 한다. 아버지는 취희왕이고 어머니는 인덕(仁德)이다. 신묘년(451년)에 즉위하여 36년간 다스렸다.

중국	신라	고구려	백제	가락
제(齊) 태조(太祖) 건원(建原) 기미년(479년)부터 4년간 무제(武帝) 영명(永明) 계해년(483년)부터 11년간 폐제(廢帝) 고종(高宗) 건무(建武) 갑술년(494년)부터 4년간 영태(永泰) 무인년(498년) 영원(永元) 기묘년(499년)부터 2년간 화제(和帝) 중흥(中興) 신사년(501년)	제21대 비처마립간 (毗處麻立干) 소지왕(炤知王)이라고도 하며 김씨이다. 자비왕의 셋째 아들로 어머니는 마흔각간의 딸이다. 기미년(479년)에 왕위에 올라 21년 동안 다스렸다. 왕비는 기보(期寶)갈문왕의 딸이다. 제22대 지정마립간 (智訂麻立干) 지철로(智哲老) 또는 지도로왕(智度路王)이라고도 하며 성은 김씨이다. 아버지는 눌지왕의 동생 기보갈문왕이고, 어머니 오생(烏生)부인은 눌지왕의 딸이다. 왕비 영제(迎帝)부인은 검남대한지등허각간의 딸이다. 경진년(500년)에 왕위에 올라 14년 동안 다스렸다.	제21대 문자명왕 (文咨明王) 이름은 명리호(明理好)이다. 개운(介雲), 고운(高雲)이라고도 한다. 임신년(492년)에 왕위에 올라 27년간 다스렸다.	제24대 동성왕 (東城王) 이름은 모대(牟大)이며, 마제(麻帝) 또는 여대(餘大)라고도 한다. 삼근왕의 사촌동생으로 기미년(479년)에 왕위에 올라 26년간 다스렸다. 제25대 무령왕 (武寧王) 이름은 사마(斯摩)이며 동성왕의 둘째아들이다. 신사년(501년)에 왕위에 올라 22년간 다스렸다. 『남사(南史)』에 "이름이 부여융(扶餘隆)이다"라고 했는데 이는 잘못이다. 융은 보장왕(의자왕)의 태자로 『당사(唐史)』에 자세하게 기록되어 있다.	제9대 겸지왕 (鉗知王) 아버지는 질지왕, 어머니는 방원(邦媛)이다. 임신년(492년)에 왕위에 올라 29년간 다스렸다.

중국	신라	고구려	백제	가락
양(梁) 고조(高祖) 천감(天監) 임오년(502년)부터 18년간 보통(普通) 경자년(520년)부터 7년간 대통(大通) 경미년(527년)부터 2년간 중대통(中大通) 기유년(529년)부터 6년간 대동(大同) 을묘년(535년)부터 11년간	이상을 상고(上古)라 하고 이하를 중고(中古)라 한다. 제23대 법흥왕(法興王) 이름은 원종(原宗)이며 김씨이다. 『책부원구(冊府元龜)』에 "성은 모(募)이고 이름은 진(秦)."라고 했다. 아버지는 지정왕. 어머니는 영제부인이다. 법흥은 시호이며, 이때부터 시호가 시작되었다. 갑오년(514년)에 왕위에 올라 26년 동안 다스렸다. 능은 애공산 북쪽에 있다. 왕비 파도(巴刀)부인은 법명이 법류(法流)이며, 영흥사에 머물렀다. 처음으로 율령을 시행했고, 비로소 십재일(十齋日)에 살생을 금했으며, 사람들에게 도첩을 주어 승려가 되게 하였다. 건원(建元) 병진년(536년)에 처음으로 연호를 제정하였다.	제22대 안장왕(安藏王) 이름은 흥안(興安)이며 기해년(519년)에 왕위에 올라 12년간 다스렸다. 제23대 안원왕(安原王) 이름은 보영(寶迎)이며 신해년(531년)에 왕위에 올라 14년간 다스렸다.	제26대 성왕 (聖王) 이름은 명농(明穠)이며 무령왕의 아들이다. 계묘년(523년)에 왕위에 올라 31년간 다스렸다. 무오년(538년)에 사비로 나라의 도읍을 옮기고 남부여라 일컬었다.	제10대 구형왕 (仇衡王) 겸지왕의 아들이며 어머니는 숙녀이다. 신축년(521년)에 왕위에 올라 43년간 다스렸다. 중대통 4년 임자년(532년)에 신라에 땅을 바치고 항복하였다. 수로왕 임인년(42년)부터 임자년(또는 임오년(562년)에 이르기까지 모두 490년 동안이다. 나라가 망하였다.

중국	신라	고구려	백제
중대동(中大同) 병인년(546년) 태청(太淸) 정묘년(547년)부터 3년간 간문제(簡文帝) 대보(大寶) 경오년(550년) 후경(後景) 대시(大始) 신미년(551년) 원제(元帝) 승성(承聖) 임신년(552년)부터 4년간 경제(敬帝) 소태(紹泰) 을해년(555년) 태평(太平) 병자년(556년)	제24대 진흥왕(眞興王) 이름은 삼맥종(彡麥宗), 또는 심맥부이며 김씨이다. 아버지는 법흥왕의 동생 입종(立宗)갈문왕이다. 어머니 지소(只召)부인은 식도(息道)부인이라고도 하는데 박씨이며 모량리(牟粱里) 영실(英失)각간의 딸이다. 죽을 때 머리를 깎고 세상을 떠났다. 경신년(540년)에 왕위에 올라 37년 동안 나라를 다스렸다. 개국(開國) 신미년(551년)부터 17간간	제24대 양원왕(陽原王) 양강왕(陽崗王)이라고도 하며, 이름은 평성(平成)이다. 을축년(545년)에 왕위에 올라 14년간 다스렸다.	제27대 위덕왕(威德王) 이름은 창(昌)이라고도 하며 갑술년(554년)에 왕위에 올라 44년간 다스렸다.

중국	신라	고구려	백제
진(陳) 고조(高祖) 영정(永定) 정축년(557년)부터 3년간 문제(文帝) 천가(天嘉) 경진년(560년)부터 6년간 천강(天康) 병술년(566년) 광대(光大) 정해년(567년)부터 2년간 선제(宣帝) 태건(太建) 기축년(569년)부터 14년간 후주(後主) 지덕(至德) 계묘년(583년)부터 4년간 정명(禎明) 정미년(587년)부터 3년간	대창(大昌) 무자년(568년)부터 4년간 홍제(鴻濟) 임진년(572년)부터 12년간(실제로는 5년에 끝남). 제25대 진지왕(眞智王) 이름은 사륜(舍輪), 금륜(金輪)이라고도 하며 김씨이다. 아버지는 진흥왕이다. 어머니는 박영실 각간의 딸 식도(息途)부인 또는 색도(色刀)부인이며 박씨이다. 왕비 지도(知刀)부인은 기오공(起烏公)의 딸로 박씨이다. 병신년(576년)에 왕위에 올라 4년 동안 다스렸다. 능은 애공사 북쪽에 있다. 제26대 진평왕(眞平王) 이름은 백정(白淨)이며, 아버지는 동륜(銅輪) 또는 동륜태자(東輪太子)이다. 어머니는 입종갈문왕의 딸 만호(萬呼) 또는 만녕(萬寧)부인이며 이름은 행의(行義)이다. 첫째 왕비 마야(摩耶)부인 김씨의 이름은 복힐구(福肹口)이다. 둘째 왕비는 승만 부인(僧滿夫人) 손씨이다. 기해년(579년)에 왕위에 올랐다.	제25대 평원왕(平原王) 평강왕(平岡王)이라고도 하며, 이름은 양성(陽城)인데 『남사(南史)』에는 고양(高陽)이라 했다. 기묘년(559년)에 왕위에 올라 31년간 다스렸다.	

중국	신라	고구려	백제
수(隋) 문제(文帝) 개황(開皇) 경술년(590년)부터 11년간 인수(仁壽) 신유년(601년)부터 4년간 양제(煬帝) 대업(大業) 을축년(605년)부터 12년간 공제(恭帝) 의령(義寧) 정축년(617년) **당(唐)** 고조(高祖) 무덕(武德) 무인년(618년)부터 9년간 태종(太宗) 정관(貞觀) 정해년(627년)부터 23년간	건복(建福) 갑진년(584년)부터 50년간. 제27대 선덕여왕(善德女王) 이름은 덕만(德曼)이며, 아버지는 진평왕, 어머니는 마야부인 김씨다. 성골(聖骨) 가운데 남자가 없었으므로 여왕이 즉위했다. 왕의 남편은 음갈문왕(飮葛文王)이다. 인평(仁平) 갑오년(634년)에 왕위에 올라 14년간 다스렸다.	제26대 영양왕(嬰陽王) 평양왕(平陽王)이라고도 한다. 이름은 원(元)이며 대원(大元)이라고도 한다. 경술년(590년)에 왕위에 올라 28년간 다스렸다. 제27대 영류왕(榮留王) 이름은 건성 또는 건무(建武)이다. 무인년(618년)에 왕위에 올라 24년간 다스렸다. 제28대 보장왕(寶藏王) 임인년(642년)에 왕위에 올라 27년간 다스렸다.	제28대 혜왕(惠王) 이름은 계명(季明)이며, 헌왕(獻王)이라고도 한다. 위덕왕의 아들로 무오년(598년)에 왕위에 올랐다. 제29대 법왕(法王) 이름은 효순(孝順)이며, 선(宣)이라고도 한다. 혜왕의 아들로 기미년(599년)에 왕위에 올랐다. 제30대 무왕(武王) 무강왕(武康王) 또는 헌병왕(獻丙王)이라고도 하며, 어렸을 때의 이름은 일기사덕(一耆篩德)이며 경신년(600년)에 왕위에 올라 41년간 다스렸다. 제31대 의자왕(義慈王) 무왕의 아들이며, 신축년(641년)에 왕위에 올라 20년 동안 다스렸다.

중국	신라	고구려	백제
	제28대 진덕여왕(眞德女王) 이름은 승만(勝曼)이고 김씨이다. 아버지는 진평왕의 아우 국기안(國基安)갈문왕이고, 어머니 아니(阿尼)부인 박씨는 노추(奴追)□□□갈문왕의 딸이다. 혹은 월명(月明)이라고도 하는데, 이는 잘못이다. 정미년(647년)에 왕위에 올라 7년간 다스렸다.		
고종(高宗) 영휘(永徽) 경술년(650년)부터 6년간	태화(太和) 갑신년(648년)부터 6년간 이상은 중고(中古)이며 성골 출신의 왕이고, 이하는 하고(下古)이고 진골 출신의 왕이다.		
현경(顯慶) 병진년(656년)부터 5년간	**제29대 태종무열왕** **(太宗武烈王)** 이름은 춘추(春秋)이며, 김씨이다. 진지왕의 아들 용춘탁문흥(龍春卓文興)갈문왕의 아들이다. 용춘은 용수(龍樹)라고도 한다. 어머니 천명(天明)부인의 시호는 문정(文貞)태후이며, 진평왕의 딸이다. 왕비 훈제(訓帝)부인의 시호는 문명(文明)왕후로, 김유신의 누이이며 어렸을 때의 이름은 문희(文熙)이다. 갑인년(654년)에 왕위에 올라 7년간 다스렸다.		경신년(660년)에 나라가 망하였다. 온조왕 계묘년(B.C. 18)부터 경신년에 이르기까지 678년 동안이다.
용삭(龍朔) 신유년(661년)부터 3년간 인덕(麟德) 갑자년(664년)부터 2년간 건봉(乾封) 병인년(666년)부터 2년간 총장(總章) 무진년(668년)부터 2년간	**제30대 문무왕(文武王)** 이름은 법민(法敏)이며, 태종의 아들이다. 어머니는 훈제 부인이다. 왕비 자의(慈義)는 자눌(慈訥)왕후라고도 하며, 선품(善品)해간의 딸이다. 신유년(661년)에 왕위에 올라 20년 동안 다스렸다. 능은 감은사 동쪽 바다 한가운데에 있다.	무진년(668년)에 나라가 망하였다. 동명왕 갑신년(B.C. 37)부터 무진년에 이르기까지 모두 705년 동안이다.	

중국	신라

함형(咸亨)
경오년(670년)부터 4년간
상원(上元)
갑술년(674년)부터 2년간
의봉(義鳳)
병자년(676년)부터 3년간
조로(調露)
기묘년(679년)
영륭(永隆)
경진년(680년)
개요(開耀)
신사년(681년)
영순(永淳)
임오년(682년)

무후(武后)
홍도(洪道)
계미년(683년)
문명(文明)
갑신년(684년)
수공(垂拱)
을유년(685년)부터 4년간
영창(永昌)
기축년(689년)

주(周)

천수(天授)
경인년(690년)부터 2년간
장수(長壽)
임진년(692년)부터 2년간
연재(延載)
갑오년(694년)
천책(天冊)
을미년(695년)
통천(通天)
병신년(696년)
신공(神功)
정유년(697년)

제31대 신문왕(神文王)
성은 김씨이며 이름은 정명(政明), 자는 일소(日炤)이다. 아버지는 문무왕, 어머니는 자눌왕후다. 왕비 신목(神穆) 왕후는 김운공(金運公)의 딸이다. 신사년(681년)에 왕위에 올라 11년 동안 다스렸다.

제32대 효소왕(孝昭王)
이름은 이공(理恭), 홍(洪)이라고도 하며 김씨이다. 아버지는 신문왕, 어머니는 신목왕후다. 임진년(692년)에 왕위에 올라 10년 동안 다스렸다. 능은 망덕사 동쪽에 있다.

중국	신라
성력(聖曆) 무술년(698년)부터 2년간 **구시(久視)** 경자년(700년)부터 2년간 **장안(長安)** 신축년(701년)부터 4년간 **당(唐)** **중종(中宗)** **신룡(神龍)** 을사년(705년)부터 2년간 **경룡(景龍)** 정미년(707년)부터 3년간 **예종(睿宗)** **경운(景雲)** 경술년(710년)부터 2년간 **현종(玄宗)** **선천(先天)** 임자년(712년) **개원(開元)** 계축년(713년)부터 29년간 **천보(天寶)** 임오년(742년)부터 14년간 **숙종(肅宗)** **지덕(至德)** 병신년(756년)부터 2년간 **건원(乾元)** 무술년(758년)부터 2년간 **상원(上元)** 경자년(760년)부터 2년간 **보응(寶應)** 임인년(762년)	**제33대 성덕왕(聖德王)** 이름은 흥광(興光)이고 본명은 융기(隆基)이며 효소왕의 동복아우이다. 첫째 왕비 배소(陪昭)왕후의 시호는 엄정(嚴貞)인데 원대(元大)아간의 딸이고, 둘째 왕비 점물(占勿)왕후의 시호는 소덕(炤德)이며 순원(順元)각간의 딸이다. 임인년(702년)에 왕위에 올라 35년간 다스렸다. 능은 동촌 남쪽에 있는데, 양장곡(楊長谷)이라고도 한다. **제34대 효성왕(孝成王)** 성은 김씨이다. 이름은 승경(承慶)이고 아버지는 성덕왕, 어머니는 소덕태후이다. 왕비 혜명(惠明)왕후는 진종(眞宗)각간의 딸이다. 정축년(737년)에 왕위에 올라 5년간 다스렸다. 법류사에서 화장하여 동해에 유골을 뿌렸다. **제35대 경덕왕(景德王)** 성은 김씨이다. 이름은 헌영(憲英)이고 아버지는 성덕왕, 어머니는 소덕태후이다. 첫째 왕비 삼모(三毛)부인은 궁궐에서 나가 후손이 없었다. 둘째 왕비 만원(滿月)부인의 시호는 경수(景垂)왕후이며(수(垂)자가 목(穆)자로 된 곳도 있다) 의충(依忠)각간의 딸이다. 임오년(742년)에 왕위에 올라 23년간 다스렸다. 처음 경지사 서쪽 산에 장사지내고 돌을 다듬어 능을 만들었으나 나중에 양장곡 한가운데로 옮겼다.

중국	신라
대종(代宗) 광덕(廣德) 계묘년(763년)부터 2년간 영태(永泰) 을사년(765년) 대력(大曆) 병오년(760년)부터 14년간	**제36대 혜공왕(惠恭王)** 성은 김씨이고, 이름은 건운(乾運)이다. 아버지는 경덕왕, 어머니는 만월왕후이다. 첫째 왕비 신파(神巴)부인은 위정(魏政)각간의 딸이고, 둘째 왕비 창창(昌昌)부인은 김장(金將)각간의 딸이다. 을사년(765년)에 왕위에 올라 15년간 다스렸다.
덕종(德宗) 건중(建中) 경신년(780년)부터 4년간 흥원(興元) 갑자년(784년) 정원(貞元) 을축년(785년)부터 20년간	**제37대 선덕왕(宣德王)** 성은 김씨이고, 이름은 양상(亮相)이다. 아버지 효방(孝方)해간은 개성(開聖)대왕에 추봉되었는데, 원훈(元訓)각간의 아들이다. 어머니 사소(四召)부인의 시호는 정의(貞懿)태후이며, 성덕왕의 딸이다. 왕비 구족(其足)왕후는 낭품(狼品)각간의 딸이다. 경신년(780년)에 왕위에 올라 5년간 다스렸다. **제38대 원성왕(元聖王)** 성은 김씨이고, 이름은 경신(敬愼)이며, 『당서(唐書)』에는 경칙(敬則)이라 했다. 아버지 효양(孝讓)대아간은 명덕(明德)대왕에 추봉되었다. 어머니 인국(仁國)은 지오(知烏)부인이라고도 하는데, 시호는 소문(昭文)왕후이며 창근이기(昌近伊己)의 딸이다. 왕비 숙정(淑貞)부인은 신술(神述)각간의 딸이다. 을축년(785년)에 왕위에 올라 14년간 다스렸다. 능은 곡사(鵠寺)에 있는데, 지금의 숭복사(崇福寺)이다. 최치원이 지은 비석이 있다. **제39대 소성왕(昭聖王)** 소성왕(昭聖王)이라고도 한다. 김씨이고, 이름은 준옹(俊邕)이다. 아버지는 혜충(惠忠) 태자이고, 어머니는 성목(聖穆)태후다. 왕비 계화(桂花)왕후는 숙명공의 딸이다. 기묘년(799년)에 왕위에 올랐으나 곧 세상을 떠났다. **제40대 애장왕(哀莊王)** 성은 김씨이고, 이름은 중희(重熙)이며 청명(淸明)이라고도 한다. 아버지는 소성왕, 어머니는 계화왕후이다. 경진년(800년)에 즉위하여 10년 동안 다스렸다(신묘년에 왕위에 올랐다고 기록되었지만, 이것은 잘못이다). 원화 4년 기축년(809년) 7월 19일에 왕이 숙부 헌덕(憲德)과 흥덕(興德) 두 아간에게 시해되었다.
순종(順宗) 영정(永貞) 을유년(805년)	
헌종(憲宗) 원화(元和) 병술년(806년)부터 15년간	**제41대 헌덕왕(憲德王)** 성은 김씨이고, 이름은 언승(彥升)이며 소성왕의 동복동생이다. 왕비 귀승낭(貴勝娘)의 시호는 황아(皇娥)왕후인데, 충공(忠恭)각간의 딸이다. 기축년(809년)에 왕위에 올라 19년간 다스렸다. 능은 천림촌(泉林村) 북쪽에 있다.

중국	신라
목종(穆宗) 장경(長慶) 신축년(821년)부터 4년간 경종(敬宗) 보력(寶曆) 을사년(825년)부터 2년간 문종(文宗) 태화(太和) 정미년(827년)부터 9년간 개성(開成) 병진년(836년)부터 5년간 무종(武宗) 회창(會昌) 신유년(841년)부터 6년간	**제42대 흥덕왕(興德王)** 성은 김씨이고, 이름은 경휘(景暉)이다. 헌덕왕의 동복동생이다. 왕비 창화(昌花)부인의 시호는 정목(定穆)왕후이며, 소성왕의 딸이다. 병오년(826년)에 왕위에 올라 10년간 다스렸다. 능은 안강 북쪽 비화양(比火壤)에 있으며, 왕비 창화부인과 합장했다. **제43대 희강왕(僖康王)** 성은 김씨이고, 이름은 개륭(愷隆)이며 제옹(悌顒)이라고도 한다. 아버지 헌정(憲貞)각간의 시호는 흥성(興聖)대왕이며 익성(翌成)이라고도 하는데, 예영(禮英)잡간의 아들이다. 어머니 미도(美道)부인은 심내(深乃)부인 또는 파리(巴利)부인이라고도 한다. 시호는 순성(順成)태후이며, 충연(忠衍)대아간의 딸이다. 왕비 문목(文穆)왕후는 충효(忠孝)각간의 딸이며, 중공(重恭)각간의 딸이라고도 한다. 병진년(836년)에 왕위에 올라 2년간 다스렸다. **제44대 민애왕(閔哀王)** 민(閔)을 민(敏)이라고도 한다. 김씨이고, 이름은 명(明)이다. 아버지 충공(忠恭)각간은 선강(宣康)대왕에 추봉되었다. 어머니 귀파(貴巴)부인의 시호는 선의(宣懿)왕후인데, 추봉된 혜충왕(惠忠王)의 딸이다. 왕비 무용(无容)왕후는 영공(永公)각간의 딸이다. 무오년(838년)에 왕위에 올라 기미년(839년) 정월 22일에 세상을 떠났다. **제45대 신무왕(神武王)** 성은 김씨이고, 이름은 우징(佑徵)이다. 아버지 균정(均貞)각간의 성덕(成德)대왕에 추봉되었고, 어머니는 정교(貞矯)부인이다. 할아버지 예영(禮英)은 혜강(惠康)대왕에 추봉되었다. 왕비 정종(貞從)은 계(繼)태후라고도 한다. 기미년(839년) 4월에 왕위에 올라 11월 23일 세상을 떠났다.

중국	신라
선종(宣宗) 대중(大中) 정묘년(847년)부터 13년간 의종(懿宗) 함통(咸通) 경진년(860년)부터 14년간 희종(僖宗) 건부(乾符) 갑오년(874년)부터 6년간 광명(廣明) 경자년(880년) 중화(中和) 신축년(881년)부터 4년간 광계(光啓) 을사년(885년)부터 3년간 소종(昭宗) 문덕(文德) 무신년(888년) 용기(龍紀) 기유년(889년)	**제46대 문성왕(文聖王)** 성은 김씨이고, 이름은 경응(慶膺)이다. 아버지는 신무왕, 어머니는 정종태후이다. 왕비는 소명(炤明)왕후이다. 기미년(839년) 11월에 왕위에 올라 19년간 다스렸다. **제47대 헌안왕(憲安王)** 성은 김씨이고, 이름은 의정(誼靖)이다. 신무왕의 아우이며, 어머니는 흔명(昕明)부인이다. 무인년(858년)에 왕위에 올라 3년간 다스렸다. **제48대 경문왕(景文王)** 성은 김씨이고, 이름은 응렴(膺廉)이다. 아버지 계명(啓明)각간은 의공(義恭)鎬(義가 懿로 된 곳도 있다)에 추봉되었으며, 희강왕의 아들이다. 어머니는 신무왕의 딸 광화(光和)부인이고, 왕비 문자(文資)황후는 헌안왕의 딸이다. 신사년(861년)에 왕위에 올라 14년간 다스렸다. **제49대 헌강왕(憲康王)** 성은 김씨이고, 이름은 정(晸)이다. 아버지는 경문왕, 어머니는 문자왕후이다. 왕비는 의명(懿明)부인 또는 의명(義明)왕후이다. 을미년(875년)에 왕위에 올라 11년간 다스렸다. **제 50대 정강왕(定康王)** 성은 김씨이고, 이름은 황(晃)이며 민애왕의 동복 아우이다. 병오년(886년)에 왕위에 올랐으나 곧 죽었다. **제51대 진성여왕(眞聖女王)** 성은 김씨이고, 이름은 만헌(曼憲)이며 정강왕의 동복누이이다. 왕의 남편 위홍(魏弘)대각간은 혜성(惠成)대왕에 추봉되었다. 정미년(887년)에 왕위에 올라 10년간 다스렸다. 정사년(897년)에 효공왕에게 왕위를 물려주고 12월에 세상을 떠나자, 화장하여 모량 서악(西岳) 또는 미황산(未黃山)에 유골을 뿌렸다.

중국	신라	후고구려	후백제
대순(大順) 경술년(890년)부터 2년간 **경복(景福)** 임자년(892년)부터 2년간 **건녕(乾寧)** 갑인년(894년)부터 4년간 **광화(光化)** 무오년(898년)부터 3년간 **천복(天復)** 신유년(901년)부터 3년간 **경종(景宗)** **천우(天祐)** 갑자년(904년)부터 3년간 **주량(朱梁)** **태조(太祖)** **개평(開平)** 정묘년(907년)부터 4년간 **건화(乾化)** 신미년(911년)부터 4년간	**제52대 효공왕(孝恭王)** 성은 김씨이고, 이름은 요(嶢)이다. 아버지는 헌강왕. 어머니는 문자왕후이다. 정사년(897년)에 왕위에 올라 15년 동안 다스렸다. 사자가 북쪽에 화장하여, 구지제(仇知堤) 동쪽 산허리에 장사지냈다. **제53대 신덕왕(神德王)** 성은 박씨이고, 이름은 경휘(景徽), 본명은 수종(秀宗)이다. 어머니는 정화(貞花)부인이며, 부인의 아버지는 순홍(順弘)각간은 성무(成武)대왕에 추시(追諡)되었고, 할아버지는 원홍(元弘)각각은 아달라왕의 후손이다. 아버지 문원(文元)이간은 흥렴(興廉)대왕에 추봉되었고, 할아버지는 문관(文官)해간이다. 의부(義父) 예겸(銳謙)각간은 선성(宣成)대왕에 추봉되었다. 왕비 자성(資成)왕후는 의성(懿成), 또는 효자(孝資)라고도 한다. 임신년(912년)에 왕위에 올라 5년간 다스렸다. 화장하여 잠현(箴峴) 남쪽에 장사지냈다.	**궁예(弓裔)** 대순 경술년(890년)에 북원(北原)의 도적 양길(良吉)에게 투항했다. 병진년(896년)에 철원성(지금의 동주(東州))에 도읍하였으나 정사년(897년)에 송악군(松岳郡)으로 옮겼다. 신유년(901년)에 고려라고 일컬었다. 갑자년(904년)에 국호를 마진(摩震)이라 하고, 원년을 무태(武泰)라고 했다. 갑술년(914년)에 철원으로 돌아갔다.	**견훤(甄萱)** 임자년(892년)에 처음으로 광주에 도읍하였다.

중국	신라	후고구려	후백제
말제(末帝) 정명(貞明) 을해년(945년)부터 6년간 용덕(龍德) 신사년(921년)부터 2년간 후당(後唐) 장종(莊宗) 동광(同光) 계미년(923년)부터 3년간 명종(明宗) 천성(天成) 병술년(926년)부터 4년간 장흥(長興) 경인년(980년)부터 4년간 민제·말제(閔帝·末帝) 청태(淸泰) 갑오년(934년)부터 2년간 석진(石晉) 고조(高祖) 천복(天福) 병신년(936년)부터 8년간	제54대 경명왕(景明王) 성은 박씨이고, 이름은 승영(昇英)이다. 아버지는 신덕왕, 어머니는 자성왕후이며, 왕비는 장사택(長沙宅)이다. 대존(大尊)각간, 즉 추봉된 성희(聖僖)대왕의 딸로서, 대존은 바로 수종(水宗)이간의 아들이다. 정축년(917년)에 왕위에 올라 7년간 다스렸다. 황복사에서 화장하여 성등잉산(省仍山) 서쪽에 장사지냈다. 제55대 경애왕(景哀王) 성은 박씨이고, 이름은 위응(魏膺)이며 경명왕의 동복아우이다. 어머니는 자성왕후이다. 갑신년(924년)에 왕위에 올라 2년간 다스렸다. 제56대 경순왕(景順王) 성은 김씨이고, 이름은 부(傅)이다. 아버지 효종(孝宗)이간은 신흥대왕에 추봉되었고, 할아버지는 각간은 의흥(懿興)대왕에 추봉되었다. 어머니 계아(桂娥)태후는 헌강왕의 딸이다. 정해년(927년)에 왕위에 올라 8년간 나라를 다스리다가, 을미년(935년)에 국토를 고려 태조에게 바치고 귀순했다. 태평흥국(太平興國) 3년 무인년(978년)에 죽었다. 능은 오봉 갑자년(B.C. 57)부터 을미년(935년)에 이르기까지 모두 992년 간이다.	태조(太祖) 무인년(918년) 6월에 궁예가 죽고, 태조가 철원경에서 즉위했다. 기묘년(919년)에 도읍을 송악군으로 옮겼다. 이 해에 법왕사·자운사·왕륜사·내제석사·사나사 등의 절들을 창건했고, 또 대선원(보제원), 신흥사·문수사·원통사·지장사 등을 창건했다. 이 열 개의 절은 모두 이 해에 창건했다. 경진년(920년)에 유암(乳岩) 밑에 유시(油市)를 세웠으므로, 지금도 세속에서 이시(利市)를 유하(乳下)라고 한다. 10월에 대흥사를 창건했는데, 신사년(921년)이라고도 한다. 갑신년(924년)에 외제석사, 신중원, 흥국사를 창건했다. 기축년(929년)에 귀산사를 창건했다. 경인년(930년)에는 (이 아래부터는 글자가 없다.) 병신년(936년)에 삼국을 통일하였다.	을미년(935년)에 견훤의 아들 신검(神劍)이 왕위를 빼앗아 스스로 왕위에 올랐다. 이 해에 나라가 망하였다. 임자년(892년)부터 이에 이르기까지 44년 만에 나라가 망하였다.

한 권으로 읽는 삼국유사

- 초판 1쇄 발행   2005년 3월 10일
- 중판 1쇄 발행   2012년 8월 20일

- 지은이   일 연
- 옮긴이   김길형
- 펴낸이   박효완

- 펴낸곳   아이템북스
- 출판등록   2001년 8월 7일 제2-3387호
- 주　　소   서울특별시 마포구 서교동 444-15

※ 파본이나 잘못된 책은 교환해 드립니다.